Wilfried Söker

**Programmieren mit
PostScript**

**Aus dem Bereich
Computerliteratur**

MS-DOS, 4., erw. Auflage
von V. Wolverton   Ein Microsoft-Press/Vieweg-Buch

Das große Word 5.0 Buch
von E. Tiemeyer

Business-Grafiken mit Microsoft Chart 3.0 auf dem PC
von E. Tiemeyer

Word Perfect von A .. Z
von F. Middlehauve

Programmieren mit PostScript
von W. Söker

Programmierleitfaden PageMaker 3.0
von M. Müller

Professionelles Layout mit PageMaker Version 3.0
von U. Flasche/G. D. Posada-Medrano

Das Desktop Publishing Handbuch
von U. Flasche/G. D. Posada-Medrano

Desktop Publishing mit dem HP-Laserjet
von U. Flasche/G. D. Posada-Medrano

CAD mit AutoCAD
von E. Hering/U. Fallscheer

Vieweg

Wilfried Söker

Programmieren mit
PostScript

Eine umfassende Einführung
inclusive Filesystem und Typesetter

Friedr. Vieweg & Sohn   Braunschweig/Wiesbaden

CIP-Titelaufnahme der Deutschen Bibliothek

Söker, Wilfried:
Programmieren mit PostScript:
eine umfassende Einführung inclusive
Filesystem und typesetter / Wilfried
Söker. – Braunschweig; Wiesbaden:
Vieweg, 1990
  ISBN-13: 978-3-528-04711-5   e-ISBN-13: 978-3-322-87784-0
  DOI: 10.1007/978-3-322-87784-0

PostScript ist eingetragenes Warenzeichen der Firma Adobe Inc.; Interpress ist eingetragenes Warenzeichen der Firma Xerox Inc.; Apple, Macintosh, Appletalk, Laserwriter sind Warenzeichen der Apple Inc.; Linotronic, Linotronic 200 P, RIP2, Times, Helvetica, Palatino sind Warenzeichen der Linotype AG; ITC Avant Garde, ITC Zapf Chancery, ITC Zapf Dingbatsm, ITC Bookman sind eingetragene Warenzeichen der Firma International Typeface Corp.

Das in diesem Buch enthaltene Programm-Material ist mit keiner Verpflichtung oder Garantie irgendeiner Art verbunden. Der Autor und der Verlag übernehmen infolgedessen keine Verantwortung und werden keine daraus folgende oder sonstige Haftung übernehmen, die auf irgendeine Art aus der Benutzung dieses Programm-Materials oder Teilen davon entsteht.

Der Verlag Vieweg ist ein Unternehmen der Verlagsgruppe Bertelsmann International.

Alle Rechte vorbehalten
© Friedr. Vieweg & Sohn Verlagsgesellschaft mbH, Braunschweig 1990

Das Werk einschließlich aller seiner Teile ist urheberrechtlich geschützt. Jede Verwertung außerhalb der engen Grenzen des Urheberrechtsgesetzes ist ohne Zustimmung des Verlags unzulässig und strafbar. Das gilt insbesondere für Vervielfältigungen, Übersetzungen, Mikroverfilmungen und die Einspeicherung und Verarbeitung in elektronischen Systemen.

Umschlaggestaltung: Ludwig Markgraf, Wiesbaden

ISBN-13: 978-3-528-04711-5

Vorwort

Das vorliegende Buch ist aus Kursen über die Programmiersprache PostScript entstanden, die ich seit 1988 regelmäßig halte. Es ist als Lehrbuch für das Selbststudium konzipiert. Insbesondere durch die graphische Darstellung der Abläufe bei der Bearbeitung von PostScript-Programmen eignet sich das Buch auch für Leser ohne Informatikkenntnisse. Zahlreiche Übungsaufgaben ermöglichen dem Leser, den behandelten Stoff zu vertiefen. Zu allen Aufgaben befinden sich im Anhang des Buches ausführlich erläuterte Lösungen.

Die Schwerpunkte dieses Buches liegen in der Schriftenverarbeitung und in der Dateienverwaltung. Einige der behandelten Themen, zum Beispiel die Erweiterung der eingebauten Schriften, sind hier erstmals in einem Buch beschrieben. Aus diesem Grund ist das Buch auch für den versierten PostScript-Programmierer eine ergiebige Informationsquelle.

Das gesamte Buch wurde direkt in der Sprache PostScript erfaßt. Der Zeilenausschluß und der Seitenumbruch wurden automatisch im Laserdrucker durch spezielle PostScript-Programme bewerkstelligt. Dies ist zwar nicht der übliche Weg, er zeigt jedoch die oft ungenutzten Kapazitäten von PostScript.

PostScript läßt sich mit dem Setzkasten des Handsetzers vergangener Tage vergleichen. Bei beiden wird die Satzgestaltung nur durch die Kreativität und das Geschick des Setzers und nicht durch die Phantasie der Entwickler von Satzmaschinen bzw. »Desktop-Publishing«-Systemen begrenzt.

Wilfried Söker

Inhaltsverzeichnis

1 **Einleitung** 1
   1.1 Zur Entstehung von PostScript 1
   1.2 Die Seitenbeschreibungssprache PostScript 2
   1.3 Zielrichtung dieses Buches 3

2 **Grundlagen** 4
   2.1 Der Stack und einfache Arithmetik 4
   2.2 Weitere arithmetische Befehle 8
   2.3 Koordinatensystem und aktueller Punkt 9
   2.4 Einfache Textausgabe 11
      2.4.1 Das Font 11
      2.4.2 Strings und der Befehl »show« 13
      2.4.3 Programm-Struktur 14
   2.5 Linien 17
   2.6 Spezielle Befehle für die Stackverwaltung 20

3 **Variablen, Prozeduren und Schleifen** 23
   3.1 Variablen 23
   3.2 Aufbau von Namen und Zahlen 24
   3.3 Prozeduren 26
   3.4 Schleifen 28
      3.4.1 Der Befehl »loop« 28
      3.4.2 Der Befehl »repeat« 29
      3.4.3 Der Befehl »for« 33

4 **Füllen** 40
   4.1 Graue Flächen und Linien 40
   4.2 Die Befehle »gsave« und »grestore« 42
   4.3 Die Füllregeln 45
      4.3.1 Die »Non-Zero-Winding-Rule« 46
      4.3.2 Die »Even-Odd-Rule« 47

5 **Kurven** 48
   5.1 Kreise 48
   5.2 Bezier-Kurven 52
   5.3 Abgerundete Ecken 55

6 Arrays, Dictionaries und Strings ... 57
6.1 Die Arrays ... 57
6.1.1 Der Befehl »setdash« ... 59
6.1.2 Spezielle Befehle für Arrays ... 62
6.1.3 Spezielle Befehle für Markierungen ... 63
6.2 Die Dictionaries ... 64
6.3 Eintragungen in Dictionaries ... 68
6.4 Spezielle Befehle für Strings ... 70
6.4.1 Die Befehle »string« und »cvs« ... 70
6.4.2 Der Suchbefehl »search« ... 71
6.5 Gemeinsame Befehle für Arrays, Dictionaries und Strings ... 72
6.5.1 Der Befehl »put« ... 73
6.5.2 Der Befehl »get« ... 74
6.5.3 Der Befehl »length« ... 75
6.5.4 Der Befehl »copy« ... 76
6.5.5 Die Befehle »putinterval« und »getinterval« ... 77
6.5.6 Der Befehl »forall« ... 79
6.6 Zugriffsrechte ... 81

7 Abfragen in PostScript ... 83
7.1 Die Vergleichsoperationen ... 83
7.2 Verknüpfung von logischen Werten ... 85
7.3 Die Befehle »if« und »ifelse« ... 87

8 Fonts ... 90
8.1 Die Organisation der Fonts ... 91
8.2 Ausgabe einer Liste aller verfügbaren Fonts ... 96
8.3 Aktivierung von Umlauten in PostScript ... 99
8.4 Outline-Fonts ... 107
8.5 Userfonts ... 109
8.5.1 Ein einfaches Userfont ... 111
8.5.2 Ein vollwertiges Userfont ... 117
8.5.3 Spezialitäten mit Userfonts ... 120

9 Transformationen ... 128
9.1 Der Befehl »translate« ... 129
9.2 Der Befehl »scale« ... 130
9.3 Rotation ... 133
9.4 Der Aufbau der Transformationsmatrix ... 137
9.5 Die Befehle »transform« und »itransform« ... 141
9.6 Transformation eines Fonts ... 144

10 Clipping ... 145

Inhaltsverzeichnis

11 Bildverarbeitung 150
   11.1 Aufbau des Bildes 150
   11.2 Der Befehl »image« 152
   11.3 Der Befehl »imagemask« 156
   11.4 Rasterzellen 158
   11.5 Der Aufbau der Rasterzelle 162
   11.6 Die Transferfunktion 166

12 Ein- und Ausgaben in PostScript 170
   12.1 Lesen von Daten aus Datenströmen 171
   12.2 Ausgabe von Daten auf Datenströme 174
   12.3 Ausführung einer Datei 176
   12.4 Erweiterungen für die Dateienverwaltung 176

13 Druckerspezifische Befehle 181
   13.1 Allgemeine Druckereinstellungen 182
   13.2 Spezielle Befehle für Laserdrucker 184
   13.3 Spezielle Befehle für Belichter 185

14 Speicherverwaltung und Programmausführung 189
   14.1 Der Befehl »bind« und die Funktion »//« 189
   14.2 Die Speicherverwaltung 190
   14.3 Die Befehle »exec« und »execstack« 192
   14.4 Die Befehle »stop« und »stopped« 194
   14.5 Zusammenfassung der PostScript-Typen 198

15 Der graphische Status 200

16 Fehlerbehandlung 205
   16.1 Fehler und ihre möglichen Ursachen 207

17 Kommentar-Konventionen 211

A ASCII-Tabellen 214

B Zahlensysteme 222

C Lösungen zu den Aufgaben 225

D Literaturverzeichnis 264

E Sachwortverzeichnis 266

1 Einleitung

1.1 Zur Entstehung von PostScript

Bis vor etwa zehn Jahren waren die Ausgabe von Text und Graphik zwei voneinander getrennte Bereiche. Mit der Zunahme der Leistungsfähigkeit in den Steuerungen der Ausgabegeräte ergab sich die Möglichkeit, Text und Graphik innerhalb eines Gerätes gleichwertig zu integrieren. Die ersten Ansätze hierzu wurden von der Firma *XEROX* in den USA gemacht; sie führten zur der Sprache *Interpress*©. Zwei der Entwickler von Interpress, Herr Dr. Geschke und Herr Dr. Warnock, hatten weitergehende Vorstellungen über die wünschenswerte Leistungsfähigkeit einer Steuerungssprache für Drucker. Im Jahre 1982 gründeten sie die Firma *Adobe* und entwickelten die Sprache *PostScript*©.

Inzwischen hat sich PostScript als Standard für hochwertige Text- und Graphikausgabe durchgesetzt. Der Schlüssel zum Erfolg von PostScript lag nicht nur in der Sprache selbst begründet; im gleichen Maße ist hierfür das äußerst geschickte Marketing von *Adobe* verantwortlich. Als erstes Produkt wurde zusammen mit der Firma *Apple* ein neuer Laserdrucker entwickelt, den *Apple* unter dem Namen *LaserWriter*© vertrieb. In Verbindung mit den ebenfalls zu dieser Zeit entstandenen Computern von *Apple* (*MacIntosh*©) war es möglich, Dokumente in einer Komplexität und Qualität zu erstellen, die weit jenseits der Grenzen von Geräten vergleichbarer Grössenordnung lagen.

Der zweite entscheidende Schritt gelang mit der Anbindung der Belichter und der Font-Bibliothek der Firma *Linotype*. Es war nun möglich, ein Dokument ohne Änderung wahlweise auf einem Laserdrucker oder einem Belichter auszugeben. Im Laufe der folgenden Jahre wurden fast alle wesentlichen Hersteller von Laserdruckern von *Adobe* mit PostScript-Druckersteuerungen versorgt. Parallel hierzu wurden von anderen Anbietern eigene Produkte entwickelt, die PostScript verstehen können (PostScript-*Clones*).

1.2 Die Seitenbeschreibungssprache PostScript

Unter einer Seitenbeschreibungssprache versteht man eine Sprache, deren Zweck darin besteht, eine Seite mit Text, Graphik und Bildern zu füllen. Mit PostScript wurde erstmals eine Seitenbeschreibungsprache entwickelt, die Text, Graphik und Bilder gleichwertig behandelt. Das eröffnete bis dahin ungeahnte Möglichkeiten, insbesondere bei der Verwendung von Text.

Die zweite wichtige Eigenschaft von PostScript ist seine Unabhängigkeit von dem Ausgabegerät. Das bedeutet, daß man eine Seite ohne Änderung auf einen Laserdrucker mit einer Auflösung von 300 dpi (Dots per Inch; Punkte pro Zoll) oder auf einen Belichter mit einer Auflösung von 2540 dpi senden kann. Jedes der beiden Geräte nimmt den PostScript-Text entgegen und versucht ein für seine Auflösung optimales Ergebnis zu erzielen. Mit steigender Auflösung steigt also automatisch die Qualität der erzeugten Seite, ohne daß der Anwender eingreifen muß.

Die dritte Besonderheit ist die Verwendung von »Outline-Fonts«. Das bedeutet, daß die einzelnen Zeichen nicht als vorgefertigtes Bitmuster, wie es bis heute bei Matrixdruckern und einfachen Laserdruckern üblich ist, vorliegen, sondern daß auf die Umrißlinien der Zeichen zurückgegriffen wird. Erst bei der Anwendung der Schrift erfolgt die Umsetzung in ein Bitmuster. Aus diesem Grund gibt es in PostScript keine Beschränkungen der Schriftgröße oder der Orientierung der Zeichen. Um die Qualität der Zeichen auf Laserdruckern mit einer Auflösung von 300 dpi zu verbessern, wurden in die Schriften spezielle Informationen (engl. *hints*) eingefügt. Durch sie ist die Qualität der Zeichen selbst bei niedriger Auflösung (300 dpi) beeindruckend gut.

Im Gegensatz zu anderen Druckerkontrollsprachen ist PostScript eine vollwertige Programmiersprache. Die Ausgabe einer oder mehrerer Seiten auf einem PostScript-Drucker bedeutet immer, daß ein PostScript-Programm zu diesem Drucker gesendet wird, dessen Ausführung zur Ausgabe der Seiten führt. Die daraus resultierende, praktisch unbegrenzte Flexibilität der Ausgabeprogramme hat leider den Nachteil, daß das Ausgabeprogramm nur von einem geschulten Anwender verstanden werden kann.

1.3 Zielrichtung dieses Buches

Das vorliegende Buch wendet sich sowohl an Personen, die eine leichtverständliche Einführung in die Programmierung mit PostScript suchen, als auch an fortgeschrittene Anwender, die weiterführende Informationen benötigen. Die Schwerpunkte dieses Buches liegen in der Fontverarbeitung und in den Erweiterungen, die PostScript im Zusammenhang mit Photosatzbelichtern erfahren hat.

Aufgrund der Komplexität der Sprache PostScript, die insbesondere in seinem Befehlsaufbau begründet liegt, sind PostScript-Programme am Anfang schwer verständlich. Aus diesem Grund ergänze ich die Beispielprogramme häufig durch Diagramme, in denen der Ablauf des Programmes im PostScript-Drucker graphisch dargestellt ist.

Der außergewöhnlich umfangreiche Befehlssatz mit mehr als 200 Befehlen läßt PostScript unübersichtlich erscheinen. Um beim ersten Lesen des Buches nicht durch die Häufung zuvieler Befehle belastet zu werden, sind einige Unterkapitel mit einem * markiert worden. Diese Unterkapitel können beim ersten Durcharbeiten des Buches übersprungen werden, da die nachfolgenden Kapitel nicht auf ihnen basieren.

In jedem Kapitel befinden sich Übungsaufgaben, die gelöst werden sollten, bevor Sie den folgenden Text bearbeiten, da jedes Kapitel auf dem vorherigen aufbaut. Am Ende des Buches finden Sie Lösungen zu allen Aufgaben.

2 Grundlagen

2.1 Der Stack und einfache Arithmetik

PostScript wird zwar als Seitenbeschreibungssprache bezeichnet, sie ist jedoch in erster Linie eine Programmiersprache, die als einen wesentlichen Bestandteil Operatoren zur Behandlung von graphischen Objekten beinhaltet. Eine Seitenbeschreibung in PostScript besteht aus einer Sequenz von Befehlen, dem PostScript-Programm.

Jede Programmiersprache benötigt einige Regeln, die den Aufbau der Befehle beschreiben. PostScript verwendet eine sogenannte Stackarchitektur, d. h. alle Befehle bekommen ihre Argumente von einem Stapel, der *Stack* genannt wird. Argumente müssen aus diesem Grund vor dem Befehl angegeben werden. Der Stack erhält immer dann neue Einträge, wenn eine Eingabe erfolgt, die nicht als Befehl interpretiert wird. Das trifft beispielsweise bei Zahlen zu. Eine weitere Quelle für neue Stackeinträge sind die Befehle selber, da sie in manchen Fällen das Ergebnis ihrer Arbeit auf dem Stack ablegen.

Nehmen wir als Beispiel eine Rechenaufgabe der Form »3 · 4«. In PostScript wird die Multiplikation zweier Zahlen mit dem Befehl »mul« ausgeführt. Da die Argumente vor dem Befehl stehen müssen, sieht das entsprechende PostScript-Programm wie folgt aus:

```
3 4 mul
```

Zum besseren Verständnis der Stackverarbeitung soll der Inhalt des Stacks während der Bearbeitung des PostScript-Programms Schritt für Schritt angezeigt werden. Zu diesem Zweck wird nach jedem Objekt bzw. Befehl der Stack in Form eines Stapels darstellt.

3 | 3 | 4 | 4 |
                  | 3 | mul | 12 |

Die Ausführung des Befehls »mul« führt dazu, daß zwei Argumente, d. h. die beiden obersten Einträge, vom Stack genommen und miteinander multipliziert

2.1 Der Stack und einfache Arithmetik

werden. Das Ergebnis der Multiplikation wird anschließend auf dem Stack abgelegt. Das bedeutet, daß zum Zeitpunkt des Aufrufs von »mul« zwei Einträge auf dem Stack vorhanden sein müssen. Wie sie dorthin gekommen sind, ist dem Befehl vollkommen gleichgültig. Häufig sind sie das Ergebnis von früheren Aktionen.

Falls nicht genügend Einträge auf dem Stack vorhanden sein sollten, wird der Druckauftrag mit Fehlermeldung »stackunderflow« abgebrochen. Eine zweite mögliche Fehlerquelle sind die beiden Stackeinträge, die miteinander multipliziert werden sollen. Der Befehl »mul« erwartet, das beide Einträge Zahlen sind. Falls einer der beiden Einträge nicht seinen Erwartungen entspricht, wird der Druckauftrag mit der Fehlermeldung »typecheck« abgebrochen.

Neben der Multiplikation gibt es in PostScript natürlich auch die entsprechenden Befehle für die anderen Grundrechenarten; sie sind in Bild 2-1 zusammengefaßt. Links von dem Befehl stehen die Argumente, die der Befehl vom Stack nimmt. Rechts von dem Pfeil steht dann der neue Inhalt des Stacks, der von dem Befehl erzeugt wurde. Alle Einträge im Stack, die sich unterhalb der Argumente befinden, werden nicht verändert!

Addition

$\quad\quad\quad$ *Zahl1 Zahl2* **add** $\Rightarrow$ *Zahl3*

Subtraktion

$\quad\quad\quad$ *Zahl1 Zahl2* **sub** $\Rightarrow$ *Zahl3*

Multiplikation

$\quad\quad\quad$ *Zahl1 Zahl2* **mul** $\Rightarrow$ *Zahl3*

Division

$\quad\quad\quad$ *Zahl1 Zahl2* **div** $\Rightarrow$ *Zahl3*

Bild 2-1: Befehle für die Grundrechenarten

Aufgabe 2-1: Versuchen Sie bitte die folgenden Berechnungen in einem PostScript-Programm auszudrücken. Es gilt hier natürlich die Regel »Punktrechnung geht vor Strichrechnung« und »Klammerrechnung geht vor Punktrechnung«. Die Lösung dieser Aufgabe finden Sie ausnahmsweise direkt im folgenden Text. Lesen Sie aber bitte erst weiter, wenn Sie sich einen Lösungsvorschlag für die drei Aufgaben notiert haben.

1) $2 + 3$

2) $4 + 5 \cdot 6$

3) $7 \cdot (3 + 4 \cdot 5) + 6$

Die Lösung der ersten Aufgabe muß »2 3 add« lauten. Wir haben eine solche Aufgabe schon am Anfang dieses Kapitels behandelt. Die zweite Aufgabe bietet zwei Lösungsmöglichkeiten, die beide zum gleichen Endergebnis führen:

a) 5 6 mul 4 add
b) 4 5 6 mul add

Zur Bewertung der Programmzeilen möchte ich zwei wesentliche Grundregeln hervorheben:

- Befehle werden sofort ausgewertet.

- Befehle haben eine feste Anzahl von Argumenten, die zusammen mit dem Befehl vom Stack genommen werden.

Zuerst sehen wir uns die Möglichkeit a) genauer an. Die Zahlen 5 und 6 werden auf dem Stack abgelegt. Dann wird der Befehl »mul« erkannt und sofort ausgeführt. Auf dem Stack wird der Wert 30 zurückgelassen. Erst jetzt wird der weitere Eingabestrom betrachtet und die Zahl 4 auf dem Stack gespeichert. Durch den Befehl »add« werden jetzt die beiden obersten Einträge auf dem Stack addiert. Mit einer graphischen Darstellung des Stack-Inhaltes möchte ich den Ablauf verdeutlichen. Die Graphik wird wieder nach jeder Operation eingeblendet und zeigt den Zustand des Stacks.

2.1 Der Stack und einfache Arithmetik

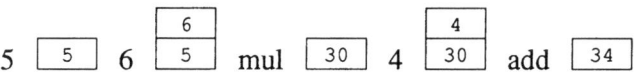

Auch der Ansatz b) führt zu dem gleichen Ergebnis, wie das folgende Stackdiagramm zeigt:

4 [4] 5 [5/4] 6 [6/5/4] mul [30/4] add [34]

Beachten Sie bitte, daß der Befehl »mul« nur zwei Argumente verarbeitet. Beide Lösungen führen zu demselbem Ergebnis, trotzdem ist die Lösung b) die bessere. Der Grund hierfür liegt in der sichereren Schreibweise. Die Formel wird praktisch direkt abgeschrieben. In diesem Fall heißt das, daß 4 und das Produkt aus 5 und 6 addiert werden.

Anhand dieser Regel wollen wir die Aufgabe 3) lösen. Zuerst wird die Zahl 7 mit dem Klammerausdruck multipliziert und hierzu dann die Zahl 6 addiert. Der Ausdruck in der Klammer entspricht dem Aufbau der Aufgabe 2).

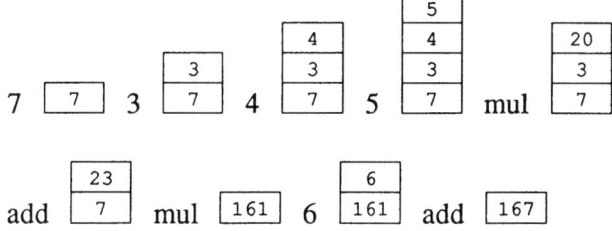

Aufgabe 2-2: An den zwei folgenden, etwas komplizierteren Aufgaben können Sie die Verarbeitungsregeln ausprobieren. Die Lösungen finden Sie im Anhang.

1) $(1 + 2) \cdot (3 - 4) \cdot (5 + 6)$

2) $\dfrac{(1 + 2) \cdot (3 - 9)}{(5 - 6) \cdot (7 + 8)}$

2.2 Weitere arithmetische Befehle

Um für das weitere Vorgehen das nötige mathematische Rüstzeug zu erhalten, sollen an dieser Stelle die wichtigsten arithmetischen Befehle behandelt werden. Sie sind meist selbsterklärend und wie die Funktionen auf einem Taschenrechner zu verwenden.

Negation

$\qquad$ *Zahl1* **neg** $\Rightarrow$ *Zahl2*

Absolutwert einer Zahl

$\qquad$ *Zahl1* **abs** $\Rightarrow$ *Zahl2*

Zahl in Integer wandeln

$\qquad$ *Zahl* **cvi** $\Rightarrow$ *Integer*

Wurzel ziehen

$\qquad$ *Zahl1* **sqrt** $\Rightarrow$ *Zahl2*

Integer-Division

$\qquad$ *Integer1 Integer2* **idiv** $\Rightarrow$ *Integer3*

Sinus

$\qquad$ *Zahl1* **sin** $\Rightarrow$ *Zahl2*

Cosinus

$\qquad$ *Zahl1* **cos** $\Rightarrow$ *Zahl2*

Ganzzahliger Rest (Modulo)

$\qquad$ *Zahl1* **mod** $\Rightarrow$ *Zahl2*

Runden

$\qquad$ *Zahl1* **round** $\Rightarrow$ *Zahl2*

Bild 2-2: Weitere arithmetische Befehle

Mit dem Begriff »Integer« sind ganze Zahlen gemeint. Eine genaue Definition finden Sie in Kapitel 3.2. Eine Integer-Division ist die Division zweier ganzer Zahlen, wobei das Ergebnis ebenfalls ganzzahlig ist. Ein eventuell anfallender Rest wird abgeschnitten.

Im Prinzip das Gegenteil davon ist die Modulo-Funktion, die als Ergebnis den nicht ganzzahligen Rest der Division seiner beiden Eingangsparameter liefert.

Die Funktionen Sinus und Cosinus erwarten einen Winkel in Grad auf dem Stack. Das Ergebnis ist eine Zahl zwischen -1 und 1.

Der Befehl »round« rundet die als Argument auf dem Stack stehende Zahl auf den nächstgelegenen ganzzahligen Wert. Liegt die Zahl in der Mitte zwischen zwei Zahlen, wird die nächstgrößere genommen.

Beispiele:
```
23 neg      -->    -23
23 abs      -->     23
-2.3 abs    -->      2.3
625 sqrt    -->     25
26 5 idiv   -->      5
26 5 mod    -->      1
90 sin      -->      1
90 cos      -->      0
12.4 cvi    -->     12
3.3 round   -->      3.0
15.5 round  -->     16.0
```

2.3 Koordinatensystem und aktueller Punkt

Bevor wir die ersten graphischen Befehle kennenlernen, wollen wir uns den Aufbau einer Seite ansehen.

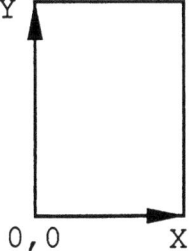

Für die Festlegung einer Position auf einer Fläche benötigt man zwei Koordinaten, die normalerweise X-Koordinate für den waagerechten Anteil und Y-Koordinate für den senkrechten Anteil genannt werden. Der Punkt, an dem beide Koordinaten den Wert 0 haben, ist der Ursprung (0,0). Er befindet sich in der Grundeinstellung von PostScript in der linken unteren Ecke. Für die meisten graphischen Operatoren ist es notwendig, einen Startpunkt zu setzen. Dies geschieht mit dem Befehl »moveto«. Er hat zwei Argumente, nämlich die X-Koordinate und die Y-Koordinate, die natürlich dem Stack entnommen werden. Will man sich zum Beispiel zu dem Punkt X=100 und Y=200 bewegen, so erreicht man dies, indem man den Befehl »100 200 moveto« eingibt.

Nun bleibt die Frage, wo der Punkt (100,200) auf der Seite zu finden ist. Wir müssen also wissen, in welchen Einheiten gerechnet wird. In der Grundeinstellung sind dies sogenannte Pica-Points (pt). Sie werden in PostScript exakt als 1/72 Inch definiert, das heißt, 72pt sind 1 Inch (1 Inch sind 25,4 mm). Diese Pica-Points sind nicht identisch mit den in der Typographie verwendeten Pica-Points. Hier ist 1 Inch als 72,27 pt definiert.

Die Umrechnung von pt in mm erfolgt, indem man den pt-Wert durch 72 dividiert und dann mit 25,4 multipliziert. Der Befehl »100 200 moveto« hat uns also an einen Punkt gebracht, der 35,28 mm vom linken und 70,56 mm vom unteren Rand der Seite entfernt ist.

Der Punkt, an dem man sich in PostScript zu einem Zeitpunkt befindet, wird als der aktuelle Punkt (engl.: *current point*) bezeichnet. Der aktuelle Punkt ist zu Beginn eines PostScript-Programmes nicht definiert, er befindet sich also auch *NICHT* im Ursprung (0,0). Wie wir noch sehen werden, wird der aktuelle Punkt von vielen graphischen Befehlen bewegt und von manchen auch gelöscht.

Alle »moveto«-Befehle wirken absolut zum Ursprung. Manchmal möchte man aber eine Bewegung relativ zum aktuellen Punkt ausführen. Ein solches Vorgehen wird durch den Befehl »rmoveto« ermöglicht, der als Argumente die Abstände vom aktuellen Punkt in X- und Y-Richtung benötigt.

Die Koordinaten des aktuellen Punktes lassen sich auch abfragen. Dies geschieht mit dem Befehl »currentpoint«, der die aktuellen X- und Y-Koordinaten auf dem Stack ablegt. Es sind dieselben Werte, die der Befehl »moveto« benötigen würde, wollte er den aktuellen Punkt direkt erreichen. Die beiden Zahlen können nun z. B. in Abfragen verwendet werden.

2.4.1 Das Font   11

Absolute Positionierung
Zahl1 Zahl2 **moveto** $\Rightarrow$
Relative Positionierung
Zahl1 Zahl2 **rmoveto** $\Rightarrow$
Aktuellen Punkt abfragen
currentpoint $\Rightarrow$ *Zahl1 Zahl2*

Bild 2-3: Bewegungsbefehle

Zur Verdeutlichung soll die Wirkung des folgenden kleinen PostScript-Programmes durch einen Punkt mit der entsprechenden Zeilennummer in einer verkleinerten Seite gezeigt werden.

```
1)  100  200  moveto
2)  300  200  moveto
3)  100  200  rmoveto
4) -300    0  rmoveto
5)    0 -100  rmoveto
```

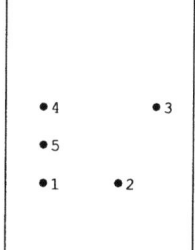

2.4 Einfache Textausgabe

Für die Ausgabe von Texten müssen ein aktueller Punkt, ein Font und ein Text in Form eines Strings vorhanden sein. Der aktuelle Punkt bestimmt, an welcher Stelle der Text auf dem Blatt erscheinen soll. Im vorigen Kapitel haben wir gesehen, wie der aktuelle Punkt gesetzt wird.

2.4.1 Das Font

Unter dem Begriff Font versteht man eine Schriftart, zum Beispiel *Helvetica* oder *Courier*. Zu einem Zeitpunkt kann nur ein Font aktiv sein. Dieses Font bezeichnet man als aktuelles Font. Die Anwahl des Fonts geschieht mit dem Befehl »findfont«. Als Argument wird der Name des gewünschten Fonts benötigt. Der Befehl »findfont« allein bewirkt noch keine Aktivierung als aktuelles Font. Stattdessen wird ein Font mit dem angegebenen Namen gesucht und auf dem Stack abgelegt. Wird kein Font mit diesem Namen gefunden, nimmt der Drucker automatisch das Font »Courier«.

Das Aussehen der Schrift wird wesentlich durch die Größe der Schrift bestimmt, die man Schriftgrad nennt. Das mit dem Befehl »findfont« besorgte Font hat einen Schriftgrad von einem Pica-Point, ist also nicht lesbar. Um eine andere Größe einzustellen, bedient man sich des Befehls »scalefont«. Dieser verlangt nach zwei Argumenten, einem Font und einer Zahl, wobei das Font meist das Ergebnis des Befehls »findfont« ist. Der Befehl »scalefont« nimmt beide Argumente vom Stack und vergrößert das Font um den angegebenen Wert. Der Vergrößerungsfaktor unterliegt keinen Beschränkungen. Mögliche Werte sind beispielsweise 10, 10000, 1.23, 9.8. Das so vergrößerte Font steht im Anschluß wieder auf dem Stack.

Die Installation eines Fonts als aktuelles Font geschieht mit dem Befehl »setfont«. Der Befehl »setfont« erwartet das zu installierende Font auf dem Stack und hinterläßt selber auf dem Stack keine Spuren.

Font suchen

        Fontname **findfont** $\Rightarrow$ *Font*

Größe des Font einstellen

        Font Zahl **scalefont** $\Rightarrow$ *Font*

Font als aktuelles Font installieren

        Font **setfont** $\Rightarrow$

Bild 2-4: Befehle zur Aktivierung eines Fonts

Die drei Font-Befehle stehen meistens zusammen. Soll beispielsweise das Font Times-Roman in einem Schriftgrad von 10 Pica-Points als aktuelles Font aktiviert werden, muß man die folgende Sequenz eingeben:

```
/Times-Roman findfont 10 scalefont setfont
```

Soll später der Schriftgrad von 10 auf 12 Punkt verändert werden, wird die gesamte Sequenz wiederholt:

```
/Times-Roman findfont 12 scalefont setfont
```

2.4.2 Strings und der Befehl »show«

Die eigentliche Ausgabe des Textes wird durch den Befehl »show« eingeleitet. Der Text, der ausgegeben werden soll, steht in Form eines Strings (engl.: *Zeichenkette*) auf dem Stack. Ein String ist eine Sammlung von Buchstaben. Sie wird eingeleitet durch eine öffnende Klammer »(« und beendet durch eine schließende »)«. Dazwischen befindet sich ein beliebiger Text.

Die einzigen Zeichen, deren Angabe in einem String auf den ersten Blick Schwierigkeiten bereiten könnten, sind Klammern. Das Problem ist, daß der Drucker wissen muß, ob zum Beispiel eine schließende Klammer Bestandteil des Strings ist oder dessen Ende markiert. Wenn sich innerhalb des Strings Paare von öffnenden und schließenden Klammern befinden, bereitet die Erkennung des String-Endes keine Schwierigkeiten. Der Drucker zählt die öffnenden und die schließenden Klammern, und erst, wenn eine schließende Klammer innerhalb des Strings kein Äquivalent hat, wird der String beendet. Für die Angabe von einzelnen Klammern kann die Klammerzählung durch die Eingabe des Fluchtsymboles »\« (Schrägstrich rückwärts, engl.: *backslash*) ausgesetzt werden. Soll das Fluchtsymbol selbst innerhalb des Strings auftauchen, wird es doppelt eingegeben.

Beispiele:

```
(Dies ist ein String)     ergibt    »Dies ist ein String«
(Rufe Funktion(3) auf)    ergibt    »Rufe Funktion(3) auf«
(3.\) Sonstiges)          ergibt    »3.) Sonstiges«
(Backslash = \\)          ergibt    »Backslash = \«
```

Die Ausgabe des Strings erfolgt durch den Befehl »show«. Er nimmt als Argument einen String entgegen und gibt dessen Inhalt beginnend an der aktuellen Position Zeichen für Zeichen in dem aktuellen Font aus. Nach jedem Zeichen wird die aktuelle Position um die Breite des Zeichens korrigiert, d. h. der aktuelle Punkt steht dann hinter dem Zeichen. Nach der Ausgabe des gesamten Strings befindet sich der aktuelle Punkt hinter dem letzten Zeichen des Strings.

Manchmal ist es nützlich, die Veränderung des aktuellen Punktes, die der Befehl »show« bewirkt, getrennt von der Textausgabe abzufragen. Hierzu wird der Befehl »stringwidth« verwendet, der als Argument einen String erwartet. Das Ergebnis dieses Befehls ist die Laufweite des Strings in X- und in Y-Richtung. Der Y-Wert ist bei den Standardfonts immer 0. Eine typische Anwendung des Befehls »stringwidth« ist die automatische Zentrierung von Texten. Beispiele werden in Kapitel 8.5 angeführt.

Eigentlich haben wir jetzt alle erforderlichen Elemente für die Textausgabe kennengelernt. Wir müssen jetzt nur noch den Drucker dazu veranlassen, eine Seite mit dem Ergebnis unserer Bemühungen auszugeben. Das geschieht mit dem Befehl »showpage«, der neben der Textausgabe auch alle graphischen Parameter wie Liniendicke und ähnliches auf ihre Ursprungswerte zurücksetzt und den Seitenspeicher löscht. Die Anwendung des Befehls »showpage« wird im nächsten Beispiel im Zusammenhang gezeigt.

Die Anzahl der von dem Befehl »showpage« auszugebenden Kopien jeder Seite wird durch den Wert der Variablen »#copies« bestimmt. In Kapitel 3 wird erläutert, was unter dem Begriff Variablen zu verstehen ist und wie man sie verwendet.

Neben dem Befehl »showpage« gibt es noch den Befehl »copypage«, der eine Seite ausgibt, ohne den graphischen Zustand zu ändern oder die Seite zu löschen. Er eignet sich für Testausgaben, um den Aufbau der Seite zu verfolgen.

Einen String ausgeben

               String **show** ⇒

Die Laufweite eines Strings ausgeben

               String **stringwidth** ⇒ *Lx Ly*

Eine Seite ausgeben und den Seitenspeicher löschen

               showpage ⇒

Eine Seite ausgeben und sonst nichts verändern

               copypage ⇒

Bild 2-5: Die Befehle »show«, »showpage« und »copypage«

2.4.3 Programm-Struktur

Bevor wir einen Text mit einem PostSript-Programm ausgeben, möchte ich auf die Schreibweise von PostScript-Programmen eingehen. Die Befehle und Argumente sind durch ein Leerzeichen (engl.: *space* oder *blank*), auch Keil genannt, voneinander getrennt. An allen Stellen, an denen ein Leerzeichen steht,

2.4.3 Programm-Struktur

können beliebig viele Leerzeichen folgen. Es können statt der Leerzeichen aber auch Zeilenvorschübe eingegeben werden. Schauen wir uns als Beispiel eine Fontselektion an:

```
/Helvetica
findfont
10
scalefont
setfont
```

Die letzten fünf Zeilen lassen sich auch in einer Zeile zusammenfassen.

```
/Helvetica findfont 10 scalefont setfont
```

Zur besseren Übersichtlichkeit sollte in eine Zeile möglichst nur ein Befehl oder eine zusammengehörige Befehlssequenz eingegeben werden. Es ist außerdem sehr sinnvoll, die Programme mit Kommentaren lesbarer zu gestalten. Kommentare werden in PostScript durch ein Prozentzeichen »%« eingeleitet. Der Text, der zwischen dem Prozentzeichen und dem Zeilenende steht, ist Kommentar und wird vom Drucker wie ein einzelnes Leerzeichen behandelt. Innerhalb eines Strings ist das »%« natürlich das entsprechende Zeichen und kein Kommentar.

Fassen wir den behandelten Stoff in einem kurzen PostScript-Programm zusammen:

```
% In dem folgenden Programm werden wir den Text »Dies ist ein Text«
% an der Position X=200 und Y=100 Picapoint in der Schrift Helvetica
% mit einem Schriftgrad von 12 Picapoints ausgeben.
% Zur Erinnerung: X ist der Abstand von der linken und Y der von der
%                 unteren Blattgrenze.
%
/Helvetica findfont 10 scalefont setfont  % Aktiviere das Font.
200 100 moveto                            % Setze den aktuellen Punkt.
(Dies ist ein Text) show                  % Gib den String aus.
showpage                                  % Das Blatt wird gedruckt.
```

Aufgabe 2-3: Wir wollen ein Programm schreiben, das ein Blatt mit unserem Namen kennzeichnet. Dieses Programm muß die folgenden Punkte beinhalten:

-Ein Font auswählen.
-Den aktuellen Punkt setzen.
-Den String definieren und ausgeben.
-Die Seite ausgeben.

2.5 Linien

Linien sind definiert durch ihren Anfangs- und Endpunkt. Der Anfangspunkt einer Linie ist in PostScript immer der aktuelle Punkt. Er wird, wie schon in Kapitel 2.2 beschrieben, durch den Befehl »moveto« gesetzt. Der Endpunkt wird definiert durch den Befehl »lineto«, dessen beide Argumente die Koordinaten des Endpunktes sind. Durch den Befehl »lineto« wird die Linie aber noch nicht sofort gezeichnet. Sie wird stattdessen in einem speziellen Speicher abgelegt und erst durch den Befehl »stroke« als Linie gezeichnet. Man kann daher einige Linien sammeln und dann gemeinsam ausgeben. Diese Sammlung wird als der aktuelle Pfad bezeichnet (engl.: *current path*). Der aktuelle Punkt befindet sich nach der Ausführung des Befehls »lineto« am Ende der Linie. Nach der Ausgabe des aktuellen Pfades durch den Befehl »stroke« werden der aktuelle Punkt und der aktuelle Pfad gelöscht.

Der Befehl »stroke« wertet verschiedene Parameter zur Erzeugung der Linien aus. Der wichtigste Parameter ist die Linienstärke. Eine mit den Befehl »lineto« definierte Linie besitzt praktisch keine Linienstärke. Sie kann als Mittellinie der durch den Befehl »stroke« ausgegebenen Linie betrachtet werden. Wenn der Befehl »stroke« ausgewertet wird, zeichnet der Drucker die Hälfte der Linienstärke zur einen Seite der Mittellinie, und die andere Hälfte zur anderen Seite (siehe Bild 2-5). Erkennt der Befehl »stroke« zusammengehörige Linienstücke, werden die äußeren Kanten verlängert, damit keine Aussparungen enstehen. Die Wirkung ist in Bild 2-6 zu erkennen. Der aktuelle Pfad ist hier durch die gestrichelte Linie angedeutet.

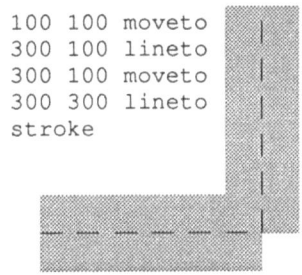

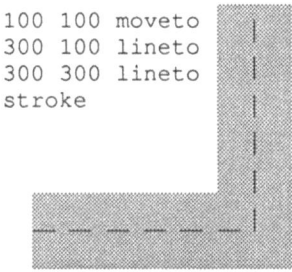

Bild 2-6: Zwei einzelne Linie *Bild 2-7: Zwei zusammengehörige Linien*

Die Linienstärke wird durch den Befehl »setlinewidth« auf den durch das Argument gegebenen Wert gesetzt. Sie gilt solange, bis ein neuer Befehl »setlinewidth« aufgerufen wird. Wenn man verschiedene Linien mit unterschiedlichen Linienstärken benötigt, muß jeweils der Befehl »stroke« eingegeben werden, da erst der Befehl »stroke« die Linienstärke auswertet.

Analog zum Befehl »rmoveto« für Bewegungen relativ zum aktuellen Punkt, existiert ein Befehl »rlineto«. Seine Argumente geben den Abstand des Endpunktes der Linie von dem aktuellen Punkt an.

Linie zu einem absoluten Punkt ziehen

    Zahl1 Zahl2 **lineto** ⇒

Linie zu einem relativen Punkt ziehen

    Zahl1 Zahl2 **rlineto** ⇒

Linienstärke setzen

    Zahl **setlinewidth** ⇒

Aktuellen Pfad als Linie zeichnen

    stroke ⇒

Bild 2-8: Befehle zum Erzeugen von Linien

Auch zum Thema *Linien* ein kurzes PostScript-Programm, das die Veränderung des aktuellen Punktes zeigt.

```
1)  100  200  moveto
2)  400  200  lineto
3)  400  400  lineto
4) -300    0  rmoveto
5)    0  100  rlineto
6)  100  100  rlineto
```

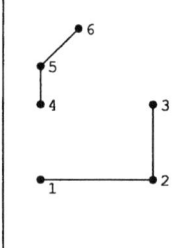

2.5 Linien 19

Aufgabe 2-4: In dem unten abgebildeten Formular, das von Ihnen programmiert werden soll, sind die Schriften /Times-Roman, /Times-Bold und /Helvetica eingesetzt. Die Positionierung und der Schriftgrad der Texte sollen anhand der Markierungen geschätzt werden.

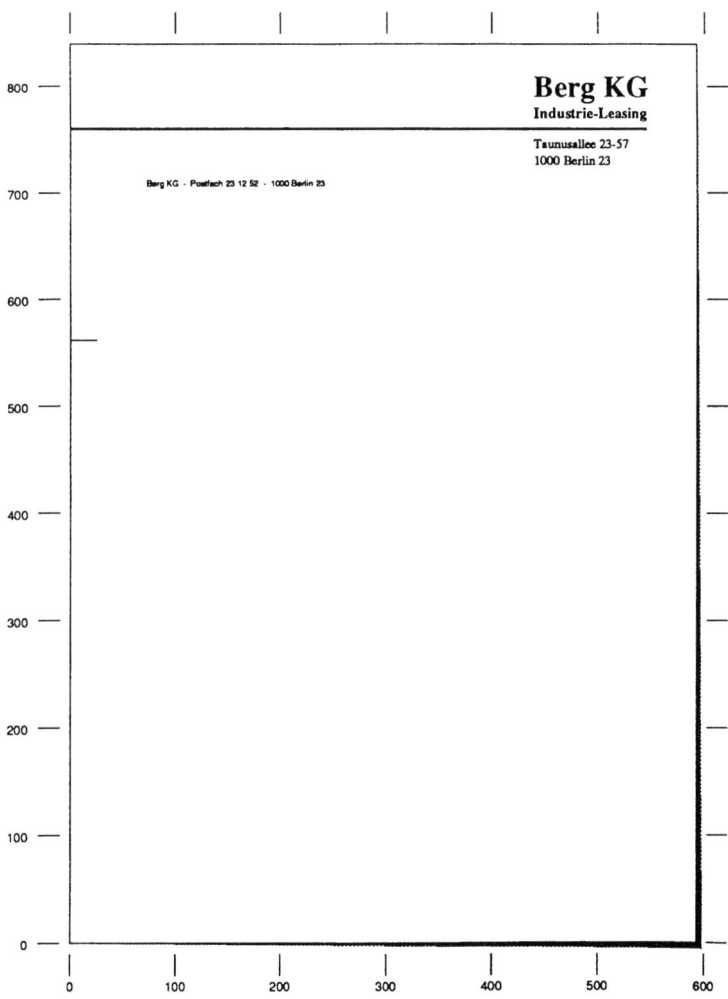

2.6 Spezielle Befehle für die Stackverwaltung

PostScript ist eine stackorientierte Sprache und verfügt daher über einige Befehle, die allein der Pflege des Stacks dienen. Wir wollen die pflegende Wirkung anhand eines Stacks betrachten, der mit drei Einträgen vorbesetzt ist.

Als erstes ist hier der Befehl »dup« zu nennen, der den obersten Stackeintrag, gleich welcher Art, dupliziert.

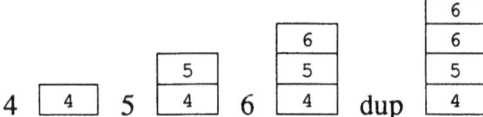

Mehrere Einträge werden mit dem Befehl »copy« dupliziert. Als Parameter wird die Anzahl der zu kopierenden Einträge erwartet.

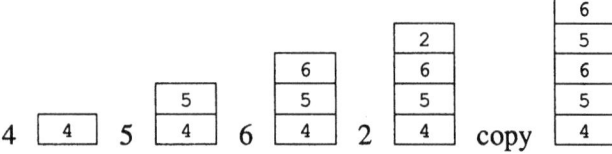

Umgekehrt gibt es einen Befehl, der überflüssige Einträge vom Stack nimmt. Er heißt »pop« und löscht den obersten Eintrag des Stacks.

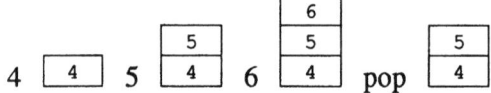

Der Befehl »clear« löscht alle Einträge des Stacks.

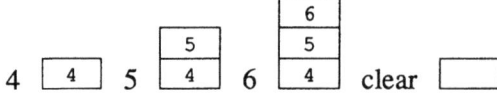

2.6 Spezielle Befehle für die Stackverwaltung

Den Austausch der beiden obersten Einträge des Stacks bewerkstelligt der Befehl »exch«.

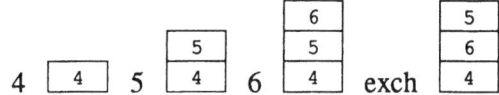

Der Befehl »count« zählt die Einträge auf dem Stack und legt die Summe auf dem Stack ab.

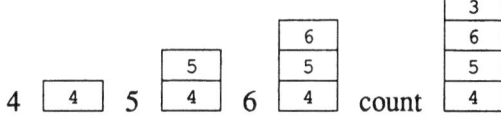

Will man die Position von mehr als zwei Einträgen auf dem Stack durch das Rotieren der Einträge ändern, bietet sich der Befehl »roll« an, der zwei Argumente benötigt. Das erste Argument legt den Bereich des Stacks fest, der geändert werden soll. Das zweite Argument gibt an, wie oft die Elemente dieses Stackbereiches rotieren sollen. Ist das zweite Argument positiv, wird aus dem Stack hinausgeschoben, ist es negativ, wird in den Stack hineingedrückt. Als Beispiel soll hier ein Stack mit vier Einträgen dienen.

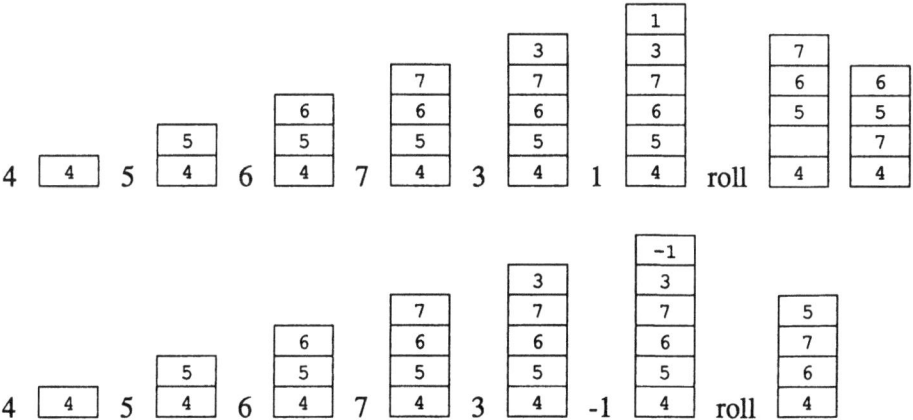

Stackeintrag verdoppeln
>   *Egal* **dup** ⇒ *Egal Egal*

Mehrere Stackeinträge verdoppeln
>   *1..n N* **copy** ⇒ *1..n 1..n*

Stackeintrag löschen
>   *Egal* **pop** ⇒

Alle Stackeinträge löschen
>   *1..n* **clear** ⇒

Die beiden obersten Stackeinträge austauschen
>   *Egal1 Egal2* **exch** ⇒ *Egal2 Egal1*

Die Stackeinträge zählen
>   *1..n* **count** ⇒ *1..n N*

Mehrere Stackeinträge rotieren lassen
>   *1..n N C* **roll** ⇒ *siehe Text*

Bild 2-9: Befehle zur Stackverwaltung

3 Variablen, Prozeduren und Schleifen

3.1 Variablen

Wie jede Programmiersprache verwendet auch PostScript Variablen. Der Begriff Variable bedeutet, daß anstelle von Objekten (z. B. Zahlen) Platzhalter verwendet werden. Benötigt man in einem Programm beispielsweise häufiger eine Koordinate, die einem linken Rand entspricht, kann an allen entsprechenden Stellen die Koordinate direkt als Zahl eingeben werden; ist aber eine nachträgliche Änderung dieses Wertes nötig, muß man alle entsprechenden Stellen korrigieren. Dieses Verfahren ist natürlich sehr fehleranfällig und umständlich. Einfacher und sicherer ist es, wenn man an den Stellen, an denen der linke Rand benötigt wird, anstatt der Zahl einen Platzhalter einfügt. Ein Platzhalter bekommt im Normalfall einen Namen, der etwas über seine Funktion aussagt. Man schreibt also statt

```
        100 100 moveto
        . . . . .
        100 300 moveto
        . . . . .
```
besser
```
        Linker-Rand 100 moveto
        . . . . .
        Linker-Rand 300 moveto
        . . . . .
```

Der Platzhalter, oder genauer gesagt die Variable, muß vor ihrer ersten Verwendung auf einen Wert gesetzt werden. Wird im Programm der Variablenname gefunden, kontrolliert der Drucker, ob ein solcher Name vorhanden ist und welchen Wert er hat. Der Wert der Variablen kann zu jedem Zeitpunkt neu gesetzt werden. Ist der Name nicht definiert, wird die Fehlermeldung »undefined« ausgegeben und der Rest des Programmes wird ignoriert.

Die Unterscheidung, ob ein Name als Name interpretiert oder ob sein Wert geholt werden soll, wird durch Voranstellen eines Schrägstriches »/« (engl.: *slash*) getroffen. Mit einem Schrägstrich versehen wird der Name auf dem Stack abgelegt. Zwischen dem Namen und dem Schrägstrich dürfen keine Leerzeichen stehen. Wir haben den Schrägstrich schon im Zusammenhang mit der Fontauswahl als Namen des Fonts kennengelernt (z. B. /Helvetica).

Die Zuweisung eines Wertes zu einer Variablen erfolgt durch den Befehl »def«, der zwei Argumente, nämlich den Namen und den Wert, erwartet.

Wertzuweisung an eine Variable

Name Wert **def** $\Rightarrow$

Bild 3-1: Variablendefinition

Variablen haben in PostScript im Gegensatz zu anderen Programmiersprachen keine festen Typen. Unter dem Begriff »Typ« versteht man die Art des Objektes, d. h. ob das Objekt vom Typ »Zahl« oder »Name« ist oder von einem anderen Typ, den wir noch nicht kennengelernt haben. Eine Variable kann innerhalb eines Programms durch mehrfache Zuweisung Werte von unterschiedlichen Typen annehmen. Welche Typen es außer Zahlen und Namen noch gibt, wird in einem späteren Kapitel behandelt. Da es am Anfang häufig zu Mißverständnissen führt, möchte ich nochmals auf die Tatsache hinweisen, daß Befehle in PostScript sofort bearbeitet werden und daß die Argumente auf dem Stack stehen müssen, bevor der Befehl aufgerufen wird. Auch hierzu wieder ein kleines Programm:

```
/Linker-Rand 100 def
/Einzug Linker-Rand 50 add def      % Um 50 pt einrücken.
%         ^ Beachten Sie den fehlenden Schrägstrich!
/Y-Wert 200 def
Linker-Rand Y-Wert moveto           % Entspricht 100 200 moveto.
.....
Einzug Linker-Rand moveto           % = 150 200 moveto.
.....
/Einzug Einzug 20 add def           % Einzug = Einzug + 20.
Einzug Linker-Rand moveto           % = 170 200 moveto.
.....
```

Schauen wir uns die Auswirkungen der zweiten Zeile auf den Stack genauer an:

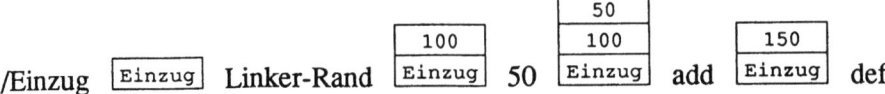

3.2 Aufbau von Namen und Zahlen

Namen können fast alle tastbaren Buchstaben beinhalten, wobei streng zwischen Groß- und Kleinschreibung unterschieden wird, d. h. die Namen »Linker-Rand« und »linker-rand« sind nicht identisch. Die Ausnahmen sind neben den Spezialzeichen wie Zeilenvorschub (engl.: *linefeed*) oder Wagenrücklauf (engl.: *carridge return* oder *return*) und dem Leerzeichen die folgenden Zeichen:

```
( ) [ ] { } % < > /
```
Alle anderen Zeichen können zur Bildung von Namen verwendet werden.

Sind in dem Namen alle Zeichen Zahlen, ist das Ergebnis kein Name, sondern die ensprechende Zahl. Die Stellen nach dem Komma werden mit einem '.' statt mit einem ',' abgetrennt, da PostScript im englischsprachigen Raum entstanden ist. Neben normalen Zahlen wird auch die in der Mathematik verbreitete Exponentialschreibweise unterstützt. Der Exponent ist durch ein 'E' oder 'e' von der Mantisse abgetrennt und bezieht sich auf die Basis 10. Zum Beispiel entspricht 1.3e3 einem Wert von $1{,}3 \cdot 10^3$.

An manchen Stellen dürfen in PostScript nur Zahlen ohne Nachkommastellen verwendet werden. Solche *ganzen* Zahlen werden »Integer« genannt. Alle anderen Zahlen sind unter der Bezeichnung »Real« (Fließkommazahlen) zusammengefaßt. Zahlen sind automatisch »Integer«-Zahlen, wenn sie keinen Punkt und kein 'e' oder 'E' beinhalten und nicht die gängigen Grenzen überschreiten. Diese Grenzen hängen von der Implementierung des PostScript-Interpreters in dem jeweiligen Drucker ab und sind in den dazugehörigen Handbüchern beschrieben. Wenn in einer Zahlenkolonne auch nur ein Zeichen gefunden wird, das dort nicht hingehört, wird die gesamte Zeichenkette als Name betrachtet!

In PostScript wurde für die Behandlung von Zahlen, die nicht die Basis 10 (Dezimalzahlen) haben, eine allgemeine Schreibweise eingeführt:

```
Basis#Zahl
```

Eine Zahl zwischen 2 und 36 vor dem »#« gibt die Basis der folgenden Zahl an. Da bei einer Basis, die grösser als 10 ist, die Zahlen 0 - 9 nicht zur Darstellung ausreichen, werden hier die Buchstaben A - Z als Ersatz genommen. Auf diese Weise können Zahlen auch binär, oktal oder hexadezimal angegeben werden.

Einige Beispiele für Zahlen und Namen:

```
Beispiel:                 Typ:

Dies-ist-ein-Name         Name
1234                      Integer
123.1                     Float
2e2                       Float, 2 · 10² = 2 · 100 = 200
1234a                     Name!!
16#1a                     Hexadezimalzahl; entspricht 26.
8#17                      Oktalzahl; entspricht 15.
2#1011                    Binärzahl; entspricht 11.
Name_mit_()               Name UND ein leerer String.
```

3.3 Prozeduren

Unter dem Begriff der Prozedur, auch Makro genannt, versteht man eine Sammlung von PostScript-Befehlen, die zu einem späteren Zeitpunkt ausgeführt werden sollen. Die Bündelung der Befehle beginnt mit der öffnenden geschweiften Klammer »{« und endet mit der schließenden »}«. Alle Befehle zwischen den geschweiften Klammern werden nicht sofort ausgeführt. Es können darin also auch fehlerhafte Befehle stehen, ohne daß sie an dieser Stelle erkannt würden.

Die vollständige Prozedur befindet sich nach dem Erkennen der schließenden Klammer »}« als ein einziger Eintrag auf dem Stack. Er wird häufig durch den Befehl »def« einer Variablen zugeordnet. Wird der Wert der Variablen verwendet, bearbeitet der Interpreter an dieser Stelle den gesamten Inhalt der Prozedur, so, als wenn an der Stelle der Variablen die Prozedur ohne ihre geschweiften Klammern stehen würde.

Als erstes Beispiel wollen wir eine Prozedur entwickeln, die es uns ermöglicht, Koordinaten in Millimeter anzugeben. Dazu müssen wir wissen, wie man eine Angabe in Millimeter in die ersprechende Anzahl von Picapoints umwandelt. Im vorigen Kapitel haben wir festgestellt, daß

```
72 Picapoints    = 1 Inch
25,4 Millimeter  = 1 Inch
```

3.3 Prozeduren

Daraus können wir in einem einfachen Dreisatz den Umrechnungsfaktor für 1 Millimeter errechnen:

```
25,4 Millimeter = 72 Picapoints
 1   Millimeter =  ? Picapoints
```

Durch Umstellung erhalten wir:

$$? \text{ pt} = \frac{72 \text{ pt} \cdot 1 \text{ mm}}{25,4 \text{ mm}}$$

Wenn wir statt der Umrechnung für 1 Millimeter eine für z. B. 13,7 mm haben möchten, brauchen wir in der eben entwickelten Umrechnungformel nur 1 mm durch 13,7 mm zu ersetzen. Die Umsetzung einer Formel in ein PostScript-Programm haben wir im Kapitel 2.1 kennengelernt.

Als konkretes Beispiel wollen wir zwei Zeilen Text ausgeben, wobei die erste einen Abstand von der linken Blattkante von 26 mm und von der unteren Kante von 156,3 mm haben soll. Das bedeutet X = 26 mm oder nach der obigen Umrechnung X = 26 / 25,4 · 72, und Y = 156,3 mm, entsprechend Y = 156,3 / 25,4 · 72. Die zweite Zeile hat die Koordinaten X = 26 mm und Y = 132,2 mm. Das entsprechende PostScript-Programm sieht wie folgt aus.

```
/Helvetica findfont 10 scalefont setfont
26 25.4 div 72 mul                           % X-Koordinate
156.3 25.4 div 72 mul                        % Y-Koordinate
moveto                                       % Bewegung
(Dies ist die erste Zeile) show
26 25.4 div 72 mul 132.2 25.4 div 72 mul moveto   % wie vor
(Dies ist die zweite Zeile) show
```

In diesem Programm bietet sich die Umrechnungsformel »25.4 div 72 mul« dazu an, in einer Prozedur versteckt zu werden. Nennen wir diese Prozedur am besten »mm« und ersetzen alle Sequenzen »25.4 div 72 mul« durch »mm«. Das Programm sieht dann wie folgt aus:

```
/mm { 25.4 div 72 mul } def
% Definitionen stehen vor dem Programm.
/Helvetica findfont 10 scalefont setfont
26 mm                             % X-Koordinate
% ^ Zwischen 26 und mm muß ein Leerzeichen zur Trennung stehen,
%   da diese Zeile sonst als Name »26mm« interpretiert wird,
%   der nicht definiert ist!
156.3 mm                          % Y-Koordinate
moveto                            % Bewegung
(Dies ist die erste Zeile) show
26 mm 132.2 mm moveto             % wie vor
(Dies ist die zweite Zeile) show
```

Aufgabe 3-1: Schreiben Sie bitte eine Funktion »cm«, die die Angabe von Entfernungen in Zentimeter erlaubt (1 Inch entspricht 2,54 cm).

3.4 Schleifen

Allgemein versteht man unter einer Schleife, daß ein Programmabschnitt wiederholt bearbeitet wird.

```
Anfang der Schleife
    Befehl 1
    Befehl 2
    Befehl 3
    Befehl 4
Springe zum Anfang der Schleife
```

Der Programmteil, der innerhalb der Schleife bearbeitet werden soll, wird in einer Prozedur zusammengefaßt und dem Schleifenbefehl, der die Bearbeitung kontrolliert, als Argument übergeben. In PostScript gibt es drei verschiedene Schleifenbefehle, nämlich »repeat«, »for« und »loop«.

3.4.1 Der Befehl »loop«

Durch den Befehl »loop« wird eine Prozedur endlos ausgeführt. Eine Beendigung der Bearbeitung der Prozedur ist nur durch den Befehl »exit« möglich, der auch bei allen anderen Schleifenbefehlen einen Abbruch bewirkt. Bei verschachtelten Schleifen wird durch den Befehl »exit« die innerste Schleife verlassen und die Bearbeitung der übergeordneten Schleife fortgesetzt. Um den

Befehl »loop« sinnvoll einsetzen zu können, fehlt die Möglichkeit, aufgrund von Bedingungen verzweigen zu können. Die dafür notwendigen Befehle werden in Kapitel 7 eingeführt, in dem sich auch eine Übungsaufgabe befindet, die auf dem Befehl »loop« basiert.

---

loop

                Prozedur **loop** $\Rightarrow$

Schleifenabbruch

                         exit $\Rightarrow$

Bild 3-2: Endlosschleife und Abbruch

3.4.2 Der Befehl »repeat«

Der Befehl »repeat« erwartet als Argumente einen Zähler und eine Prozedur. Nachdem der Befehl »repeat« die Argumente vom Stack genommen hat, wird die angegebene Prozedur so oft durchlaufen, wie vom Zähler vorgegeben. Der Zähler muß vom Typ Integer (ganze Zahlen) sein. Nehmen wir als Beispiel die folgende Anweisung:

    3 { 4 5 add } repeat

Der Befehl »repeat« nimmt den Zähler und die Prozedur vom Stack und führt danach die Prozedur dreimal aus. Die Programmzeile ist identisch mit:

    4 5 add
    4 5 add
    4 5 add

Beide Programme hinterlassen auf dem Stack das Ergebnis der drei Additionen (9 9 9).

---

repeat

                Integer Prozedur **repeat** $\Rightarrow$

Bild 3-3: »repeat«-Schleife

Als Beispiel soll die Graphik in Bild 3-4 dienen. Sie besteht aus 18 ineinandergesetzten Quadraten, wobei jedes Quadrat um den Faktor 0,9 kleiner als sein Vorgänger ist.

Bild 3-4: Quadrate

```
% Diese Funktion erzeugt ein Quadrat.
/Quadrat {
    Breite 0 rlineto
    0 Breite rlineto
    Breite neg 0 rlineto
    0 Breite neg rlineto
} def

/Breite 120 def              % Breite des äußeren Quadrates.
/Liniedicke 3 def            % Dicke des äußeren Quadrates.
/Faktor 0.9 def              % Verkleinerungsfaktor.

200 100 moveto               % Startposition für die Graphik.
                             % Es ist die linke untere Ecke.
18                           % Zähler für den Befehl »repeat«.
{                            % Beginn der Schleifenprozedur.
    Quadrat                  % Zuerst wird das Quadrat gezeichnet.
    currentpoint             % Aktuelle Position merken.
    Liniedicke setlinewidth  % Liniendicke setzen
    stroke                   % und das Quadrat ausgeben.
    moveto                   % Aktuellen Punkt wieder an die
                             % gemerkte Stelle setzen.
    Breite                   % Von der Breite des Quadrates
    Breite Faktor mul        % die Breite des nächst kleineren
    sub 2 div                % abziehen und durch zwei dividieren.
    dup                      % Wird als X- und Y-Abstand benötigt.
    rmoveto                  % Ecke des nächsten Quadrates.
    /Breite                  % Weise der Variablen »Breite« den um
    Breite Faktor mul def    % den Faktor verkleinerten Wert zu.
    /Liniedicke              % Weise der Variablen »Liniedicke« den
    Liniedicke Faktor mul    % um den Faktor verkleinerten Wert zu.
    def                      %
}                            % Ende des Schleifenprozedur
repeat                       % Nun wird die Prozedur 18-mal ausgeführt.
```

3.4.2 Der Befehl »repeat«

Der Ablauf der Ereignisse bei Erkennung des Befehls »repeat« soll hier wieder durch ein Stackdiagramm verdeutlicht werden:

| { ... } |
| 18 | repeat ☐

Quadrat ☐

Die Prozedur »Quadrat« wird ausgeführt und erzeugt einen aktuellen Pfad, der einem Quadrat der Breite »Breite« entspricht.

currentpoint |100/200| Liniendicke |3/100/200|

setlinewidth |100/200| stroke |100/200| moveto ☐

Breite |120| Breite |120| Faktor |0.9/120/120| mul |108/120| sub |12|

2 |2/12| div |6| dup |6/6| rmoveto ☐

/Breite |Breite| Breite |120/Breite| Faktor |0.9/120/Breite| mul |108/Breite| def ☐

/Liniendicke |Liniendicke| Liniendicke |3/Liniendicke|

Faktor |0.9/3/Liniendicke| mul |2.7/Liniendicke| def ☐

Nun der zweite Durchlauf der Prozedur.

Quadrat ☐

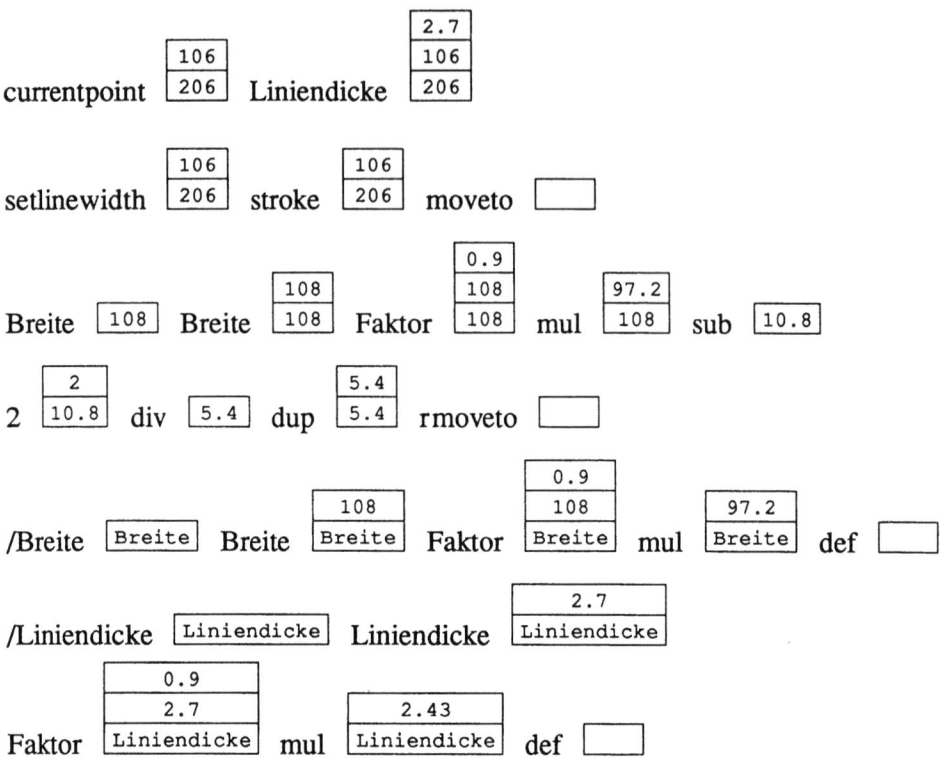

Dieses waren die ersten beiden Durchläufe, es folgen noch sechzehn weitere.

Aufgabe 3-2: Welche Daten befinden sich nach der Bearbeitung der nachfolgenden Zeilen jeweils auf dem Stack?

1) 4 { 1 2 add 3 sub } repeat

2) 2 { } repeat

3) 2 3 { 2 mul } repeat

3.4.3 Der Befehl »for«

Bei der Bearbeitung von Schleifen existiert im Drucker ein Zähler, der die Anzahl der Durchläufe überwacht. In manchen Fällen ist es sinnvoll, auf diesen Zähler zugreifen zu können. Dies erreicht man durch die Verwendung des Schleifenbefehls »for«. Damit der Schleifenzähler sich nicht nur in den Schritten 1, 2, 3, usw. bewegt, sondern auch andere Inkremente (Schrittweiten) wie zum Beispiel 0.2, 0.4, 0.6, usw. annehmen kann, besitzt der Befehl »for« einige zusätzliche Argumente. In diesen Argumenten wird der Startwert, das Inkrement und der Endwert des Zählers angegeben. Der Zugriff auf den Zähler erfolgt durch die Ablage des aktuellen Zählerwertes auf dem Stack vor jeder Ausführung der Prozedur.

---
for

Startwert Inkrement Endwert Prozedur **for** $\Rightarrow$

Bild 3-5: »for«-Schleife

Nach der Identifizierung des Befehls »for« laufen folgende Aktionen ab:

1) Die vier Argumente werden vom Stack genommen und in einem speziellen Speicher abgelegt.

2) Der Zähler wird mit dem Startwert initialisiert.

3) Der Zählerwert wird mit dem Endwert verglichen.

4) Ist der Zählerwert größer als der Endwert, ist das Ende der Bearbeitung erreicht und die Bearbeitung wird hinter dem Befehl »for« fortgesetzt.

5) Der Zähler wird auf dem Stack abgelegt.

6) Die Prozedur wird ausgeführt.

7) Der Zähler wird um das Inkrement erhöht.

8) Springe zu Punkt 3).

Das Inkrement kann nicht nur positiv, sondern auch negativ sein. In diesem Fall bewegt sich der Wert des Zählers vom höheren zum niedrigeren Wert. In dem Ablauf müssen dann die Punkte 4) und 7) wie folgt geändert werden:

4) Ist der Zählerwert kleiner als der Endwert, ist das Ende der Bearbeitung erreicht und die Bearbeitung wird hinter dem Befehl »for« fortgesetzt.

7) Der Zähler wird um das Inkrement verringert.

Wir wollen uns den Ablauf an einem kleinen Beispiel verdeutlichen: es soll die Summe aller Zahlen von 10 bis 15 gebildet werden, also 10+11+12+13+14+15. Den Startwert für den Befehl »for« setzen wir daher auf den Wert 10, den Endwert auf den Wert 15 und das Inkrement auf 1. In der Prozedur soll erreicht werden, daß zu der jeweils schon gebildeten Summe der aktuelle Zählerwert addiert wird und als Ergebnis die neue Summe auf dem Stack steht. Die Prozedur lautet demzufolge »{add}«. Damit sie auch beim ersten Durchlauf funktioniert, müssen wir die Zahl »0« auf dem Stack ablegen, da der Befehl »add« immer zwei Argumente benötigt. Das vollständige Programm lautet:

```
0 10 1 15 {add} for
```

Betrachten wir die Bearbeitung im Detail:

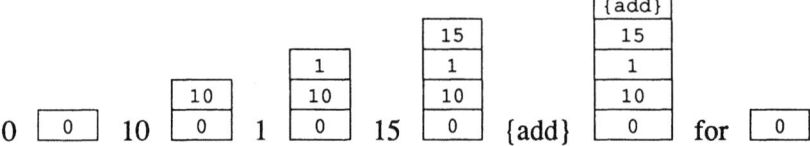

Nach der Erkennung des Befehls »for« bleibt auf dem Stack die Zahl 0 zurück, da sie nicht zu den dessen Parametern gehöhrt. Nun beginnt der Befehl »for« seine Arbeit, die wir zur Verdeutlichung für jede Iteration in einer separaten Zeile protokollieren. Beachten Sie bitte, daß die Laufvariable nach der Prüfung, ob das Ende der Schleife erreicht ist, vor der Bearbeitung der Prozedur auf dem Stack abgelegt wird.

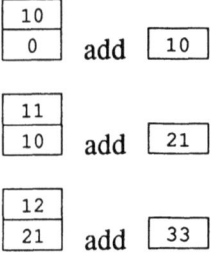

3.4.3 Der Befehl »for«

```
13
33  add  46

14
46  add  60

15
60  add  75
```

Das Ergebnis nach der Bearbeitung der »for«-Schleife ist die Zahl 75, die auf dem Stack zurückgelassen wird.

Aufgabe 3-3: Geben Sie bitte zu jeder folgenden Zeile den Inhalt des Stacks an:

1) 1 2 3 4 { mul } for

2) 1 1 5 { dup -1 roll } for

3) 0 0.1 0.4 2.3 { add } for

4) 100 20 -5 0 { add } for

Aufgabe 3-4: Erstellen Sie bitte das unten abgebildete Gitter unter Verwendung des Operators »for«. Da diese Aufgabe am Anfang recht schwierig ist, wird ein Lösungsvorschlag für die waagrechten Linien im Text angegeben. Die senkrechten Linien werden auf ähnliche Weise erzeugt.

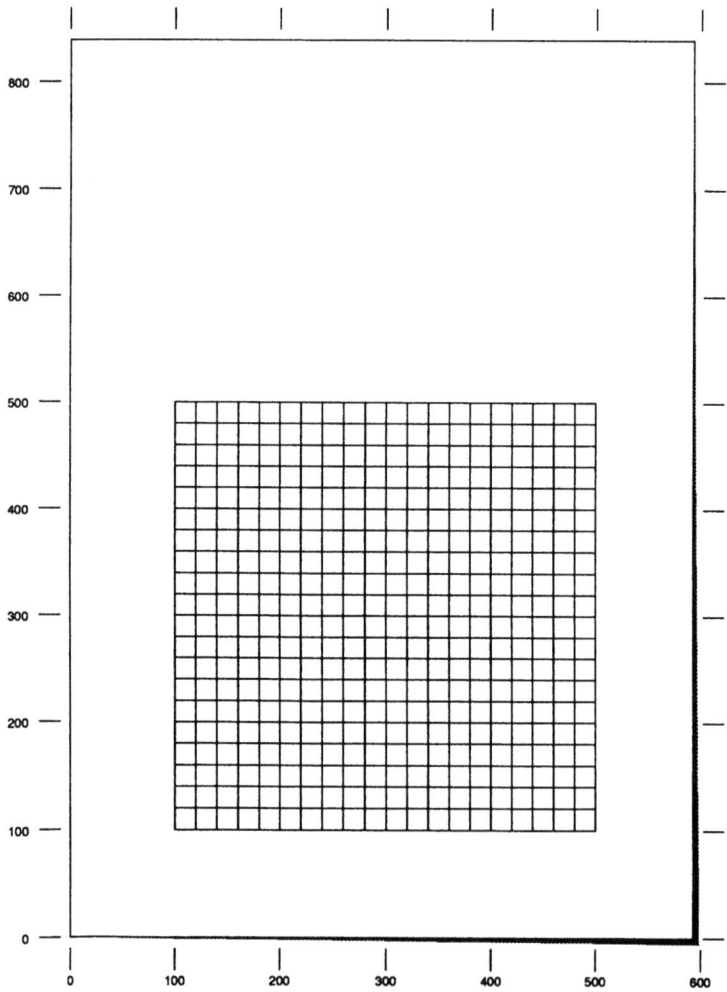

3.4.3 Der Befehl »for«

Der Befehl »for« läßt sich ideal für die Aufgabe 3-4 einsetzen. Das Gitter wird erzeugt, indem man je eine »for«-Schleife für die waagerechten und eine für die senkrechten Linien einsetzt. Für die Wahl der drei Randbedingungen der Laufvariablen bietet es sich an, zum Beispiel bei den waagerechten Linien als Startwert die untere Y-Position, als Endwert die obere Y-Position und als Inkrement den Abstand zwischen zwei Linien zu wählen. Es ist sinnvoll, die wichtigsten Koordinaten in Variablen abzulegen, damit das Programm übersichtlich und änderungsfreundlich ist. Da wir für die waagerechten Linien einen Befehl mehr benötigen als in dem Programm für die senkrechten Linien, wollen wir dieses Programmstück gemeinsam entwickeln. Das Programm für die senkrechten Linien ist sehr ähnlich und sollte Ihnen dann keine Schwierigkeiten mehr bereiten.

Wenn wir uns die Koordinaten der waagerechten Linien ansehen, stellen wir fest, daß die X-Komponente, d. h. der Abstand vom linken Rand, immer gleich ist. Veränderlich ist allein die Y-Koordinate, die bei jeder Linie um den Abstand der Linien versetzt ist. Daher wählen wir die Y-Koordinate als Kandidaten für die Laufvariable. Die ersten drei Parameter der »for«-Schleife lauten also:

```
Untere-Kante Linien-Abstand Obere-Kante { ...... } for
```

Sinnvollerweise verwenden wir die Y-Koordinate, die durch den Befehl »for« vor jedem Durchlauf auf dem Stack abgelegt wird, für die Festlegung des Startpunktes der Linie. Diese Festlegung erfolgt mit dem Befehl »moveto«, der zwei Parameter, nämlich die X- und die Y-Koordninate benötigt. Da der eine Parameter schon auf dem Stack steht, brauchen wir nur noch den zweiten Parameter, die feste X-Koordinate, die dem linken Rand entspricht, einzugeben.

```
Untere-Kante Linien-Abstand Obere-Kante   % Laufvariable
  { Linker-Rand         moveto .... }     % Prozedur
  for                                     % Aktion
```

Der Prozeduranfang hat leider einen kleinen Fehler ; der Befehl »moveto« benötigt seine Parameter in einer festen Reihenfolge. Zuerst muß die X-Koordinate und danach die Y-Koordinate auf dem Stack stehen. Da sie in unserer Prozedur vor dem Befehl »moveto« in der falschen Reihenfolge stehen, müssen sie ausgetauscht werden. Dies geschieht mit dem Befehl »exch«, der die beiden obersten Einträge auf dem Stack vertauscht (siehe Kapitel 2.6).

```
Untere-Kante Linien-Abstand Obere-Kante   % Laufvariable
  { Linker-Rand exch moveto .... }        % Prozedur
  for                                     % Aktion
```

Nachdem wir den Startpunkt für unsere Linie gesetzt haben, wollen wir den Endpunkt dieser Linie definieren. Damit der Endpunkt unabhängig von unserer aktuellen Position, die ja jeweils um den Linien-Abstand nach oben versetzt wird, angegeben werden kann, verwenden wir den Befehl »rlineto«. Die beiden benötigten Argumente geben den Abstand zum aktuellen Punkt an, d. h. für eine waagerechte Linie ist der X-Abstand die Linienlänge und der Y-Abstand ist 0. Im Zusammenhang sieht unser Programm wie folgt aus:

```
% Programm zur Erzeugung eines Liniengitters.
% Zuerst die Definitionen:
/Linker-Rand 100 def            % Die Angaben erfolgen in pt.
/Rechter-Rand 500 def
/Untere-Kante 100 def
/Obere-Kante 500 def
/Linien-Abstand 20 def

% Nun zum Programm:
Untere-Kante Linien-Abstand Obere-Kante    % Laufvariable
{                                          % Beginn der Prozedur.
        Linker-Rand exch moveto            % Startpunkt der Linie.
        Rechter-Rand Linker-Rand sub       % Länge der Linie.
        0                                  % Y-Abstand der Linie.
        rlineto                            % Linie ziehen.
}                                          % Ende der Prozedur.
for                                        % Nun wird gearbeitet.

stroke                                     % Linien zu Papier bringen.

% Hier folgt die »for«-Schleife für die senkrechten Linien.

showpage
```

Wir wollen die ersten Schritte der »for«-Schleife mit Hilfe eines Stack-Protokolls genauer analysieren. Wir beginnen mit der Festlegung der Laufvariablen.

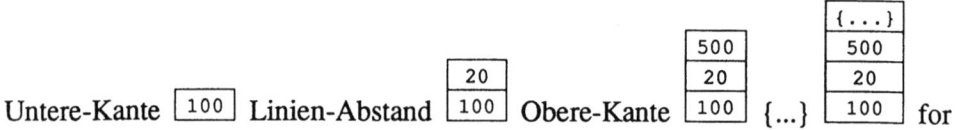

Der Befehl »for« nimmt vier Einträge vom Stack und initialisiert seine Laufvariable. Betrachten wir nun die ersten Bearbeitungsschritte (Iterationen).

3.4.3 Der Befehl »for«

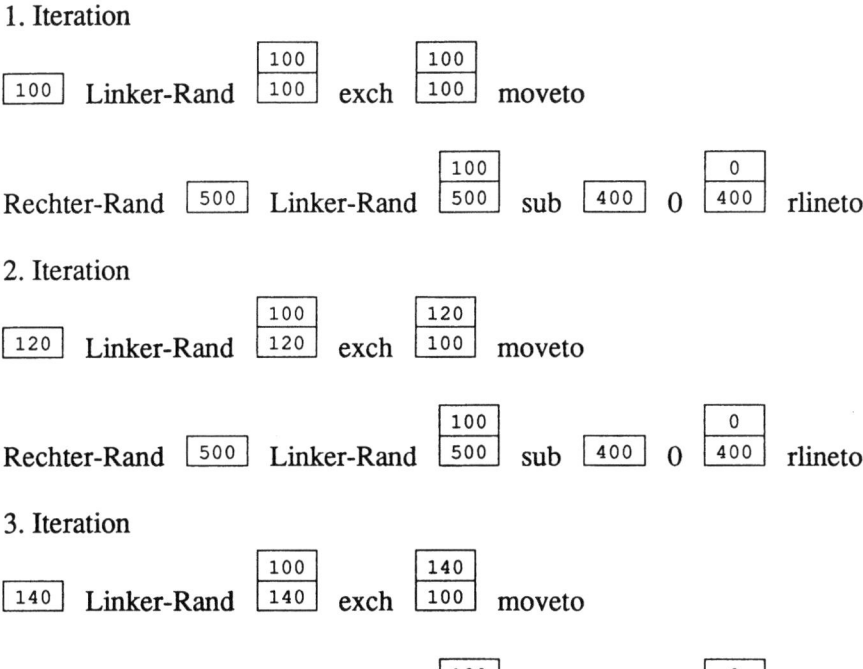

usw.

4 Füllen

4.1 Graue Flächen und Linien

In Kapitel 2.4 haben wir den Begriff des aktuellen Pfades kennengelernt. Der aktuelle Pfad wird durch die Befehle »moveto« und »lineto« aufgebaut und durch den Befehl »stroke« bearbeitet. Neben dem Befehl »stroke«, der den aktuellen Pfad als Linie zu Papier bringt, gibt es einen weiteren Befehl, der den aktuellen Pfad als Umrißlinie für eine zu füllende Fläche betrachtet. Dieser Befehl heißt »fill« und löscht wie der Befehl »stroke« nach seiner Ausführung den aktuellen Pfad.

```
Aktuellen Pfad füllen
                            fill  ⇒
```

Bild 4-1: Füllen

Beispiel:

```
80 80 moveto
80 0 rlineto
0 80 rlineto
-80 0 rlineto
0 -80 rlineto
fill
```

PostScript bietet die Möglichkeit, verschiedene Graustufen zwischen weiß und schwarz anwählen zu können. Die Graustufe wird mit dem Befehl »setgray« gesetzt. Als Argument wird die Helligkeit im Bereich von 0 bis 1 angegeben, d. h. 0 ist schwarz, 0.5 ist 50% grau und 1 ist weiß. Da in PostScript kein Unterschied zwischen Text und Graphik gemacht wird, gilt der Grauwert nicht nur für Linien und Flächen, sondern auch für die Schrift. Von dem Befehl »setgray« sind nur die Objekte betroffen, die diesem Befehl folgen; alle zuvor erzeugten Objekte bleiben unverändert.

4.1 Graue Flächen und Linien

> Aktuellen Grauwert setzen
>
> *Zahl* **setgray** ⇒

Bild 4-2: Grauwert setzen

Beispiel:

```
80 80 moveto
80 0 rlineto
0 80 rlineto
-80 0 rlineto
0 -80 rlineto
0.5 setgray
10 setlinewidth
stroke
```

Die Aussparung, die Sie in der linken unteren Ecke sehen, entsteht dadurch, daß der Interpreter nicht weiß, daß der aktuelle Pfad hier geschlossen werden soll. Für diesen Zweck gibt es den Befehl »closepath«.

> Teilpfad schließen
>
> **closepath** ⇒

Bild 4-3: Teilpfad schließen
Bild 4-3: Teilpfad schließen

Der Befehl »closepath« zieht eine Linie vom aktuellen Punkt zum Startpunkt des Teilpfades und schließt somit den Kurvenzug. Ein Teilpfad ist ein Kurvenzug, der mit dem Befehl »moveto« bzw. »rmoveto« beginnt. Der aktuelle Pfad kann aus mehreren Teilpfaden bestehen, die jeweils durch ein »moveto« oder »rmoveto« voneinander getrennt sind. Durch den Befehl »fill« wird übrigens automatisch der Befehl »closepath« ausgelöst. Wir schreiben unser letztes Beispiel also besser so:

```
80 80 moveto
80 0 rlineto
0 80 rlineto
-80 0 rlineto
closepath
0.5 setgray
10 setlinewidth
stroke
```

4.2 Die Befehle »gsave« und »grestore«

In manchen Fällen soll eine gefüllte Fläche mit einer Umrandung versehen werden:

```
80 80 moveto
80 0 rlineto
0 80 rlineto
-80 0 rlineto
closepath
0.7 setgray
fill
80 80 moveto
80 0 rlineto
0 80 rlineto
-80 0 rlineto
closepath
0.3 setgray
10 setlinewidth
stroke
```

Es ist natürlich nicht wünschenswert, daß man den Pfad zweimal angeben muß, zumal der aktuelle Pfad auch wesentlich komplexer sein kann. Für diesen Zweck gibt es einen Befehl, der den aktuellen Pfad vor der Löschung bewahrt. Er heißt »gsave« und merkt sich nicht nur den aktuellen Pfad, sondern auch alle anderen Parameter, die mit Graphik zu tun haben. Wir kennen bereits den Grauwert, die Liniendicke und den aktuellen Punkt. Weitere Parameter werden wir in den folgenden Kapiteln kennenlernen. Der Zustand, der mit dem Befehl »gsave« gerettet wurde, kann zu einem späteren Zeitpunkt durch den Befehl »grestore« zurückgeholt werden.

Der durch den Befehl »gsave« gerettete Zustand wird auf einem speziell dafür vorgesehenen Stack abgelegt. Der Befehl »gsave« kann daher mehrmals hintereinander angewendet werden. Durch den Befehl »grestore« wird der oberste Eintrag von dem speziellen Stack genommen. Ist kein Eintrag vorhanden, d. h. wurde der Befehl »grestore« häufiger als der Befehl »gsave« eingegeben, wird mit einer Fehlermeldung abgebrochen. Und so sieht das verbesserte Programm aus:

4.2 Die Befehle »gsave« und »grestore«

```
80 80 moveto
80 0 rlineto
0 80 rlineto
-80 0 rlineto
closepath
0.7 setgray
gsave
fill
grestore
0.3 setgray
10 setlinewidth
stroke
```

Der Befehl »grestore« versetzt den aktuellen Pfad und die anderen graphischen Parameter in den Zustand, den sie an der Zeile des Befehls »gsave« hatten. Die Reihenfolge der Befehle »fill« und »stroke« spielt übrigens durchaus eine Rolle. Wird nämlich zuerst der Befehl »stroke« aktiviert und danach der gerettete Pfad zum Füllen verwendet, verschwindet die halbe Linienstärke, denn der aktuelle Pfad kennzichnet die Mittellinie der breiten Linie.

Aktuellen graphischen Zustand retten
gsave ⇒

Graphischen Zustand restaurieren
grestore ⇒

Bild 4-4: Die Befehle »gsave« und »grestore«

Aufgabe 4-1: Konstruieren Sie die unten abgebildeten Kästchen mit den Befehlen »moveto«, »rmoveto«, »lineto«, »rlineto«, »closepath«, »fill«, »stroke«, »setlinewidth« und »setgray« worden.

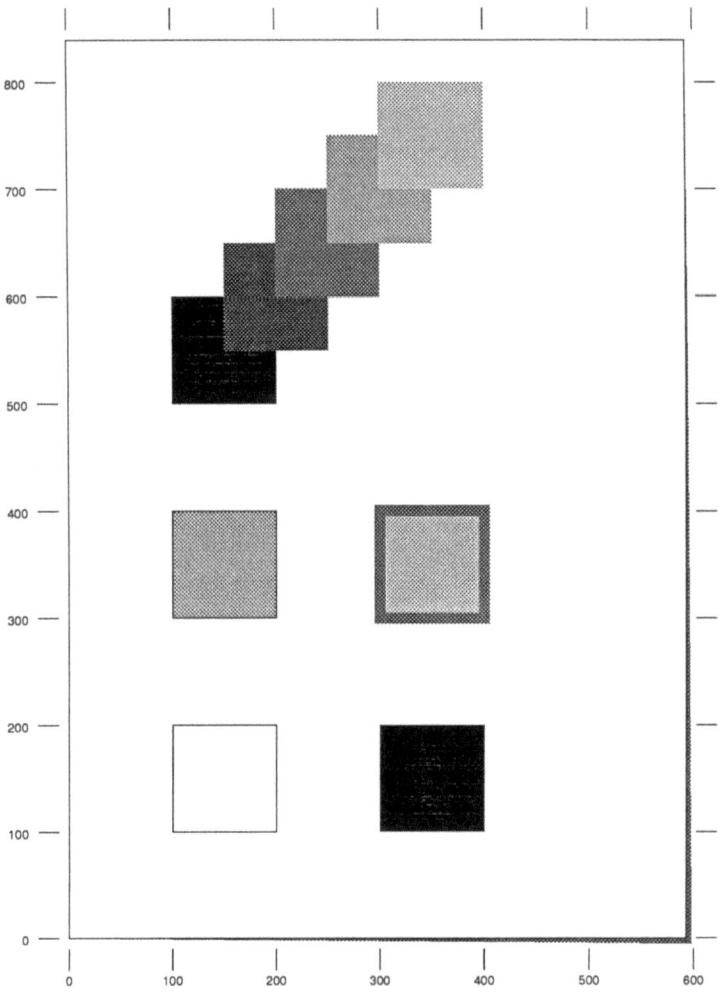

4.3 Die Füllregeln

Der aktuelle Pfad kann in PostScript recht komplex werden. Nehmen wir zum Beispiel die folgende Konstellation:

```
100 100 moveto
100 0 rlineto
0 100 rlineto
-100 0 rlineto
closepath
175 75 moveto
0 75 rlineto
100 0 rlineto
0 -75 rlineto
closepath
150 125 moveto
100 0 rlineto
0 50 rlineto
-100 0 rlineto
closepath
0.5 setgray
fill
```

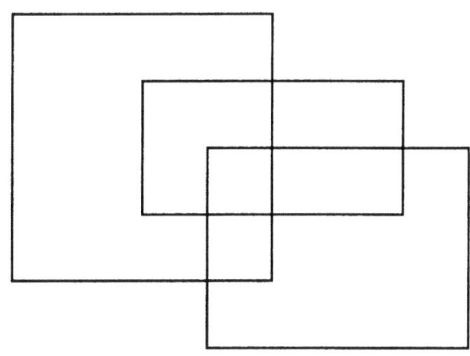

Zum Zeitpunkt des Befehls »fill« besteht der aktuelle Pfad aus drei Teilpfaden. Die Frage ist, welche Bereiche in dem aktuellen Grauwert gefüllt werden und welche nicht. Um diese Frage zu beantworten, müssen wir uns zuerst einmal ansehen, welche Richtung die Pfade haben. In der folgenden Zeichnung ist die Richtung durch Pfeile angedeutet.

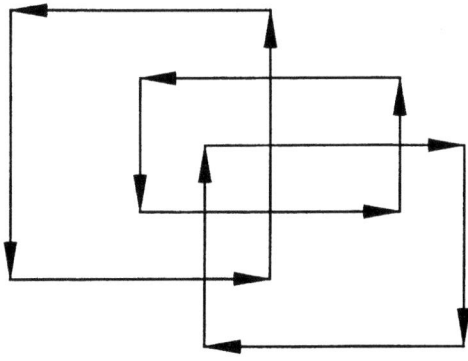

4.3.1 Die »Non-Zero-Winding-Rule«

Die Erkennung des Befehls »fill« führt zuerst zur Ausführung des Befehls »closepath«, damit in jedem Fall ein geschlossener Kurvenzug vorhanden ist. Anschließend betrachtet der Interpreter den aktuellen Pfad und legt durch alle Teile einen oder mehrere waagrechte Strahlen. Außerdem wird ein Zähler aktiviert und mit dem Wert 0 besetzt. Trifft der Strahl auf einen Kurvenzug, der nach oben gerichtet ist, wird der Zähler um den Wert 1 erhöht. Ist der getroffene Kurvenzug nach unten gerichtet, wird der Zähler um 1 verringert.

Sind alle Bereiche auf diese Weise erfaßt, werden alle Flächen, in denen der Zähler auf einem Wert ungleich 0 stand, mit dem aktuellen Grauwert gefüllt. Die anderen Flächen werden nicht verändert, d. h. die darunter liegenden Objekte sind zu sehen.

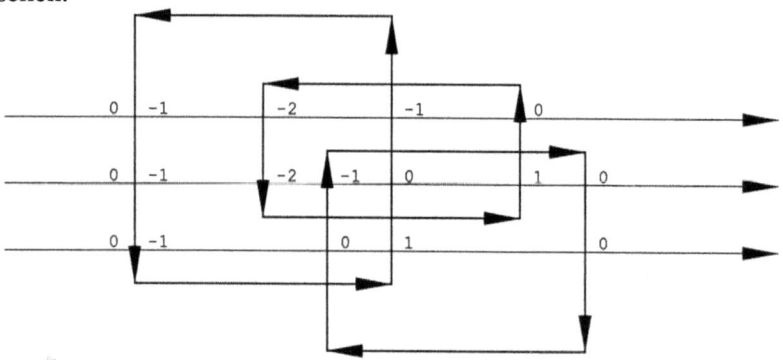

Diese Vorgehensweise bei der Feststellung, welche Flächen des aktuellen Pfades mit dem aktuellen Grauwert gefüllt werden sollen, nennt man *Non-Zero-Winding-Rule*. Das Ergebnis nach dem Befehl »fill« sieht wie folgt aus:

4.3.2 Die »Even-Odd-Rule«

Alternativ zur *Non-Zero-Winding-Rule* kann man in PostScript noch eine andere Füllogik wählen, die *Even-Odd-Rule*. Das Verfahren gleicht dem vorherigen, mit der Ausnahme, daß die Richtung der Linien, die der Strahl kreuzt, keine Rolle spielt, und bei jedem Übergang der Zähler um 1 erhöht wird. Anschließend werden alle Flächen gefüllt, in denen der Zähler einen ungeraden Wert besitzt.

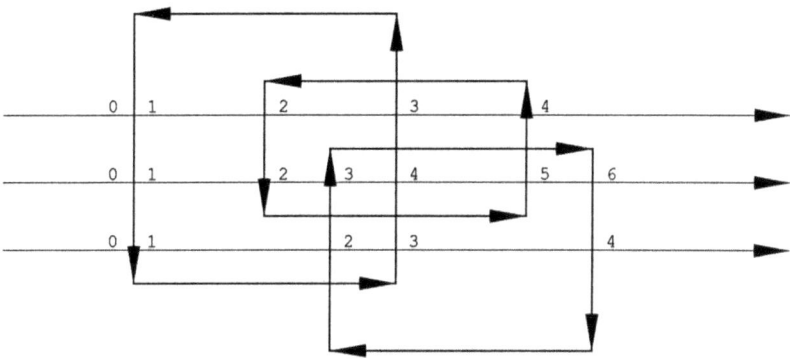

Der Befehl zum Füllen des aktuellen Pfades nach der »Even-Odd-Rule« lautet »eofill« und benötigt keine Parameter.

Nach der Even-Odd-Rule füllen
eofill $\Rightarrow$

Bild 4-5: Füllen nach der Even-Odd-Rule

Unser Beispiel sieht nach dieser Regel wie folgt aus:

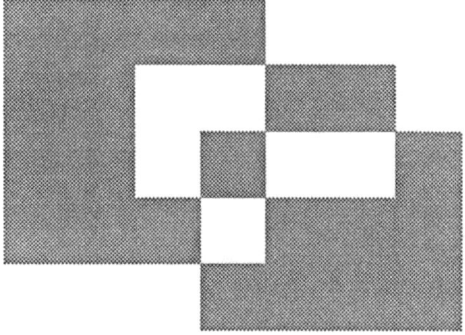

5 Kurven

5.1 Kreise

Kreise bzw. Kreisbögen sind neben den Linien ein weiteres Element zum Aufbau des aktuellen Pfades. Der Vollkreis wird als Kreisbogen, der einen Bereich von 360 Grad abdeckt, betrachtet. Es gibt daher für beide nur einen Befehl, nämlich »arc«. Um die Lage eines Kreisbogens anzugeben, benötigt man den Kreismittelpunkt, den Radius des Kreises und die Winkel, mit denen der Kreisbogen beginnen und enden soll. Die Winkel werden im mathematisch positivem Drehsinn, d. h. entgegen dem Uhrzeigersinn, in Grad angegeben.

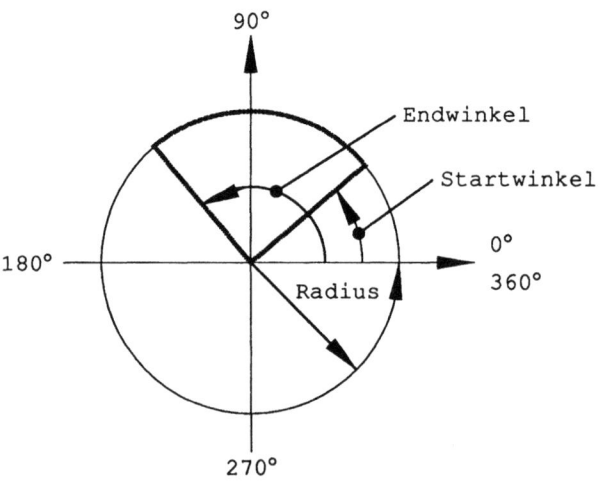

```
arc
    X Y Radius Startwinkel Endwinkel  arc  ⇒
```

Bild 5-1: Kreisbogen ziehen

Die Buchstaben X und Y in Bild 5-1 bezeichnen die Koordinaten des Mittelpunktes des Kreises. Will man beispielsweise einen Vollkreis um den

5.1 Kreise

Punkt X=200, Y=300 mit einem Radius von 150 pt ziehen, wird man folgenden Befehl wählen:

```
200 300 150 0 360 arc
```

Der Kreisbogen wird wie eine Linie an den aktuellen Pfad angefügt und erst mit den Befehlen »stroke« oder »fill« ausgewertet. Der aktuelle Punkt wirkt sich bei der Kreisfunktion auf besondere Weise aus. Ist der aktuelle Punkt vor dem Befehl »arc« gesetzt, wird eine Linie von dem aktuellen Punkt zum Startpunkt des Kreises gezogen. Dieser Linie schließt sich der Kreisbogen an. Ist der aktuelle Punkt nicht gesetzt, wird nur ein Kreisbogen ohne eine Linie zum Anfang des Kreises gezogen. In beiden Fällen befindet sich der aktuelle Punkt nach dem Befehl »arc« am Ende des Kreisbogens.

Um einen Kreisbogen zu zeichnen, ohne daß zusätzlich eine Linie vom aktuellen Punkt zum Startpunkt des Kreises gezogen wird, wäre ein Befehl hilfreich, der den aktuellen Pfad mitsamt dem aktuellen Punkt löscht. Der Befehl »newpath« leistet diese Aufgabe.

Aktuellen Pfad und Punkt löschen
newpath ⇒

Bild 5-2: Aktuellen Pfad und Punkt löschen

Häufig kann die Eigenschaft des Befehls »arc«, eine Linie vom aktuellen Punkt zum Startpunkt des Kreises zu ziehen, sinnvoll eingesetzt werden. Als Beispiel wollen wir die bekannte Hauptfigur eines Videospiels zeichnen:

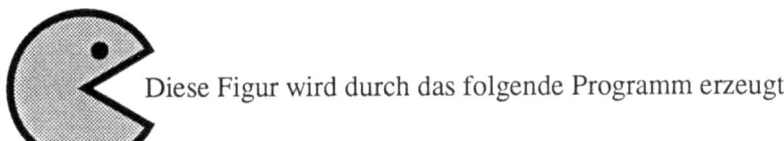

Diese Figur wird durch das folgende Programm erzeugt:

```
200 200 moveto              % Kreismittelpunkt.
200 200 100 30 330 arc      % Linie und Kreis ziehen.
closepath                   % Kreis schließen.
gsave                       % Graphischen Status retten.
0.7 setgray                 % Grauwert der Füllung.
fill                        % Aktuellen Pfad füllen und löschen.
grestore                    % Graphischen Status restaurieren.
3 setlinewidth              % Dicke der Umrißlinie setzen.
stroke                      % Umrißlinie ziehen.
250 270 10 0 360 arc        % Augenumriß definieren
fill                        % und das Auge füllen.
```

In Kapitel 4 »Füllen« haben wir gesehen, daß die Richtung der Linien, die eine Fläche begrenzen, entscheidenden Einfluß auf die Entscheidung haben, welche Teile der Fläche gefüllt werden sollen. Aus diesem Grund gibt es einen zweiten Kreisbefehl »arcn«, der einen Kreisbogen in mathematisch negativen Drehsinn, d. h. mit dem Uhrzeigersinn, erzeugt.

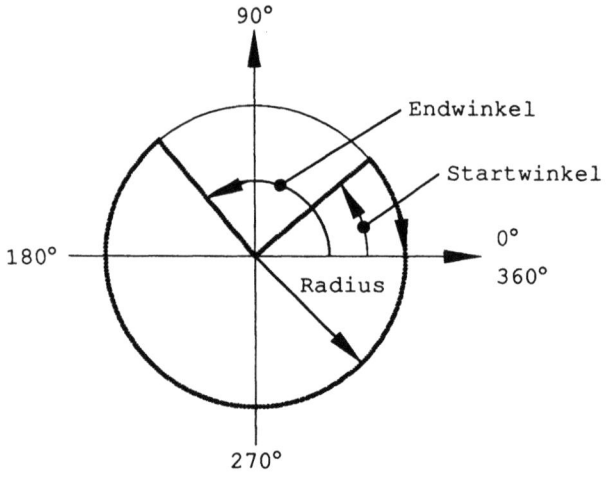

arcn

    X Y Radius Startwinkel Endwinkel **arcn** $\Rightarrow$

Bild 5-3: Kreisbogen mit dem Uhrzeigersinn ziehen

Bei der Angabe des Start- und Endwinkels ist zu beachten, daß die Winkelpositionen identisch mit denen des Befehls »arc« sind. In der Skizze zu Bild 5-3 wurde der Kreisausschnitt mit den folgenden Argumenten erzeugt:

```
300 300 100 40 130 arcn
```

Für die Erzeugung eines Vollkreises durch den Befehl »arcn« muß der Startwinkel 360° und der Endwinkel 0° betragen.

```
300 300 100 360 0 arcn
```

5.1 Kreise

Aufgabe 5-1: Der abgebildete Ring ist aus einem **einzigen** aktuellen Pfad entstanden. Erstellen Sie bitte ein Programm für diese Figur. Das Programm darf nur einmal den Befehl »fill« und nur einmal den Befehl »stroke« enthalten.

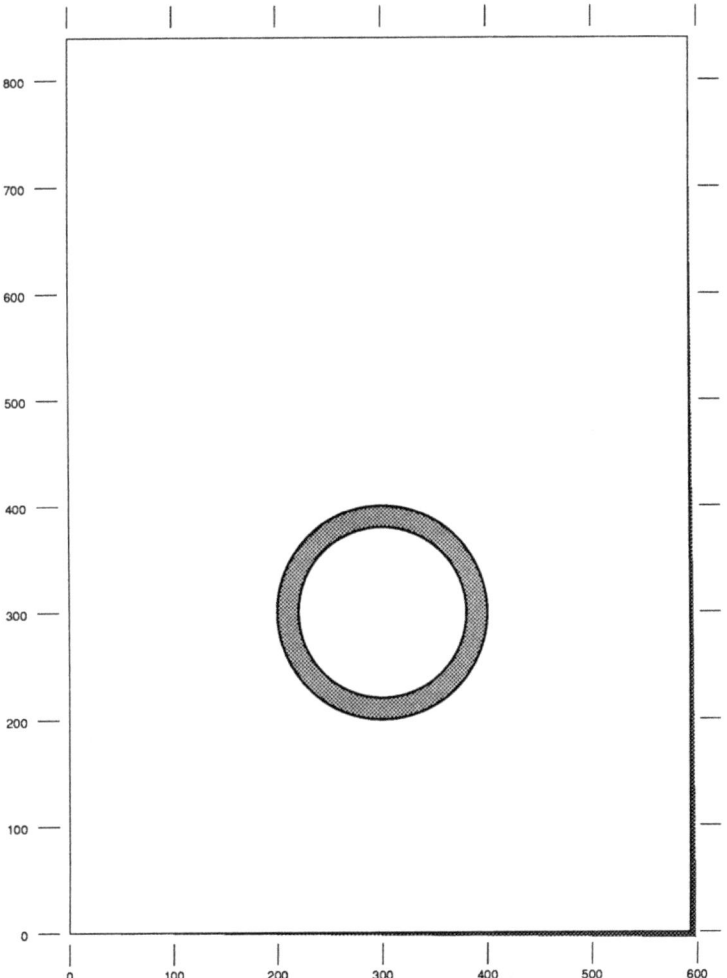

5.2 Bezier-Kurven

Neben den Linien und Kreisen gibt es eine weitere Kurvenform, die Bezierkurve. Die Bezierkurve ist durch vier Punkte definiert, wobei der erste und der letzte die Kurve begrenzen, die beiden anderen jedoch außerhalb der Kurve liegen und die Kurvenkrümmung bestimmen. Der erste der vier Kontrollpunkte ist immer der aktuelle Punkt. Die Koordinatenpaare der anderen drei Kontrollpunkte werden als Argumente dem Befehl »curveto« übergeben, der die Bezierkurve erzeugt. Zum Befehl »curveto« gibt es wieder eine relativ positionierende Variante, den Befehl »rcurveto«.

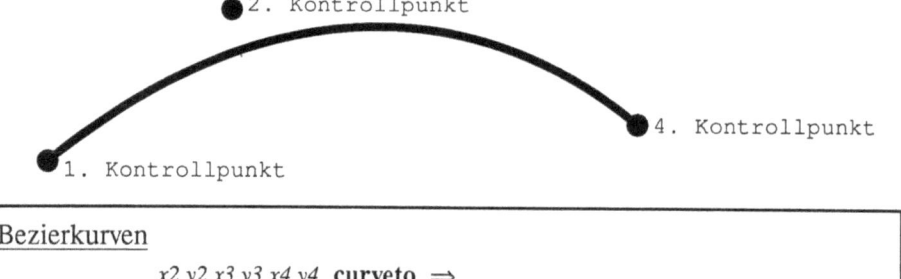

Bezierkurven	
$x2\ y2\ x3\ y3\ x4\ y4$ **curveto**	$\Rightarrow$
Relative Bezierkurven	
$dx2\ dy2\ dx3\ dy3\ dx4\ dy4$ **rcurveto**	$\Rightarrow$

Bild 5-4: Bezierkurven

Beispiel

```
100 100 moveto              % 1. Kontrollpunkt (= aktueller Punkt)
200 200 300 200 400 100     % Parameter für den Befehl »curveto«
curveto                     % Eine Bezierkurve
stroke                      % wird gezeichnet.
```

Es gibt ein relativ einfaches Verfahren, mit dem man eine Bezierkurve graphisch aus den vier Kontrollpunkten erzeugen kann. Es beruht auf der Tatsache, daß man eine Bezierkurve durch einfache Geradenteilungen in zwei Bezierkurvenstücke herunterbrechen kann, wobei jedes der beiden Teile wieder eine vollständige Bezierkurve ist.

Im ersten Schritt verbindet man die vier Kontrollpunkte durch Geraden, teilt diese jeweils in der Mitte und erhält so drei neue Punkte. Diese werden wieder

5.2 Bezier-Kurven

miteinander verbunden und in der Mitte geteilt. Die daraus resultierenden Punkte werden ein letztes Mal verbunden und in der Mitte geteilt. Dieser Punkt liegt auf der Bezierkurve und dient als Endpunkt zweier neuer Bezierkurven, deren beide mittleren Kontrollpunkte von den beiden Geradenmittelpunkten gebildet werden. Man erhält also einen Punkt in der Mitte der Bezierkurve und die Kontrollpunkte der beiden Hälften. Nun kann man diesen Prozeß so oft mit den neuen kleineren Bezierkurven wiederholen, bis man eine dichte Kette von Punkten erhält. Die folgenden vier Skizzen sollen das Verfahren verdeutlichen.

Aufgabe 5-2: Das abgebildete Ei ist aus zwei Bezierkurven zusammengesetzt. Versuchen Sie bitte, ein ähnlich aussehendes Ei durch ein kleines PostScript-Programm zu zeichnen. Natürlich sollen auch hier die Befehle »stroke« und »fill« nur einmal verwendet werden.

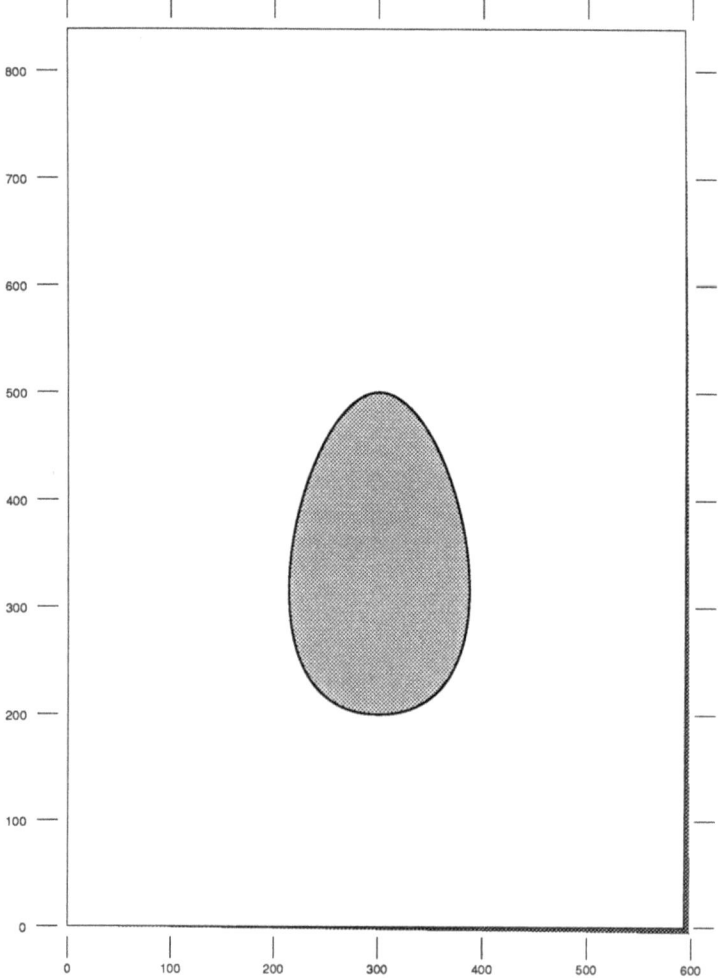

5.3 Abgerundete Ecken

Der letzte Befehl, mit dem der aktuelle Pfad aufgebaut werden kann, ist der Befehl »arcto«. Mit diesem Befehl werden zwei Linien durch einen Kreisbogen miteinander verbunden.

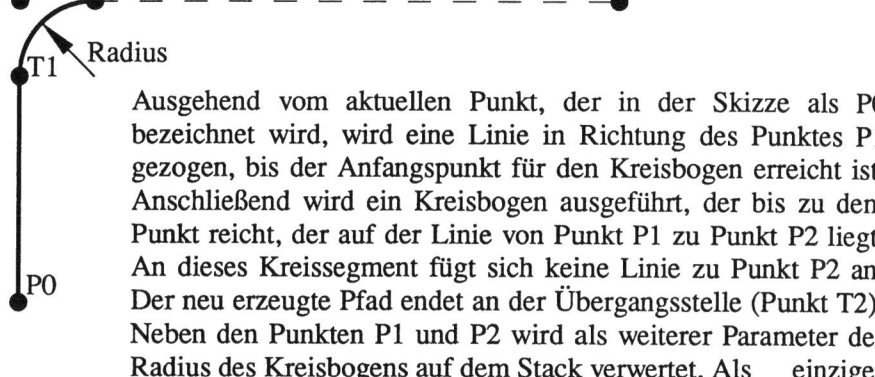

Ausgehend vom aktuellen Punkt, der in der Skizze als P0 bezeichnet wird, wird eine Linie in Richtung des Punktes P1 gezogen, bis der Anfangspunkt für den Kreisbogen erreicht ist. Anschließend wird ein Kreisbogen ausgeführt, der bis zu dem Punkt reicht, der auf der Linie von Punkt P1 zu Punkt P2 liegt. An dieses Kreissegment fügt sich keine Linie zu Punkt P2 an. Der neu erzeugte Pfad endet an der Übergangsstelle (Punkt T2). Neben den Punkten P1 und P2 wird als weiterer Parameter der Radius des Kreisbogens auf dem Stack verwertet. Als einziger graphischer Befehl hinterläßt der Befehl »arcto« vier neue Einträge auf dem Stack. Es sind dies die sogenannten Tangentenpunkte T1 und T2. Der Punkt T1 ist die Übergangsstelle der Linie in den Kreisbogen und T2 der Endpunkt des Kreisbogens. In den meisten Fällen werden sie nicht benötigt und daher durch den Befehl »pop« vom Stack genommen.

Linie mit Kreisbogen am Ende
x1 y1 x2 y2 Radius **arcto** $\Rightarrow$ *xt1 yt1 xt2 yt2*

Bild 5-5: Abgerundete Ecken

Beispiel:
Es soll eine Linie ausgehend vom Punkt X0=100, Y0=100 in Richtung auf den Punkt X1=100, Y1=300 gezogen und dann mit einer Krümmung von 50pt zu dem Punkt X2=400, Y2=300 verlängert werden.

```
100 100 moveto           % Startpunkt festlegen.
100 300 400 300          % Punkte X1,Y1 und X2,Y2.
50   arcto               % Linie mit 50 pt Kreisbogen.
4 { pop } repeat         % xt1, yt1, xt2, yt2 löschen.
400 300 lineto           % Linie vom Kreis zu X2, Y2 ziehen.
stroke                   % Pfad zu Papier bringen.
```

Aufgabe 5-3: Schreiben Sie bitte ein Programm, mit dem das abgebildete, abgerundete Viereck durch einen einzigen Befehl »stroke« gezeichnet wird.

Beispiele:
```
Linie {
       300 100 moveto
       100 0 rlineto
       stroke
       } def
```

1)   [15 6.25] 0 setdash Linie   — — — — —

2)   [10] 5 setdash Linie   - — — — — -

3)   [4 mm 2.6 mm] 1.8 mm setdash Linie   — — — — —

4)   [] 0 setdash Linie   _____

Bitte beachten Sie in dem zweiten und dem dritten Beispiel den Versatz des ersten Elementes. Im vierten Beispiel wird die Strichelung rückgängig gemacht, d. h. die Linien sind nun wieder durchgezogen. Ähnlich wie die Linienstärken wird die Strichelung erst mit dem Befehl »stroke« ausgewertet; d. h. verschiedene Strichelungen bedürfen der mehrfachen Eingabe des Befehls »stroke«.

Gestrichelte Linien

Strichelung Abstand **setdash** ⇒

Bild 6-2: Gestrichelte Linien

Beispiel:

```
/X 10 def          % Der Name X wird mit der Zahl 10 verbunden.
/A [X 1 add] def   % Durch die sofortige Auswertung wird die
                   % Variable X durch seinen Wert 10 ersetzt und
                   % der Befehl »add« ausgeführt.
/B {X 1 add} def   % Dem Namen B wird eine Prozedur zugewiesen.
/X 20 def          % X = 20
A                  % Unter dem Namen A findet sich das Array [11]!
B                  % Hier wird die unter B abgelegte Prozedur
                   % ausgeführt. Das Ergebnis ist die Zahl 21,
                   % weil X geändert wurde.
```

Ablegen einer Stackmarkierung

$\quad\quad\quad\quad$ **mark** $\Rightarrow$ *Marke*

$\quad\quad\quad\quad$ **[** $\Rightarrow$ *Marke*

Stackeinträge bis zur Markierung in ein Array ablegen

$\quad\quad\quad\quad$ *Marke ...* **]** $\Rightarrow$ *[...]*

Bild 6-1: Erzeugung eines Arrays

6.1.1 Der Befehl »setdash«

Ein typisches Beispiel für die Verwendung des Arrays ist der Befehl »setdash«, der eine Strichelung der Linien aktiviert. Der Befehl »setdash« erwartet zwei Argumente, und zwar die Intervalle der Strichelung und ein sogenannter Offset. Die Intervalle der Strichelung geben an, welche Strecke mit dem aktuellen Grauwert gezeichnet werden und welche frei bleiben soll. Die Intervalle werden in einem Array angegeben, in dem abwechselnd die Werte für den gezeichneten und den freien Teil stehen. Werden mehr Strichelungen benötigt als Elemente in dem Array vorhanden sind, wird mit der Zählung wieder mit dem ersten Element im Array begonnen. Soll die erste Strichelung um eine feste Strecke versetzt beginnen, wird das zweite Argument, der Offset, mit der Streckenlänge besetzt. Wird kein Versatz gewünscht, muß der Offset mit der Zahl 0 belegt werden, da immer zwei Argumente gefordert werden.

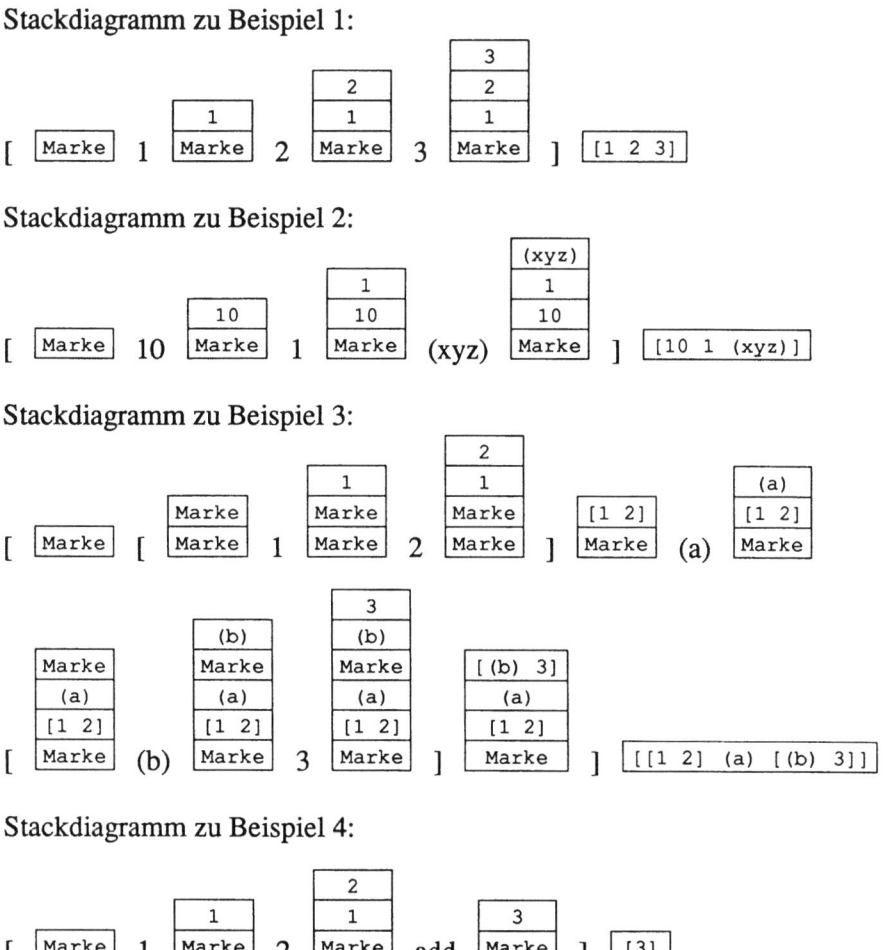

Vergleicht man die Schreibweise von Arrays und Prozeduren miteinander, so fällt eine starke Ähnlichkeit auf. Diese Ähnlichkeit ist beabsichtigt, da Prozeduren eigentlich nichts anderes als Arrays sind. Sie unterscheiden sich in zwei Punkten. Zum einen werden die Elemente eines Arrays sofort ausgewertet, während die Elemente innerhalb einer Prozedur ohne Auswertung angesammelt werden. Zum anderen wird der Inhalt der Prozedur ausgeführt, sobald sie aufgerufen wird. Das Array hingegen bleibt als Array auf dem Stack stehen. Aus diesen Gründen werden Prozeduren auch als »ausführbare Arrays« bezeichnet.

6 Arrays, Dictionaries und Strings

6.1 Die Arrays

Mehrere zusammengehörende Objekte lassen sich in PostScript in einem Feld (engl.: *array*) zusammenfassen. Die Definition eines Feldes beginnt mit einer öffnenden eckigen Klammer »[« und endet mit einer schließenden eckigen Klammer »]«. Zwischen diesen Klammern können beliebige Objekte und Befehle angegeben werden, die sofort ausgewertet werden. Die Objekte innerhalb der eckigen Klammern können verschiedenen Typs sein. Einige Beispiele für Array-Definitionen sind:

```
1) [1 2 3]
2) [10 1 (xyz)]
3) [[1 2] (a) [(b) 3]]
4) [1 2 add]
```

Die Eingabe der öffnenden Klammer »[« aktiviert den Befehl »mark«, der eine Markierung auf dem Stack ablegt. Das Array wird durch die schließende Klammer »]« gebildet. Die schließende eckige Klammer ist ein Befehl, dessen Ausführung alle Einträge bis zu der Markierung vom Stack nimmt und in ein neu angelegtes Array kopiert. Anschließend wird die Markierung vom Stack gelöscht und das neue Array als einzelner Eintrag auf dem Stack abgelegt.

Eine schließende Klammer sucht immer die oberste Markierung auf dem Stack, so daß Arrays ineinander verschachtelt werden können. Die ersten drei Beispiele zeigen jeweils ein Array mit drei Einträgen. Im vierten Beispiel enthält das Array als einziges Element die Zahl 3, da der Befehl »add« sofort ausgeführt wird. Ein Stackdiagramm soll die Abläufe bei der Erzeugung der vier Arrays zeigen.

6.1.1 Der Befehl »setdash«

Aufgabe 6-1: Erstellen Sie die abgebildeten Linien unter Verwendung des Befehls »setdash«.

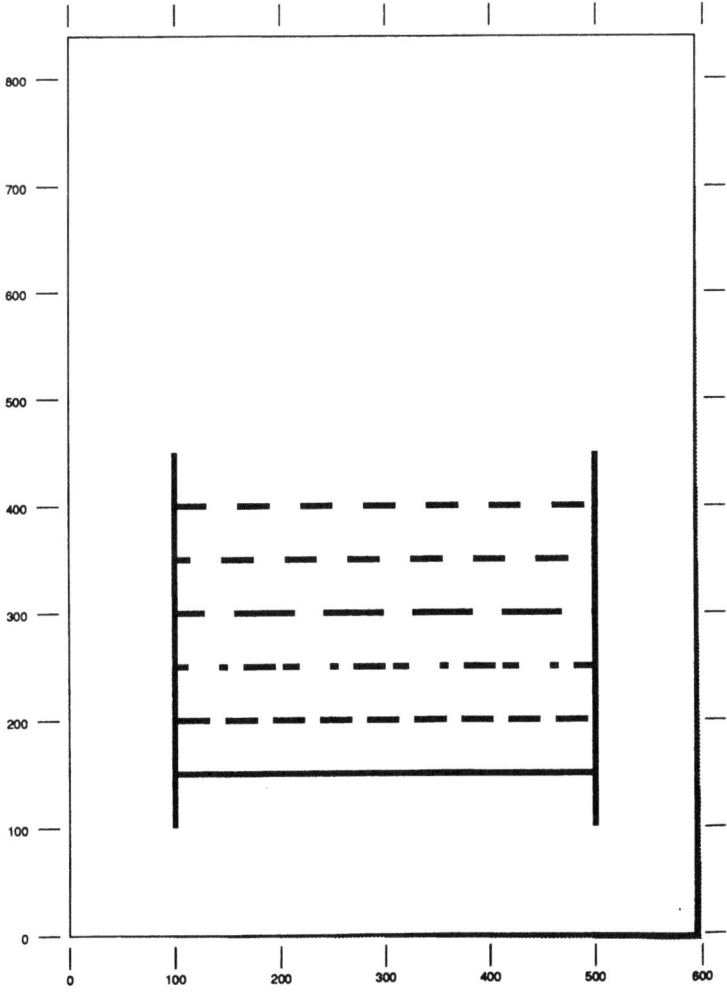

6.1.2 Spezielle Befehle für Arrays*

Zur Erzeugung eines leeren Feldes dient der Befehl »array«. Als Argument wird die Größe des anzulegenden Arrays erwartet.

Den gesamten Inhalt eines Arrays kann man mit dem Befehl »aload« auf den Stack bringen. Das Array, das als Argument auf dem Stack steht, wird diesem entnommen und Eintrag für Eintrag, beginnend mit dem ersten, auf dem Stack abgelegt. Anschließend wird das ausgelesene Array zusätzlich zuoberst auf dem Stack gespeichert.

Beispiel:

```
/a [1 2 (x) (y)] def    % Definition des Arrays.
a aload                 % Zu diesem Befehl ein Stackdiagramm.
```

Stackdiagramm:

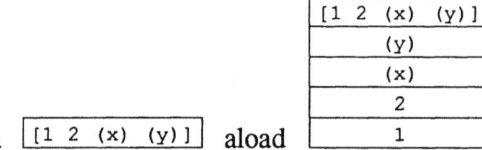

Umgekehrt läßt sich ein Array durch den Befehl »astore« vollständig mit Stackeinträgen füllen. Zu Beginn der Ausführung des Befehls wird ein Array vom Stack geholt. Anschließend werden eine der Länge des Arrays entsprechende Anzahl Einträge vom Stack genommen und in dem Array abgelegt. Der oberste Eintrag auf dem Stack findet sich als letzter Eintrag im Array wieder, der zweitoberste als zweitletzter usw. Nachdem diese Operation beendet ist, wird das so gefüllte Array wieder auf dem Stack gelegt.

Beispiel:

```
1 2 (x) (y) (z)         % Einige Stackeinträge anlegen.
/a 4 array def          % Ein leeres Array mit 4 Einträgen.
a astore                % Zu diesem Befehl ein Stackdiagramm.
```

Stackdiagramm:

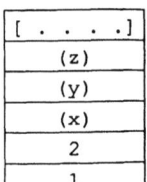

6.1.3 Spezielle Befehle für Markierungen*

Erzeugung eines leeren Arrays

    Anzahl_der_Elemente **array** ⇒ *Array*

Inhalt eines Arrays auf den Stack legen

    [1 .. n] **aload** ⇒ *1 .. n [1 .. n]*

Array aus dem Stack füllen

    1 .. n [..] **astore** ⇒ *[1 .. n]*

Bild 6-3: Spezielle Befehle für Arrays

6.1.3 Spezielle Befehle für Markierungen*

Die normalerweise für die Erzeugung eines Arrays verwendeten Markierungen, die mit dem Befehl »[« bzw. »mark« gesetzt werden, lassen sich auch für andere Zwecke einsetzen.

Mit dem Befehl »counttomark« werden die Stackeinträge gezählt, die sich über der obersten Markierung befinden. Der Befehl »cleartomark« löscht alle Einträge vom Stack, die über der obersten Markierung stehen, einschließlich der Markierung selbst. Der letzte Befehl läßt sich beispielsweise dann einsetzen, wenn man die Stackeinträge löschen möchte, die eine Prozedur unvorsichtigerweise zurückgelassen hat.

Natürlich erwarten beide Befehle zwingend eine Markierung auf dem Stack. Ist eine solche nicht vorhanden, wird der Druckauftrag mit der Fehlermeldung »unmatchedmark« abgebrochen.

Beispiel:
```
mark 1 2 (x) (y) (z)     % Einige Stackeinträge anlegen.
counttomark              % Stackeinträge zählen.
cleartomark              % Stackeinträge löschen.
```

Stackdiagramm:

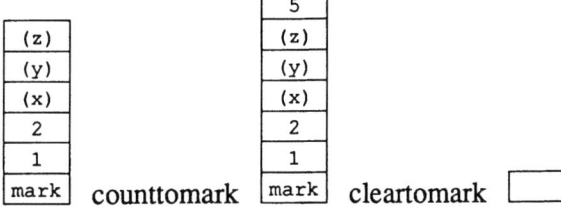

> Stackeinträge oberhalb der Markierung zählen
>
> *mark 1 .. n* **counttomark** ⇒ *mark 1 .. n N*
>
> Stackeinträge oberhalb der Markierung löschen
>
> *mark 1 .. n* **cleartomark** ⇒

Bild 6-4: Spezielle Befehl für Markierungen

6.2 Die Dictionaries

Nachdem in Kapitel 3.1 der Begriff der Variablen eingeführt wurde, soll an dieser Stelle näher auf die Organisation der Variablen eingegangen werden. Der Ort, an dem die Variablen mit dem ihnen zugeordneten Wert stehen, wird in PostScript »Dictionary« (zu deutsch: *Wörterbuch*) genannt. Damit ist auch die Art der Ablage sehr zutreffend charakterisiert. Jedem Begriff ist seine Bedeutung zugeordnet, oder anders gesagt, jedem Schlüssel (engl.: *key*) steht ein Wert (engl.: *value*) gegenüber. In PostScript existieren mehrere vordefinierte Dictionaries. Die wichtigste wird als »systemdict« bezeichnet und beinhaltet im wesentlichen fast alle PostScript-Befehle. Beispielsweise ist dem Namen »add« eine Funktion zugeordnet, die zwei Zahlen addiert. Die Dictionary »systemdict« ist nur lesbar, d. h. es können keine Einträge hinzugefügt oder geändert werden.

Dem Benutzer frei zugänglich ist die Dictionary »userdict«, in der neue Definitionen eingetragen werden können. Daneben gibt es noch eine ganze Reihe weiterer Dictionaries, von denen einige in späteren Kapiteln vorgestellt werden. Wenn der Benutzer nun eine Variable mit dem Befehl »/Z 123 def« definiert, stellt sich die Frage, in welcher Dictionary sie angelegt wird.

In PostScript wurde für diese Verwaltung natürlich eine Stackarchitektur gewählt. In diesem Stack, der als »dictstack« bezeichnet wird, befinden sich am Beginn eines Jobs zwei Dictionaries; zuunterst steht die Dictionary »systemdict« und darüber die Dictionary »userdict«. Die Dictionaries »systemdict« und »userdict« sind unter diesen Namen verfügbar.

Die oberste Dictionary im *dictstack* wird als aktuelle Dictionary bezeichnet. Sie läßt sich im Bedarfsfall mit dem Befehl »currentdict« auf dem (normalen) Stack ablegen.

Durch den Befehl »def« wird ein Eintrag in der obersten Dictionary auf dem *dictstack* abgelegt (siehe Bild 6-3). Falls schon ein Eintrag unter diesem Namen

6.2 Die Dictionaries

vorhanden war, wird der alte Wert durch den neuen Wert überschrieben. War der Schlüssel noch nicht vergeben, muß in dieser Dictionary genügend Platz für diesen Eintrag vorhanden sein, da sonst der Job mit der Fehlermeldung »dictfull« abgebrochen wird.

Wenn man eine Variable mit ihrem Namen anspricht, wird die Bedeutung dieses Namens zuerst in der obersten Dictionary auf dem *dictstack* gesucht. Wird sie dort nicht gefunden, wird in der darunter befindlichen Dictionary gesucht. Ist sie auch dort nicht definiert, wird die Suche in allen Dictionaries auf dem *dictstack* nacheinander fortgesetzt, bis die Variable gefunden oder der *dictstack* erschöpft ist. Der letztere Fall führt zu der Fehlermeldung »unknown command« und zum Abbruch des Jobs.

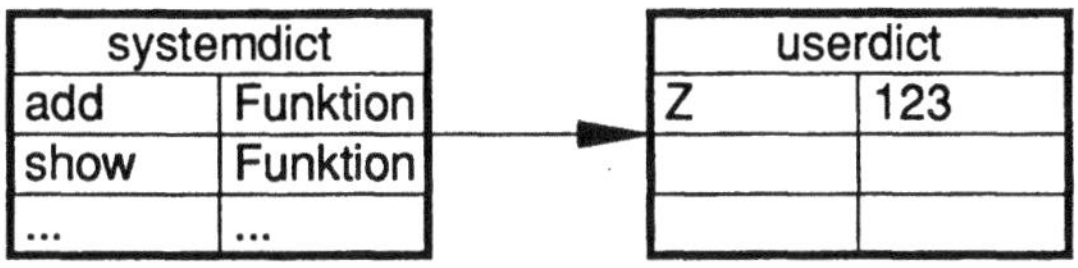

systemdict	
add	Funktion
show	Funktion
...	...

userdict	
Z	123

Bild 6-5: Der »dictstack«

Damit der *dictstack* sinnvoll genutzt werden kann, benötigt man Befehle, um weitere Dictionaries darin ablegen bzw. wieder herunternehmen zu können. Der Befehl »begin« ist für die Ablage von Dictionaries auf dem *dictstack* zuständig und erwartet als Argument die betreffende Dictionary. Der Abbau des *dictstacks* erfolgt durch den Befehl »end«.

Der Erzeugung neuer, leerer Dictionaries dient der Befehl »dict«. Er erwartet als Argument die Anzahl der gewünschten Schlüssel-Werte-Paare in der neuen Dictionary und legt sie auf dem normalen Stack ab. Auf dem Stack befindet sich allerdings nur ein Verweis auf diese Dictionary; dieser Verweis kann als Hausnummer der Dictionary verstanden werden.

6 Arrays, Dictionaries und Strings

> Erzeugung einer leeren Dictionary
>
> *Anzahl_der_Elemente* **dict** $\Rightarrow$ *Dictionary*
>
> Ablegen einer Dictionary auf dem *dictstack*
>
> *Dictionary* **begin** $\Rightarrow$
>
> Eine Dictionary vom dem *dictstack* nehmen
>
> **end** $\Rightarrow$
>
> Die Dictionary »systemdict« auf dem Stack ablegen
>
> **systemdict** $\Rightarrow$ *systemdict*
>
> Die Dictionary »userdict« auf dem Stack ablegen
>
> **userdict** $\Rightarrow$ *userdict*
>
> Die aktuelle Dictionary auf dem Stack ablegen
>
> **currentdict** $\Rightarrow$ *dict*

Bild 6-6: Befehle zur Verwaltung von Dictionaries

Beispiel:

```
/D 3 dict def     % Erzeuge eine neue Dictionary (D1), die bis zu
                  % drei Einträge aufnehmen kann und lege sie
                  % unter dem Namen »D« ab.
D begin           % Aktiviere die Dictionary D1.
                  % Der dictstack sieht wie folgt aus:
```

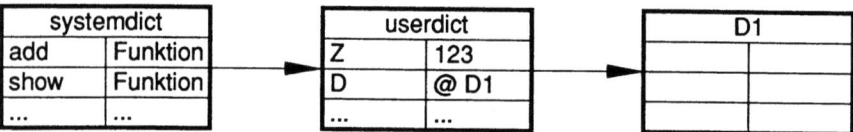

```
/Z [1 2] def      % Nun tragen wir etwas in der neuen Dictionary ein.
```

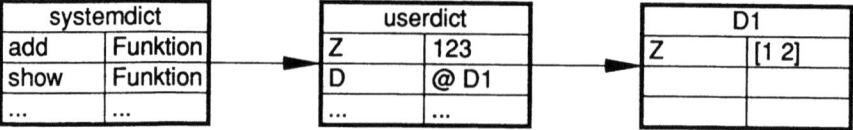

6.2 Die Dictionaries

end   % Nehme die Dictionary D1 vom *dictstack*.

systemdict			userdict	
add	Funktion	→	Z	123
show	Funktion		D	@ D1
...	...		...	...

Aufgabe 6-2: Das nachfolgende PostScript-Programm führt in einigen Dictionaries zu Veränderungen. Tragen Sie bitte die Veränderungen der Dictionaries in das darunter gezeichnete Diagramm ein.

```
/A 10 def
/B (Hallo) def
/C A 5 mul def
5 dict begin
/A A 1 add def
/B 11 def
end
/D A 2 div def
```

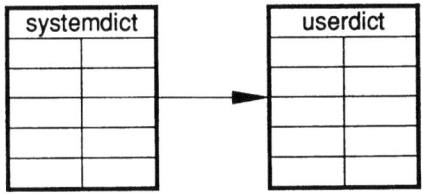 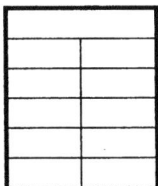 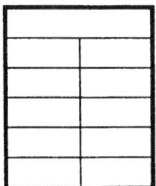

6.3 Eintragungen in Dictionaries

Mit dem bereits bekannten Befehl »def« werden Eintragungen immer in der aktuellen Dictionary vorgenommen. Sehr ähnlich arbeitet der Befehl »store«, der auch die gleichen Argumente erwartet. Der Befehl »store« durchsucht den *dictstack* nach dem angegebenen Schlüssel und ersetzt in der Dictionary, in der er gefunden wurde, den ersprechenden Wert. Wird keine Dictionary auf dem *dictstack* mit dem angegebenen Schlüssel gefunden, wird der Eintrag in der aktuellen Dictionary vorgenommen.

Den Wert, der mit einem Namen verbunden ist, kann mit dem Befehl »load« auf den Stack geholt werden. Ist der Name in der aktuellen Dictionary nicht definiert, werden die weiteren Einträge in dem *dictstack* durchsucht. Wird er auch hier nicht gefunden, wird der Druckauftrag mit der Fehlermeldung »undefined« abgebrochen. Der Befehl »load« entspricht also dem Suchvorgang, der ausgelöst wird, wenn ein Name ohne »/« angegeben wird. Der einzige Unterschied liegt darin, daß der gefundene Eintrag nicht ausgeführt wird.

Ob es in einer Dictionary einen bestimmten Eintrag gibt, stellt der Befehl »known« fest. Er erhält den Namen und die Dictionary als Argumente und liefert als Antwort einen logischen Wert zurück, der »true« ist, wenn ein Eintrag mit dem angegebenen Namen in der Dictionary gefunden wird. Ist der Name nicht definiert, wird der logische Wert »false« auf dem Stack abgelegt. Die Bedeutung und Auswertung von logischen Werten wird in Kapitel 7 behandelt werden.

Um festzustellen, ob ein Name in irgendeiner Dictionary auf dem *dictstack* definiert ist, und falls ja, in welcher, wird der Befehl »where« verwendet. Als Argument wird nur ein Name vom Stack genommen. Wird dieser Name in einer Dictionary gefunden, befinden sich anschließend diese Dictionary und der logische Wert »true« auf dem Stack. Andernfalls steht dort nur der logische Wert »false«.

Den Inhalt des *dictstack* kann man durch den Befehl »dictstack« in einem Array ablegen. Als Argument wird ein Array erwartet, das groß genug ist, alle Dictionaries aus dem *dictstack* aufzunehmen. Das gefüllte und möglicherweise verkürzte (falls das Array mehr Eintrage als *dictstack* hatte) Array wird anschließend wieder auf den Stack geschrieben.

Die Anzahl der Einträge in dem *dictstack* läßt sich mit dem Befehl »countdictstack« ermitteln. Das Ergebnis befindet sich nach diesem Befehl auf dem Stack.

6.3 Eintragungen in Dictionaries

Ersetze den obersten Eintrag

Schlüssel Wert **store** ⇒

Hole den obersten Eintrag

Schlüssel **load** ⇒

Ist der Schlüssel bekannt?

Dictionary Schlüssel **known** ⇒ *true*

Dictionary Schlüssel **known** ⇒ *false*

In welcher Dictionary ist der Schlüssel definiert?

Schlüssel **where** ⇒ *Dictionary true*

Schlüssel **where** ⇒ *false*

Einträge in dem *dictstack* zählen

countdictstack ⇒ *Zahl*

dictstack in ein Array kopieren

Array **dictstack** ⇒ *Array*

Bild 6-7: Weitere Befehle zur Verwendung von Dictionaries

Beispiele:

```
/D 5 dict def          % Eine leere Dictionary.
/a (abc) def           % Testvariable.
/b {add} def           % Eine Prozedur.
D begin                % Damit »a« und »b« nicht in der
                       % aktuellen Dictionary stehen.

1 2 b                  % Siehe 1. Stackdiagramm
1 2 /b load            % Siehe 2. Stackdiagramm

/a (def) store         % Die Bedeutung des Namens »a« in der
                       % »userdict« ändern.

currentdict            % Liefert die Dictionary »D« zurück.

/a D known             % Liefert »false«, da »a« in »D« nicht
                       % definiert wurde.

/a userdict known      % Liefert »true«.

/a where               % Die Dictionary »userdict« und der
                       % logische Wert »true« kommen auf den Stack.

countdictstack         % Legt die Zahl 3 auf dem Stack ab.
```

```
/A 10 array def        % Ein leeres Array anlegen.
A dictstack            % Füllt das Array mit der »systemdict«,
                       % der »userdict« und »D«.

end                    % »D« vom dictstack nehmen.
```

1. Stackdiagramm

```
                2
1   1    2      1    b    3
```

2. Stackdiagramm

```
                        /b        {add}
             2          2          2
1   1    2   1    /b    1   load   1
```

6.4 Spezielle Befehle für Strings

Im Zusammenhang mit der Ausgabe von Texten (Kapitel 2.4.2) haben wir Objekte vom Typ »string« kennengelernt. PostScript bietet einige Befehle, mit denen diese Objekte erzeugt und verändert werden können.

6.4.1 Die Befehle »string« und »cvs«

Neue Strings werden mit dem Befehl »string« angelegt. Die Größe des Strings wird durch das Argument bestimmt, das vom Typ *Integer* sein muß. In dem neu angelegten String sind alle Elemente (Zeichen) mit dem Zeichenkode »0« belegt.

Anwendung findet der Befehl »string« im Zusammenhang mit anderen Befehlen, die als Argument einen leeren String benötigen, in dem sie das Ergebnis ihrer Arbeit ablegen können. Ein solcher Befehl ist beispielsweise der Befehl »cvs«, dessen Aufgabe es ist, Objekte beliebigen Typs in eine ausdruckbare Form zu bringen (z. B. aus der Zahl »1« den String »(1)« zu erzeugen). Als Argument erwartet der Befehl »cvs« das umzuwandelnde Objekt und besagten leeren String, der lang genug sein muß, um das Ergebnis aufnehmen zu können.

6.4.2 Der Suchbefehl »search«*

Erzeugung eines neuen, leeren Strings

Integer **string** ⇒ *string*

Umwandlung von Objekten in eine druckbare Form

Objekt String1 **cvs** ⇒ *String2*

Bild 6-8: String-Befehle

Beispiel:

Angenommen, Sie bearbeiten ein PostScript-Programm, das sich standhaft weigert, eine Operation an einem bestimmten Ort zu vollziehen. Um dem Problem auf die Spur zu kommen, soll an der Stelle, wo der Fehler vermutet wird, die Position des aktuellen Punktes als Text ausgegeben werden.

.
.
.

```
% Nun wollen wir es wissen:
currentpoint          % Aktuelle X- und Y-Position holen.
exch                  % X nach oben
(X-Position =) show   % Begleittext
/str 20 string def    % Einen leeren String anlegen.
                      % Zu diesem Zeitpunkt stehen der X- und der
                      % Y-Wert auf dem Stack!
str cvs show          % X-Wert in einen String umwandeln und
                      % diesen ausgeben.
(Y-Position = ) show  % Begleittext und
str cvs show          % Y-Position ausgeben.
% Jetzt wissen wir es!
```

6.4.2 Der Suchbefehl »search«*

Der Befehl »search« sucht eine Zeichenkombination in einem String. Das erste der beiden benötigten Argumente ist der String, in dem gesucht werden soll, während das zweite Argument die gesuchte Zeichenkombination angibt, die ebenfalls vom Typ String ist. Das Ergebnis des Befehls »search« hängt davon ab, ob der gesuchte String gefunden wurde.

Wurde die gesuchte Kombination in dem String gefunden, werden vier Objekte als Ergebnis auf dem Stack zurückgelassen. Die untersten drei sind Bruchteile des ersten Arguments, wobei der erste String der Teil ist, der vor dem gesuchten String liegt. Der zweite String ist der gesuchte String und der dritte der Teil, der dem gesuchten String folgt. Das vierte Ergebnis auf dem Stack ist der logische

Wert »true«, dessen Bedeutung und Auswertung in Kapitel 7 behandelt wird. Er gilt als Indiz, daß der gesuchte String gefunden wurde.

In dem Fall, daß der gesuchte String nicht Bestandteil des ersten Arguments ist, werden das erste Argument und der logische Wert »false« auf dem Stack hinterlassen.

Zeichenfolge in einem String suchen

String Suchstring **search** ⇒ *Vorstring Suchstring Nachstring true*

String Suchstring **search** ⇒ *String false*

Bild 6-9: Der Befehl »search«

Beispiel:
```
% Die Zeile
(Links-Mitte-Rechts) (Mitte) search
%führt zu den folgenden Stackeinträgen:
```

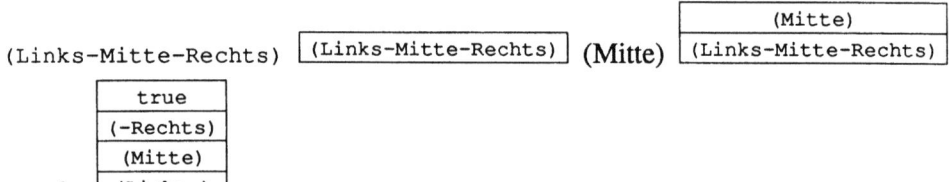

6.5 Gemeinsame Befehle für Arrays, Dictionaries und Strings

Objekte vom Typ Array, Dictionary oder String bestehen aus einem oder mehreren Teilobjekten; man bezeichnet sie auch als zusammengesetzte Objekte. Damit diese Objekte in PostScript effektiv verarbeitet werden können, werden sie immer nur indirekt, d. h. über ihre Adresse angesprochen. Kopiert man beispielsweise mit dem Befehl »dup« einen Eintrag des genannten Typs, wird nur dessen Adresse kopiert. Um diesen Zusammenhang auch in den folgenden Ablaufdiagrammen deutlich zu machen, wollen wir ein Adressierungsverfahren einführen. Neu angelegte Dictionaries bekommen die Adresse (Hausnummer) »@Dn«, wobei »n« eine Zahl ist, die mit 1 beginnt und bei jedem neuen Dictionary um 1 erhöht wird. Äquivalent verfahren wir mit Arrays, deren Adresse »@An« lautet, und mit Strings (»@Sn«). An einem kleinen Beispielprogramm wollen wir uns die Adressierung ansehen. Gegeben sei das folgende kleine PostScript-Programm:

```
/X 10 dict def
X dup begin
```

Das Stackprotokoll sieht wie folgt aus:

/X │ /X │ 10 │ 10 / /X │ dict │ @ D1 / /X │ def

X │ @ D1 │ dup │ @ D1 / @ D1 │ begin │ @ D1

6.5.1 Der Befehl »put«

Mit dem Befehl »put« kann man in zusammengesetzten Objekten an definierten Stellen Eintragungen vornehmen. Es werden immer drei Argumente benötigt. Das erste Argument bestimmt das zusammengesetzte Objekt, das verändert werden soll. Danach befindet sich die Position in dem zusammengesetzten Objekt, an dem die Änderung vorgenommen werden soll, auf dem Stack. Bei Arrays und Strings ist das zweite Argument der Index, der die Positionsnummer, beginnend mit 0, angibt (d. h. das erste Element hat den Index 0, das zweite den Index 1 usw.). Im Falle einer Dictionary wird die Position durch den Schlüssel angegeben. Als drittes Argument wird der neue Eintrag erwartet. Bei Dictionaries und Arrays kann dieser von beliebigem Typ sein. Da Strings nur Zeichen beinhalten können, darf das dritte Argument hier nur ein Zeichen sein. Zeichen werden in PostScript als Zahlen im Bereich von 0 bis 255 angegeben, die den ASCII-Code repräsentieren (siehe Anhang A).

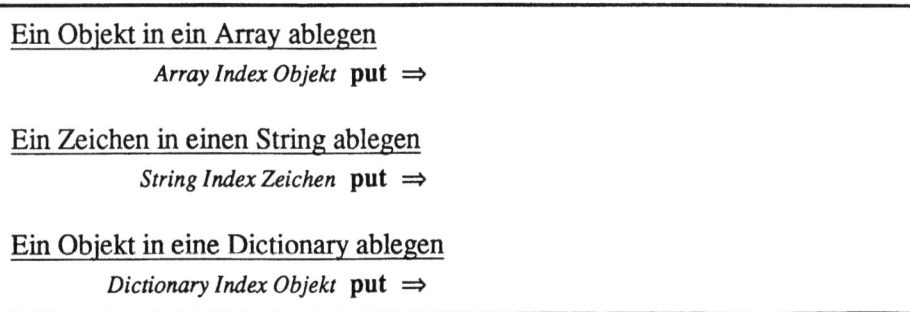

Ein Objekt in ein Array ablegen
Array Index Objekt **put** ⇒

Ein Zeichen in einen String ablegen
String Index Zeichen **put** ⇒

Ein Objekt in eine Dictionary ablegen
Dictionary Index Objekt **put** ⇒

Bild 6-10: Der Befehl »put«

Beispiele für den Befehl »put«:

```
/D 5 dict def      % Leere Dictionary D.
/A 10 array def    % Leeres Array A.
/S 5 string def    % Leerer String S.
D /Z 123 put       % Lege in Dictionary D unter dem Namen Z
                   % den Wert 123 ab.
A 0 (abc) put      % Das erste Element in Array A erhält
                   % einen String (abc).
0 1 4              % Mit dem Index 0 bis 4
  {S exch 65 put}  % diese Prozedur ausführen.
  for              % Belege alle Einträge des Strings S mit
                   % einem »A« (ASCII-Code 65).
```

6.5.2 Der Befehl »get«

Analog zum Befehl »put« gibt es den Befehl »get«, der Einträge aus zusammengesetzten Objekten herausholt. Zwei Argumente werden erwartet, nämlich die Quelle und die Position. Ist die Quelle eine Dictionary, wird die Position durch den Schlüssel angesprochen. Ist sie jedoch vom Typ Array oder String, wird als Position der Index erwartet. Als Ergebnis des Befehls »get« wird das Objekt an der angegebenen Position auf dem Stack abgelegt. Ausgehend von dem Programm im vorigen Kapitel hier nun einige Beispiele für den Befehl »get«:

```
D /Z get    % Besorge den Eintrag, der unter dem
            % Namen Z in der Dictionary D abgelegt ist.
A 0 get     % Das erste Element des Arrays A.
S 1 get     % An der zweiten Stelle im String S befindet
            % sich ein »A«, das als Zahl 65 auf dem
            % Stack abgelegt wird.
```

Ein Objekt aus einem Array holen

Array Index **get** $\Rightarrow$ *Objekt*

Ein Zeichen aus einem String holen

String Index **get** $\Rightarrow$ *Zeichen*

Ein Objekt aus einem Dictionary holen

Dictionary Index **get** $\Rightarrow$ *Objekt*

Bild 6-11: Der Befehl »get«

6.5.3 Der Befehl »length«

Aufgabe 6-3: Tragen Sie bitte auch für dieses PostScript-Programm die Veränderungen der Dictionaries in das darunter gezeichnete Diagramm ein.

```
/A 5 dict def
/B 25 def
A begin
/B B def
/B B B mul def
/C 5 dict dup begin
/C B 1 add def
/D A def
/E D /B get def
D /B (Hallo) put
end def
end
```

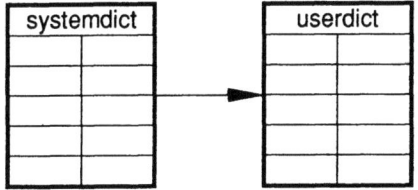 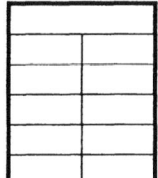 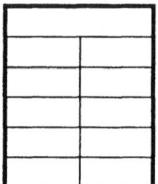

6.5.3 Der Befehl »length«

Mit dem Befehl »length« kann man die Länge von zusammengesetzten Objekten abfragen. Mit der Länge ist die Anzahl der vorhandenen Einträge gemeint. Während diese bei Strings und Arrays immer identisch mit der Gesamtgröße des Strings bzw. Arrays ist, wird bei Dictionaries nur der Füllgrad, d. h. die Anzahl der durch die Befehle »def« oder »put« eingetragenen Schlüssel-Werte-Paare, ausgegeben. Die Gesamtgröße einer Dictionary erhält man durch den Befehl »maxlength«. Auf die Objekte, die in dem Beispiel zum Befehl »put« (Kapitel 6.4.1) angelegt wurden, angewendet, ergeben sich die folgenden Werte:

```
D length     % Ergibt den Wert 1.
A length     %     "   "    "   10.
S length     %     "   "    "   5.
D maxlength  %     "   "    "   5.
```

> Die Größe eines Array abfragen
> *Array* **length** ⇒ *Integer*
>
> Die Größe eines Strings abfragen
> *String* **length** ⇒ *Integer*
>
> Die Anzahl der aktiven Einträge einer Dictionary abfragen
> *Dictionary* **length** ⇒ *Integer*
>
> Die Größe einer Dictionary abfragen
> *Dictionary* **maxlength** ⇒ *Integer*

Bild 6-12: Bestimmung der Länge von zusammengesetzten Objekten

6.5.4 Der Befehl »copy«

Zusammengesetzte Objekte werden mit dem Befehl »copy« kopiert. Die Quelle und das Ziel des Kopiervorgangs werden als Argumente des Befehls »copy« angegeben. Quelle und Ziel müssen natürlich vom gleichen Typ sein und das Ziel muß mindestens so groß sein, daß die gesamte Quelle hinein kopiert werden kann. In dem Kopiervorgang wird jedes einzelne Element der Quelle in das Ziel übertragen, wobei zusammengesetzte Objekte nur durch ihre Adresse kopiert werden. Am Ende des Kopiervorgangs wird das Zielobjekt auf dem Stack abgelegt. Wurde ein Array oder String kopiert, entspricht die Länge des Zielobjektes der Länge der Quelle, d. h. das Zielobjekt kann unter Umständen verkürzt sein.

Neben den zusammengesetzen Objekten läßt sich der Befehl »copy« auch auf den Stack anwenden. Als Argument wird hierbei die Anzahl der zu kopierenden Einträge angegeben. Der Stack wird dann in der gegebenen Anzahl kopiert bzw. dupliziert (siehe Kapitel 2.5).

6.5.5 Die Befehle »putinterval« und »getinterval«[*]

Den Inhalt eines Array kopieren
> *Quellarray Zielarray* **copy** ⇒ *Zielarray*

Den Inhalt eines Strings kopieren
> *Quellstring Zielstring* **copy** ⇒ *Zielstring*

Den Inhalt einer Dictionary kopieren
> *Quelldictionary Zieldictionary* **copy** ⇒ *Zieldictionary*

Eine Anzahl Stackeinträge duplizieren
> *... Anzahl* **copy** ⇒ *siehe Kapitel 2.5*

Bild 6-13: Der Befehl »copy«

Beispiel:
```
/a [1 2 3 4] def      % Ein Array mit 4 Elementen.
/b 10 array def       % Ein leeres Array mit 10 Elementen.
a b copy              % Kopiere den Inhalt des Arrays a in das
                      % Array b. Das Array b wird auf dem Stack
                      % mit der Länge des Arrays a hinterlassen.
length                % Die Länge des kopierten Arrays ist 4.
```

6.5.5 Die Befehle »putinterval« und »getinterval«[*]

Teile eines Strings oder eines Arrays lassen sich durch den Befehl »getinterval« herauslösen. Das erste seiner drei Argumente ist der String bzw. das Array, aus dem es etwas zu holen gilt. Das zweite Argument definiert die Position, mit dem das gelöste Teil beginnen soll und das dritte Argument bestimmt die Länge des herausgelösten Teils. Die Position ist der Index im String bzw. im Array. Die Zählung des Indexes beginnt bei 0, d. h. das erste Element hat den Index 0, das zweite den Index 1, usw.

Beispiel:
```
(abcdef) 1 3 getinterval        % Siehe 1. Stackdiagramm
[1 2 (x) (y) (z)] 2 3 getinterval   % Siehe 1. Stackdiagramm
```

1. Stackdiagramm

 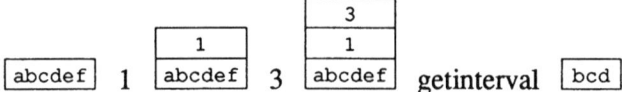

2. Stackdiagramm

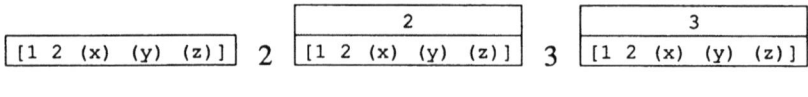

Umgekehrt läßt sich mit dem Befehl »putinterval« ein Teil eines Strings oder Arrays durch einen anderen ersetzen. Das erste der ebenfalls drei Argumente ist das Ziel, das verändert wird. Das zweite Argument gibt die Position an, ab der mit dem Kopieren begonnen werden soll. Das dritte Argument ist schließlich das zu kopierende Objekt. Das Ziel muß zumindest so groß sein, daß das gesamte zu kopierende Objekt hineinpaßt. Das Ergebnis des Kopierens wird nicht auf dem Stack abgelegt.

Beispiel:

```
/S1 (abcdef) def
/A1 ([1 2 (x) (y) (z)]) def
S1 1 (xyz) putinterval
S1                          % Siehe Stackdiagramm 1.
A1 0 [(v) (w)] putinterval
A1                          % Siehe Stackdiagramm 2.
```

1. Stackdiagramm

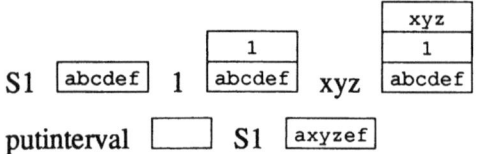

2. Stackdiagramm

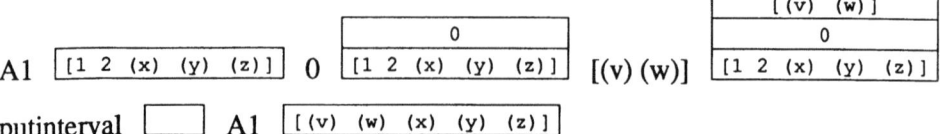

6.5.6 Der Befehl »forall«

> Teil aus einem String oder Array herauslösen
>   *String Startindex Länge* **getinterval** ⇒ *Teilstring*
>   *Array Startindex Länge* **getinterval** ⇒ *Teilarray*
>
> Teil in einem String oder Array ersetzen
>   *Zielstring Startindex Ersatzstring* **putinterval** ⇒
>   *Zielarray Startindex Ersatzarray* **putinterval** ⇒

Bild 6-14: Die Befehl »getinterval« und »putinterval«

Aufgabe 6-4: Versuchen Sie bitte herauszufinden, was die folgenden Programmzeilen bewirken:

```
1) (2. Besonderes) 3 10 getinterval

2) /str 20 string def
   /Kapitelnummer 3 def
   ( Spezielles) 0 Kapitelnummer str cvs putinterval

3) /A 5 array def
   A 0 [(a) (b) (c)] putinterval
   A 2 [(d) (e) (f)] putinterval
```

6.5.6 Der Befehl »forall«

Der Befehl »forall« erlaubt es, eine Prozedur auf alle Elemente eines zusammengesetzten Objektes anzuwenden. Als Argumente werden ein zusammengesetzes Objekt und eine Prozedur erwartet; anschließend wird die Prozedur mit jedem Element des zusammengesetzten Objektes ausgeführt. Im Falle von Strings und Arrays wird vor jeder Ausführung der Prozedur ein Element des Arrays auf dem Stack abgelegt, beginnend mit dem ersten. Die Prozedur kann nun mit diesem Element beliebige Aktionen ausführen. War das erste Argument eine Dictionary, werden vor jedem Ausführen der Prozedur nicht nur ein Eintrag der Dictionary, sondern auch der dazugehörige Schlüssel auf dem Stack abgelegt. Für jedes Schlüssel-Werte-Paar wird nun die Prozedur ausgeführt. Im Folgenden ist das Stackdiagramm für den Befehl »forall« in Kombination mit einem Array angegeben. Ein Beispiel für die Anwendung mit Dictionaries finden Sie in Kapitel 8.2.

80   6 Arrays, Dictionaries und Strings

Beispiel:
```
/A [1.2 3.4 1 12 10.2] def   % Die Summe der Zahlen im Array
0 A { add } forall           % soll gebildet werden.
```

Nun folgt das Stackdiagramm für die »forall«-Befehlszeile.

Der Befehl »forall« nimmt die Prozedur und das Array vom Stack und beginnt nun, nacheinander jedes Element auf dem Stack abzulegen und die Prozedur auszuführen. Die Zahl 0 dient hier nur als Startwert für die Additionen.

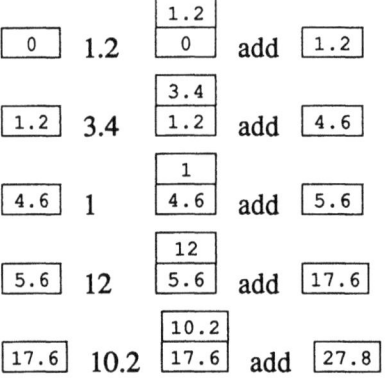

Alle Einträge eines Arrays bearbeiten

Array Prozedur **forall** ⇒ *siehe Text*

Alle Einträge eines Strings bearbeiten

String Prozedur **forall** ⇒ *siehe Text*

Alle Einträge einer Dictionary bearbeiten

Dictionary Prozedur **forall** ⇒ *siehe Text*

Bild 6-15: Der Befehl »forall«

6.6 Zugriffsrechte*

Der Zugriff auf Strings, Dictionaries, Array und ein Objekt, das sich File nennt und das wir in Kapitel 12 kennenlernen werden, läßt sich durch spezielle Kommandos einschränken. Wenn eines der genannten Objekte neu erzeugt wird, ist es lesbar und beschreibbar, in manchen Fällen (z.B. Prozeduren) auch ausführbar. Durch den Befehl »readonly« wird das als Argument erwartete Objekt schreibgeschützt. Da in PostScript die Rechte nur reduziert, aber niemals erweitert werden können, kann ein einmal schreibgeschüztes Objekt nicht mehr beschreibbar gemacht werden. Die Dictionary »systemdict« ist ein Beispiel für die sinnvolle Verwendung des Schreibschutzes, denn hier hat das Benutzerprogramm keine Änderungen vorzunehmen. Ist das Argument ein String, ein Array oder ein File wird der Schreibschutz nur auf diese Referenz des Objektes wirksam, d. h. eine vorher angelegte Kopie (z.B. mittels des Befehls »dup«) ist nicht von dem Schreibschutz betroffen. Ist das Argument aber eine Dictionary, werden alle Referenzen zu dieser Dictionary ebenfalls schreibgeschützt. Nach der Ausführung des Befehls »readonly« bleibt das Objekt mit den veränderten Zugriffsrechten auf dem Stack stehen.

Durch den Befehl »executeonly« wird ein Array, ein String oder ein File als nur noch ausführbar gekennzeichnet, d. h. man kann es weder ansehen noch verändern. Auch hier bleibt das Objekt auf dem Stack stehen.

Schreibschutz

Array **readonly** ⇒ *Array*
String **readonly** ⇒ *String*
Dictionary **readonly** ⇒ *Dictionary*
File **readonly** ⇒ *File*

Lese- und Schreibschutz

Array **executeonly** ⇒ *Array*
String **executeonly** ⇒ *String*
File **executeonly** ⇒ *File*

Bild 6-16: Zugriffsrechte ändern

Die Zugriffsrechte der Objekte lassen sich durch die Befehle »rcheck«, »wcheck« und »xcheck« überprüfen, wobei diese Befehle die Rechte »lesbar«, »beschreibbar« bzw. »ausführbar« testen. Das Ergebnis ist ein logischer Wert, dessen Bedeutung in dem nächsten Kapitel erläutert wird.

Beschreibbarkeit prüfen			
	Array	**wcheck**	⇒ *Boolean*
	String	**wcheck**	⇒ *Boolean*
	Dictionary	**wcheck**	⇒ *Boolean*
	File	**wcheck**	⇒ *Boolean*
Lesbarkeit prüfen			
	Array	**rcheck**	⇒ *Boolean*
	String	**rcheck**	⇒ *Boolean*
	Dictionary	**rcheck**	⇒ *Boolean*
	File	**rcheck**	⇒ *Boolean*
Ausführbarkeit prüfen			
	Egal	**xcheck**	⇒ *Boolean*

Bild 6-17: Zugriffsrechte abfragen

7 Abfragen in PostScript

Im Ablauf eines PostScripts-Programms ist es manchmal nötig, Einstellungen oder Variablen abzufragen und abhängig von deren Zuständen Aktionen auszuführen. Für diesen Zweck stehen in PostScript eine ganze Reihe von Vergleichsoperationen und zwei Formen der Abfragen zur Verfügung.

7.1 Die Vergleichsoperationen

Alle Vergleichsoperationen benötigen zwei Argumente gleichen Typs, die im Ablauf der Operation miteinander verglichen werden. Im Falle der Prüfung auf Gleichheit bzw. Ungleichheit durch die Befehle »eq« oder »ne« können diese Argumente von beliebigem Typ sein. Ist dieser Typ ein zusammengesetztes Objekt, werden allerdings nur die Adressen verglichen. Eine Ausnahme bildet der Typ String, der Element für Element verglichen wird.

Das Ergebnis der Vergleichsoperation ist ein logischer Wert. Ein solcher logischer Wert hat entweder den Wert »wahr« (engl.: *true*) oder den Wert »unwahr« (engl.: *false*). Logische Werte haben einen speziellen Typ, der »Boolean« genannt wird. Stellt z. B. der Befehl »eq« eine Gleichheit der beiden Argumente fest, so ist das Ergebnis der logische Wert »true«; waren die beiden Argumente ungleich, so ist das Ergebnis »false«. Wird der logische Wert direkt benötigt, kann er durch die Befehle »true« und »false« erzeugt werden.

Beispiel:
```
/Z 23 def              % Z = 23.
Z 23 eq                % »true«, da Z = 23.
(abc) (abd) ne         % »false«, wegen des dritten Buchstabens.
5 dict dup eq          % »true«, weil »dup« die Adresse kopiert.
5 dict 5 dict eq       % »false«, denn die beiden Dictionaries sind
                       % zu unterschiedlichen Zeitpunkten entstanden.
```

> Sind die beiden Argumente gleich?
> *Egal1 Egal2* **eq** ⇒ *Boolean*
>
> Sind die beiden Argumente ungleich?
> *Egal1 Egal2* **ne** ⇒ *Boolean*
>
> Der logischen Wert »true« auf den Stack ablegen
> **true** ⇒ *true*
>
> Der logischen Wert »false« auf den Stack ablegen
> **false** ⇒ *false*

Bild 7-1: Logische Werte direkt und durch Test auf Gleichheit erzeugen

Als weitere Vergleichsoperationen stehen die Abfragen auf »größer« (»gt«), »größer gleich« (»ge«), »kleiner« (»lt«) und »kleiner gleich« (»ge«) zur Verfügung. Nur zwei Zahlen oder zwei Strings sind als Argumente zulässig. Sind die beiden Argumente Zahlen, läßt sich die Vergleichsoperation direkt ausführen; sind die beiden Argumente allerdings Strings, wird Zeichen für Zeichen miteinander verglichen, bis entweder die Bedingung unwahr ist oder beide Strings komplett bearbeitet sind. Für den Vergleich gilt die Regel, daß der Buchstabe »a« kleiner ist als der Buchstabe »b«. Die Reihenfolge der Buchstaben ist in der ASCII-Tabelle, die sich im Anhang A befindet, angegeben. Ist der erste String länger als der zweite und sind alle Buchstaben des zweiten Strings identisch mit dem ersten, so ist der erste String größer, weil er mehr Zeichen beinhaltet.

> Zahl1/String1 > Zahl2/String2 ?
> *Zahl1/String1 Zahl2/String2* **gt** ⇒ *Boolean*
>
> Zahl1/String1 >= Zahl2/String2 ?
> *Zahl1/String1 Zahl2/String2* **ge** ⇒ *Boolean*
>
> Zahl1/String1 < Zahl2/String2 ?
> *Zahl1/String1 Zahl2/String2* **lt** ⇒ *Boolean*
>
> Zahl1/String1 <= Zahl2/String2 ?
> *Zahl1/String1 Zahl2/String2* **le** ⇒ *Boolean*

Bild 7-2: Vergleich von Zahlen und Strings

Beispiel:
```
/Z 23 def       % Z = 23.
Z 12 lt         % »false«, da Z > 23.
(abc) (abd) gt  % »false«, wegen des dritten Buchstabens.
(abc) (abd) le  % »true«, weil alle Buchstaben des ersten Strings
                % kleiner oder gleich denen des zweiten sind.
```

7.2 Verknüpfung von logischen Werten

Logische Werte lassen sich in PostScript durch drei Operationen miteinander verknüpfen; es sind dies die »und«-Verknüpfung, die »oder«-Verknüpfung und die »exklusiv-oder«-Verknüpfung. Alle drei Befehle benötigen jeweils zwei Argumente, die beide vom Typ Boolean sein müssen. Als Ergebnis wird das Resultat der Verknüpfung, das ebenfalls ein logischer Wert ist, auf dem Stack abgelegt.

Im Falle der »und«-Verknüpfung durch den Befehl »and« ist das Ergebnis nur dann »true«, wenn die beiden Eingangswerte »true« waren, ansonsten ist das Ergebnis »false«. Bei der »oder«-Verknüpfung mit dem Befehl »or« ist das Ergebnis dann »true«, wenn mindestens einer der beiden Eingangsparameter »true« war. Die »exklusiv-oder«-Verknüpfung (Befehl »xor«) ergibt nur dann einen Wert »true«, wenn entweder der eine oder der andere, aber niemals beide Eingangsparameter »true« sind. Die Aktion der Verknüpfungsbefehle ist noch einmal in der folgenden Tabelle zusammengefaßt:

Arg1	Arg2	and	or	xor
true	true	true	true	false
true	false	false	true	true
false	true	false	true	true
false	false	false	false	false

Zusätzlich zu den Verknüpfungen gibt es noch den Befehl »not«, mit dem sich jeder logischer Wert umkehren läßt, d. h. aus »true« wird »false« und umgekehrt.

Beispiel:
```
/x 12.3 def         % x = 12,3
/y x 0.1 add def    % y = x + 0,1
/A (abc) def
/B (abcd) def
x y lt x 0 gt and   % Diese Bedingung ist nur dann wahr, wenn x
                    % kleiner als y und größer als 0 ist.
A B eq x y eq xor   % Diese Verknüpfung ergibt den Wert »false«, da
                    % beide »eq«-Abfragen den Wert »false« hatten.
```

> Logische »und«-Verknüpfung
>
>   *Boolean1 Boolean2* **and** ⇒ *Boolean3*
>
> Logische »oder«-Verknüpfung
>
>   *Boolean1 Boolean2* **or** ⇒ *Boolean3*
>
> Logische »exklusiv-oder«-Verknüpfung
>
>   *Boolean1 Boolean2* **xor** ⇒ *Boolean3*
>
> Logische Negation
>
>   *Boolean1* **not** ⇒ *Boolean2*

Bild 7-3: Logische Verküpfungen und logische Negation

Aufgabe 7-1: Das folgende kleine PostScript-Programm besteht aus zwei Teilen. Im ersten Teil werden einige Variablen gesetzt und im zweiten Teil werden diese für verschiedene Abfragen verwendet. Geben Sie bitte für jede Zeile des zweiten Teils an, welcher logische Wert durch die Abfrage erzeugt wird.

```
% Beginn des ersten Teils:
/a 10 def
/b 30 def
a a { 1 add } repeat
/c exch def
/A (Dies ist ein String) def
/B (Noch ein String) def
/d B length def
/C d string def
0 1 d 1 sub {dup B exch get C 3 1 roll put} for
% Ende des ersten Teils.

% Nun beginnen die Abfragen:
a b gt              % 1. Abfrage
b c ge              % 2. Abfrage
a d le              % 3. Abfrage
A C gt              % 4. Abfrage
C B gt d c gt and   % 5. Abfrage
C B lt d c lt or    % 6. Abfrage
C B ge d c ge xor   % 7. Abfrage
```

7.3 Die Befehle »if« und »ifelse«

Die durch Abfragen erzeugten logischen Werte können durch die Befehle »if« oder »ifelse« ausgewertet werden. Der Befehl »if« erwartet zwei Argumente, wobei das erste Argument der logische Wert und das zweite eine Prozedur ist. Die Prozedur wird nur dann ausgeführt, wenn der logische Wert »true« ist; andernfalls wird der Programmablauf hinter dem Befehl »if« fortgesetzt.

Der Befehl »ifelse« benötigt sich drei Argumente, und zwar den logischen Wert und zwei Prozeduren. Die erste der beiden Prozeduren wird ausgeführt, wenn der logische Wert »true« ist; ist der Wert »false«, wird die zweite Prozedur ausgeführt.

Einfache Verzweigung

    Boolean Prozedur **if** $\Rightarrow$ *siehe Text*

Verzweigung für »true« und »false«

    Boolean Prozedur1 Prozedur2 **ifelse** $\Rightarrow$ *siehe Text*

Bild 7-4: Verzweigungen

Beispiel

```
% In diesem Beispiel soll die aktuelle X-Position abgefragt werden.
% Ist sie größer als ein Maximalwert (X-Max) soll auf den
% Beginn der nächsten Zeile positioniert werden.
%
/Zeilenabstand 12 def        % Durchschuß.
/X-Min 50 def                % Linken Rand setzen.
/X-Max 400 def               % Rechten Rand setzen.
/NL { X-Min currentpoint     % X-min cx cy auf dem Stack.
      exch pop               % X-min cy auf dem Stack.
      Zeilenabstand sub      % X-min (cy-Zeilenabstand).
      moveto                 % Positionieren.
    } def
.......                      % Sonstiges Programm.
currentpoint                 % Hole den aktuellen Punkt (Kap. 2.2).
pop                          % Wir wollen nur die X-Koordinate.
X-Max gt                     % Ist sie größer als der rechte Rand?
{ NL }                       % Falls ja, führe NL aus.
  if                         % Werte die gt-Abfrage aus.
.......                      % Sonstiges Programm.
```

Die Aktionen der Prozedur »NL« sollen anhand eines Stackdiagramms verdeutlicht werden. Es beginnt mit dem Befehl »if«. Als aktueller Punkt werden die Koordinaten (450, 200) angenommen.

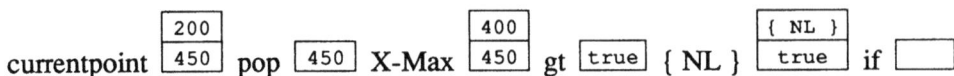

Der Befehl »if« bewertet die beiden Argumente und führt aufgrund des Wertes »true« die Prozedur *NL* aus.

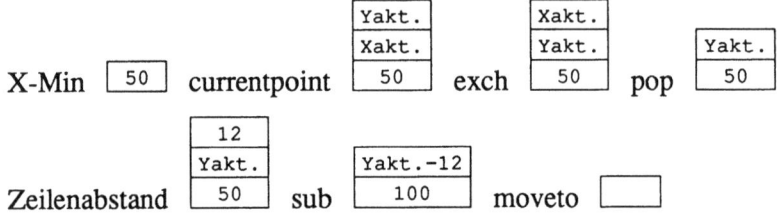

Nachdem der Befehl »if« eingeführt ist, läßt nun sich auch der Schleifenbefehl »loop« (Kapitel 3.4.1) sinnvoll einsetzen.

Beispiel:

```
% In diesem Beispiel soll die kleinste Quadratzahl gefunden werden,
% die größer als 5352 ist.

/Grenze 5352 def
/Zahl 1 def
{   Zahl Zahl mul          % Quadratzahl bilden.
    Grenze gt               % Ist sie grösser als 5352?
    { exit } if             % Ja, die Schleife verlassen!
    /Zahl Zahl 1 add def    % Nein, Zähler um 1 erhöhen.
}                           % Ende der Prozedur
loop                        % Die Prozedur beliebig oft ausführen.
...                         % Hier geht das Programm weiter.
```

7.3 Die Befehle »if« und »ifelse«

Aufgabe 7-2: Die Hintergrundschrift soll mit dem Befehl »loop« erzeugt werden. Zwei Abfragen müssen in der Prozedur durchgeführt werden. Zum einen muß am Zeilenende auf den Beginn der nächsten Zeile positioniert werden. Zum anderen ist es notwendig, beim Unterschreiten des unteren Randes die Schleife durch den Befehl »exit« zu verlassen.

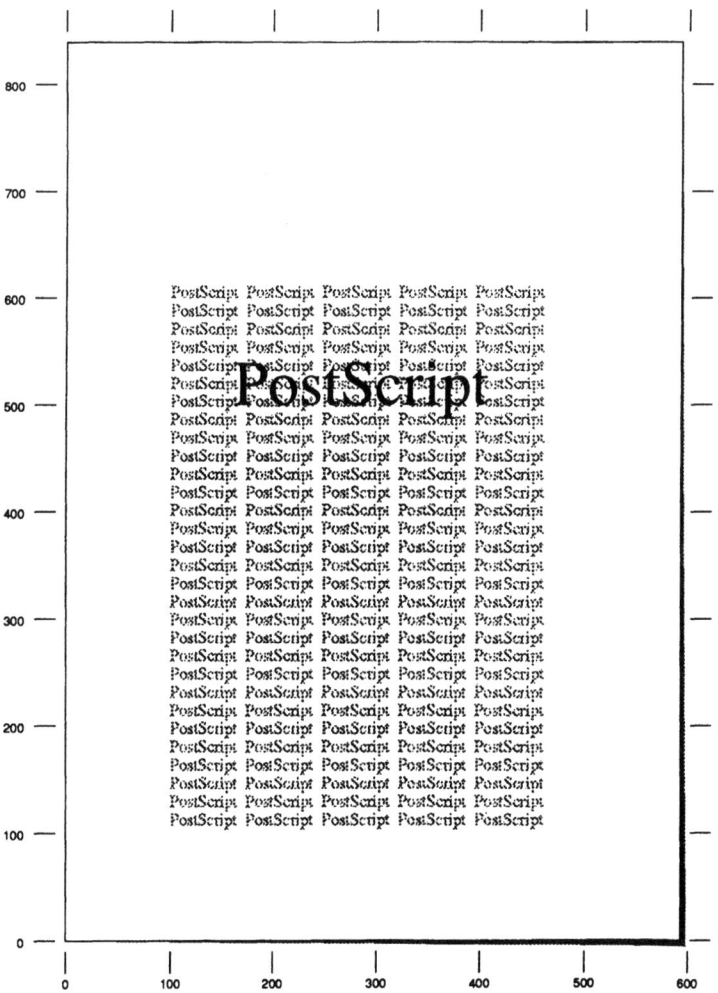

8 Fonts

In PostScript sind alle Informationen, die mit den Schriften zusammenhängen, in Fonts untergebracht. Ein Font in PostScript ist eine Dictionary, die spezielle Einträge besitzt. Die Zeichen selbst werden mit PostScript-Prozeduren erzeugt, die ebenfalls in dem Font definiert sind. Diese Zeichenprozeduren bestehen im wesentlichen aus den Befehlen »moveto«, »lineto«, »curveto« und »fill«. Das Zeichen »A« könnte demnach wie folgt definiert sein:

```
200    200    moveto
300    200    lineto
385    410    lineto
615    410    lineto
700    200    lineto
800    200    lineto
500    900    lineto
closepath
425    500    moveto
500    660    lineto
575    500    lineto
closepath
fill
```

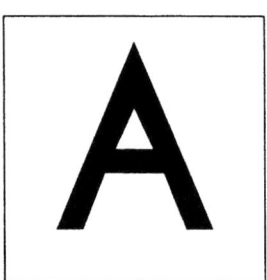

Bild 8-1: Das Zeichen A

Die PostScript-Fonts beinhalten neben den bekannten graphischen Befehlen noch zusätzliche Informationen, um das Schriftbild auch bei niedrigen Auflösungen, d. h. unter 600 dpi (Dots per Inch), akzeptabel aussehen zu lassen. Diese Informationen werden *hints* genannt. Ihre Aufgabe ist beispielsweise, für gleichbleibend dicke Stämme zu sorgen. Da die Fonts urheberrechtlich geschützt sind, wurde der Zugriff auf die Fonts eingeschränkt. Im wesentlichen kann der Benutzer sich den Pfad nicht zurückgeben lassen (Kapitel 15.1).

Die Berechnung von neuen Zeichen nimmt recht viel Zeit in Anspruch. Im Schnitt können pro Sekunde zwei Zeichen neu erzeugt werden. Da das für eine sinnvolle Anwendung viel zu langsam ist, werden die schon berechneten Zeichen in einem speziellen Speicher, der *Fontcache* genannt wird, abgelegt. Bei wiederholter Anwendung werden sie dann direkt aus dem Fontcache entnommen. Der Zugriff über den Fontcache ist etwa um den Faktor 1000 schneller als die neue Berechnung der Zeichen. Der Fontcache steht in PostScript auch den vom Benutzer definierten Fonts (Userfonts) zur Verfügung.

8.1 Die Organisation der Fonts

Alle Fonts sind in einer Dictionary zusammengefaßt, die unter dem Namen »FontDirectory« in der Dictionary »systemdict« abgelegt ist. Der Schlüssel für den Zugriff in diese Dictionary ist der Name des Fonts, z. B. Helvetica. Der dem Schlüssel zugeordnete Wert ist das Font, das wiederum selbst eine Dictionary ist. In dieser Dictionary befinden sich alle verfügbaren Daten dieses Fonts.

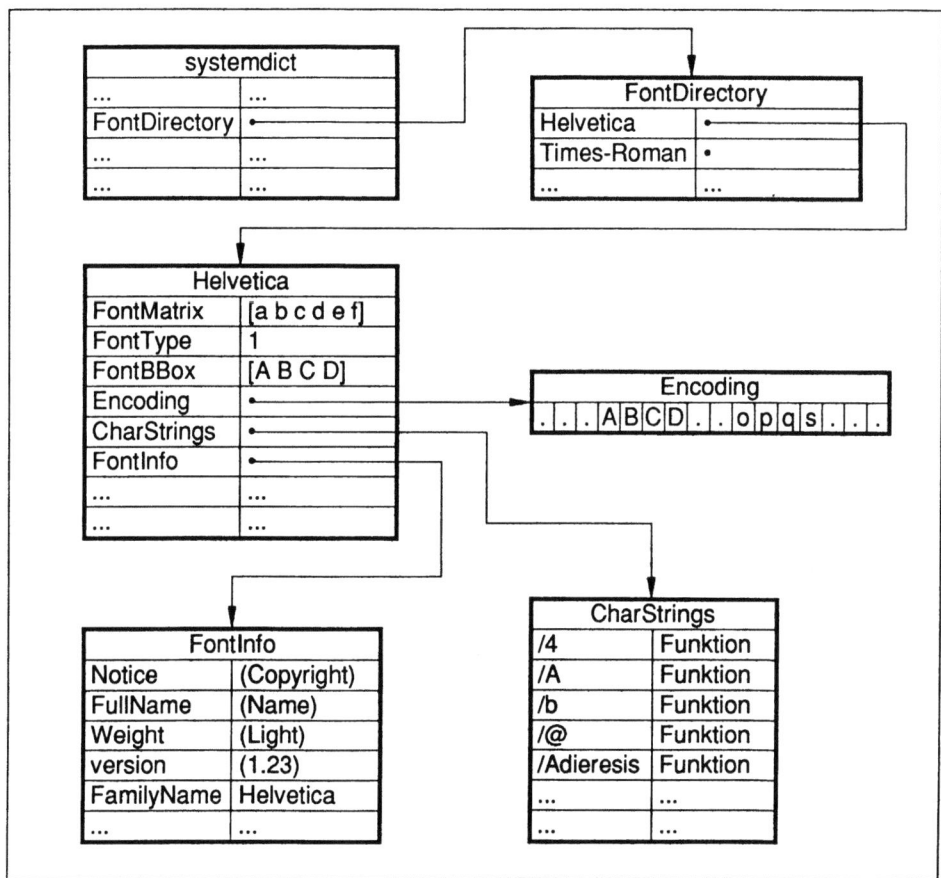

Bild 8-2: Struktur eines eingebauten Fonts

Die wichtigsten Einträge in dem Font sollen nachfolgend zusammengefaßt und erläutert werden. Nur die wenigsten Einträge müssen per Definition zwingend in einem Font vorhanden sein. Sie sind durch eine fettgedruckte Angabe des Schlüssels gekennzeichnet.

Schlüssel:
FontName

Typ: Name
Bedeutung: Hier befindet sich der Name des Fonts. Es ist der Name, mit dem dieses Font aufgerufen wird.

Schlüssel:
FontType

Typ: Integer
Bedeutung: Der »FontType« teilt dem Drucker mit, um welche Fontart es sich handelt. Interessant ist hier die Fontart 3, die vom Benutzer definierte Fonts (Userfonts) kennzeichnet.

Schlüssel:
PaintType

Typ: Integer
Bedeutung: Der Eintrag »PaintType« gibt an, auf welche Weise das Font seine Zeichen erzeugt. Er kann die folgenden Werte annehmen:

  0 Das Zeichen wird durch ein »fill« erzeugt.
  1 Das Zeichen wird durch ein »stroke« erzeugt.
  2 Das Zeichen liegt als »outline« vor.
  3 Die Routine, die das Zeichen beschreibt, sorgt selbst für die Ausgabe des Zeichens.

Die nachträgliche Änderung des Wertes von »PaintType« führt normalerweise zu unkontrollierten Ergebnissen. Der einzig zulässige Wechsel ist die Änderung von »PaintType« 0 in 2. Aus einem ehedem gefüllten Font wird dann ein Outlinefont. Die Linienstärke wird mit dem Eintrag »StrokeWidth« kontrolliert.

Schlüssel:
StrokeWidth

Typ: Zahl
Bedeutung: Die Linienstärke der Umrißlinie bei Outlinefonts (PaintType 2) wird durch den Eintrag »StrokeWidth« bestimmt. Dieser Eintrag ist in den Fonts vom *PaintType* 0 normalerweise nicht vorhanden und muß bei einem Wechsel des *PaintTypes* von 0 nach 2 gesetzt werden. Die Definition der Linienstärke muß im Koordinatensystem des Fonts vorgenommen werden.

Schlüssel:
FontMatrix

Typ: Array
Bedeutung: Dieses sechs Zahlen enthaltende Feld bestimmt, in welchem Koordinatensystem das Font definiert wurde. Die Bedeutung einer Matrix wird in Kapitel 9 behandelt.

8.1 Die Organisation der Fonts

Schlüssel:
FontBBox

Typ: Array
Bedeutung: In diesem Feld ist die Fläche definiert, die alle Zeichen, am gleichen Ort übereinander gezeichnet, einnehmen würden. In diese Fläche paßt jedes Zeichen des Fonts hinein. Der Eintrag dient der internen Speicherorganisation. Das Feld besteht aus vier Zahlen, von denen die ersten beiden die linke untere und die anderen beiden die rechte obere Ecke bestimmen.

Schlüssel:
Encoding

Typ: Array
Bedeutung: Die Zuordnung der Zeichen zu den Zeichenkodes erfolgt über eine Tabelle, in der zu den Zeichenkodes der dazugehörige Name des Zeichens abgelegt ist (siehe Kapitel 8.3). Bei den eingebauten Fonts sind die Zeichen, soweit möglich, nach dem ASCII-Kode abgelegt. Eine vollständige Tabelle mit der Zuordnung der aktiven Zeichen befindet sich im Anhang A.

Schlüssel:
CharStrings

Typ: Dictionary
Bedeutung: Hier sind unter den Namen der Zeichen die Prozeduren zu deren Erzeugung abgelegt. Diese Zeichenbeschreibungen sind in verschlüsseltem Format abgelegt und nicht direkt auswertbar.

Schlüssel:
FontInfo

Typ: Dictionary
Bedeutung: In dieser Dictionary befinden sich allgemeine Informationen zu dem Font. Der Inhalt dieser Dictionary wird im Anschluß an diese Aufstellung erläutert.

Schlüssel:
UniqueID

Typ: Integer
Bedeutung: Dieser Eintrag ermöglicht es der Fontverwaltung, effektiver auf das Font zugreifen zu können. Jedem Font muß eine unterschiedliche Nummer zugeteilt werden, wobei jedem FontTyp ein separater Zahlenraum zur Verfügung steht. Die Zahl selbst kann im Bereich von 0 bis 16777215 angegeben werden. Es ist ungünstig, diesen Eintrag in Userfonts verwenden, da zum einen die Gefahr der gleichen Nummernzuweisung mit gekauften Userfonts besteht, zum anderen Änderungen im Userfont bei gleicher UniqueID nicht wirksam werden. Falls Sie auf den geringen Geschwindigkeitsgewinn Wert legen,

sollten Sie die UniqueID nicht kleiner als etwa 10000 wählen und erst nach Abschluß aller Arbeiten am Userfont aktivieren!

Schlüssel:
Metrics

Typ: Dictionary
Bedeutung: In manchen Fällen möchte man die Laufweite der Zeichen, auch Dickte genannt, verändern. Zu diesem Zweck kann man dem eingebauten Font den Eintrag Metrics hinzufügen. Er ist normalerweise nicht vorhanden. In dieser Dictionary ist als Schlüssel der Zeichenname und als Wert eine der drei folgenden Möglichkeiten eingetragen:

1. Ist der Wert eine einzelne Zahl, wird diese als neue Dickte genommen.
2. Falls der Wert ein Array mit zwei Zahlen ist, gibt die erste den linken Abstand des Zeichens vom aktuellen Punkt und die zweite die Dickte des Zeichens an.
3. Als dritte und letzte Möglichkeit kann der Wert ein Array mit vier Zahlen sein, wobei der linke Abstand und die Dickte jeweils als x- und y-Koordinate angegeben werden.

Wird nun ein Zeichen ausgegeben und ist dieses Zeichen in dem Dictionary Metrics vorhanden, werden anstelle der internen Werte die in Metrics gefundenen verwendet.

In der Dictionary »FontInfo« sind allgemeine Informationen zu dem Font abgelegt. Die folgenden Einträge sind meist vorhanden:

Schlüssel:
Notice

Typ: String
Bedeutung: Inhaber der Urheberrechte dieses Fonts.

Schlüssel:
FullName

Typ: String
Bedeutung: In manchen Fällen ist der FontName verkürzt worden, da er sonst zu lang würde. Unter dem Eintrag »FullName« ist der vollständige Name des Fonts gespeichert.

8.1 Die Organisation der Fonts

Schlüssel:
FamilyName

Typ: String
Bedeutung: Hier ist die Schriftfamilie angegeben, z. B. Times.

Schlüssel:
Weight

Typ: String
Bedeutung: In diesem String steht die Garnitur (engl.: *weight*). Mögliche Werte sind z. B. Bold, Light, etc.

Schlüssel:
version

Typ: String
Bedeutung: In diesem String ist die Versionsnummer dieses Fonts abgelegt.

Schlüssel:
ItalicAngle

Typ: Zahl
Bedeutung: Die Abweichung des Grundstrichs von der Senkrechten in Grad.

Schlüssel:
isFixedPitch

Typ: Boolean
Bedeutung: Dieser Wert ist »true«, falls es sich um eine dicktengleiche Schrift handelt.

Schlüssel:
UnderlinePosition

Typ: Zahl
Bedeutung: Abstand der Unterstreichung von der Grundlinie. Der Abstand wird im gleichen Koordinatensystem wie die Zeichendefinition angegeben.

Schlüssel:
UnderlineThickness

Typ: Zahl
Bedeutung: Die Linienstärke ist ebenfalls im Koordinatensystem des Zeichens abgelegt.

8.2 Ausgabe einer Liste aller verfügbaren Fonts

Als Beispiel für den Zugriff auf die Informationen im Font soll eine Liste erzeugt werden, in der alle verfügbaren Fonts mit ihren Familiennamen stehen. Die Liste soll wie folgt aufgebaut sein:

Das Font Times-Roman gehoert zur Familie Times.
Das Font AvantGarde-Book gehoert zur Familie ITC Avant Garde Gothic.
usw.

Die Quelle aller verfügbaren Fonts befindet sich in der Dictionary »FontDirectory«. Um alle Fonts ausgeben zu können, benötigt man einen Befehl, der eine Dictionary Element für Element bearbeiten kann. Der Befehl »forall«, der in Kapitel 6.4.5 eingeführt wurde, ist für diese Aufgabe geeignet. Das erste Argument für den Befehl »forall« ist die Dictionary »FontDirectory«, die durch Nennung ihres Names erscheint. In der Prozedur, dem zweiten Argument, werden nun jeweils die von dem Befehl »forall« besorgten Schlüssel-Werte-Paare bearbeitet. Der Schlüssel ist in diesem Fall der Name des Fonts. Um ihn ausgeben zu können muß der Name aber in einen String umgewandelt werden, da der Ausgabebefehl »show« nur Strings als Argumente akzeptiert.

Die Umwandlung des Fontnamens erfolgt durch den Befehl »cvs«, der beliebige Objekte in einen String konvertieren kann. Das erste seiner beiden Argumente ist das Objekt, in diesem Fall der Name des Fonts. Als zweites Argument wird ein String erwartet, in dem das Ergebnis der Konvertierung abgelegt werden kann. Dieser String muß natürlich groß genug sein, um das Ergebnis aufnehmen zu können (siehe Kapitel 6.3.1).

Nachdem die Ausgabe des Namens keine Probleme bereitet, muß jetzt der Familienname besorgt werden. Wie in Bild 8-2 zu sehen ist, kann er aus dem Font, das als Wert bei Ausführung der »forall«-Prozedur auf dem Stack steht, über die »FontInfo«-Dictionary besorgt werden. Da der Familienname als String abgelegt ist, kann er direkt durch den Befehl »show« ausgegeben werden. Das Programm muß also wie folgt aussehen:

```
/Linker-Rand 100 def
/Oberer-Rand 600 def

/NL {                   % Diese Funktion soll den aktuellen Punkt auf
                        % den Beginn der nächsten Zeile bringen.
   Linker-Rand          % Die X-Position ist fest.
   currentpoint         % Die aktuelle Position besorgen
   exch pop             % und den aktuellen X-Wert löschen.
```

8.2 Ausgabe einer Liste aller verfügbaren Fonts

```
    12 sub              % Vom aktuellen Y-Wert 12 pt abziehen.
    moveto              % An die neue Position gehen.
  } def

/str 40 string def      % Einen leeren String unter dem Namen
                        % »str« ablegen.

Linker-Rand Oberer-Rand moveto   % Ausgangsposition

FontDirectory           % Hier stehen alle Fonts.
{                       % Beginn der »forall«-Prozedur.
                        % Auf dem Stack stehen Fontname und Font.
   (Das Font ) show     % Fülltext.
   exch                 % Fontname nach oben holen,
   str cvs show         % in einen String konvertieren und ausgeben.
   ( gehoert zur Familie ) show
   /FontInfo get        % Aus dem Font diesen Eintrag holen
   /FamilyName get      % und aus diesem wiederum den Familiennamen.
   show                 % Den Familiennamen ausgeben.
   (.) show             % Fülltext.
   NL                   % Auf die nächste Zeile gehen.
}                       % Ende der »forall«-Prozedur.
forall                  % Alle Einträge der FontDirectory bearbeiten.
showpage                % Die bearbeitete Seite ausgeben.
```

Das Stackdiagramm für die ersten beiden Durchläufe sieht wie folgt aus:

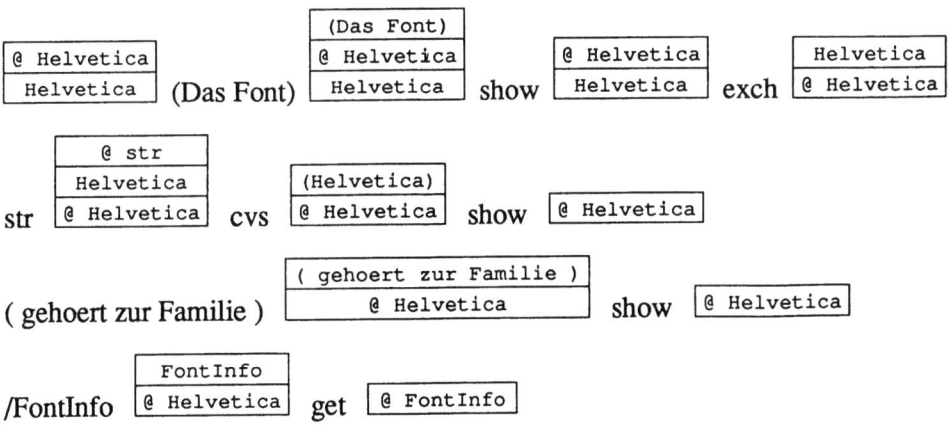

Der Befehl »forall« holt jetzt nacheinander alle Schlüssel-Werte-Paare auf den Stack und führt die Prozedur aus. Der erste Eintrag könnte z. B. das Font Helvetica sein.

/FamilyName [FamilyName / @ FontInfo] get [Helvetica] show [ ]

(.) [.] show [ ] NL

Die Funktion »NL« wird geholt und ausgeführt.

Linker-Rand [100] currentpoint [Yakt. / Xakt. / 100] exch [Xakt. / Yakt. / 100] pop [Yakt. / 100]

12 [12 / Yakt. / 100] sub [Yakt.-12 / 100] moveto [ ]

Der erste Durchlauf ist beendet und der zweite kann beginnen.

[@ Courier-Bold / Courier-Bold] (Das Font) [(Das Font) / @ Courier-Bold / Courier-Bold] show [@ Courier-Bold / Courier-Bold]

exch [Courier-Bold / @ Courier-Bold] str [@ str / Courier-Bold / @ Courier-Bold] cvs [(Courier-Bold) / @ Courier-Bold]

show [@ Courier-Bold] (gehoe...) [(gehoe...) / @ Courier-Bold] show [@ Courier-Bold]

/FontInfo [FontInfo / @ Courier-Bold] /FontInfo [FontInfo / @ Courier-Bold] get [@ FontInfo]

/FamilyName [FamilyName / @ FontInfo] get [Courier] show [ ] usw.

Aufgabe 8-1: Erweitern Sie bitte das letzte Beispiel dahingehend, daß die Zeilen in dem jeweiligen Font ausgegeben werden. Die folgenden beiden Zeilen sollen als Beispiel dienen.

Das Font Times-Italic gehoert zur Familie Times.
Das Font AvantGarde-Book gehoert zur Familie ITC Avant Garde Gothic.
usw.

8.3 Aktivierung von Umlauten in PostScript

Bevor wir beginnen, ein Programm für den Einbau von Umlauten in PostScript zu entwickeln, wollen wir uns die Ereignisse, die beim Erzeugen der Zeichen ablaufen, genauer ansehen.

Die Fontmaschinerie wird durch den Befehl »show« gestartet. Das Argument, das vom Typ String sein muß, wird in seine Bestandteile zerlegt und Zeichen für Zeichen bearbeitet. Nehmen wir beispielsweise die Sequenz »(A) show«, so wird das Zeichen »A«, das durch seinen ASCII-Kode 65 dargestellt wird, von dem Fontprogramm genommen und als Index in den Fonteintrag »Encoding« verwendet. Der Name des Zeichens, das an der Stelle des Zeichenkodes in dem Array »Encoding« steht, ist das Zeichen, das ausgegeben wird. Der Name wird jetzt als Schlüssel für den Zugriff auf den Fonteintrag »CharStrings« verwendet. Die Ausführung dieses Eintrags erzeugt dann das Zeichen.

In der Dictionary »CharStrings« sind mehr Einträge vorhanden, als über das Array »Encoding« zugegriffen werden können. Zu diesen Einträgen gehören auch die deutschen Umlaute Ä, Ö, Ü, ä, ö und ü. Die Aktivierung der Zeichen erfolgt durch den Eintrag der Namen dieser Zeichen in das Array »Encoding«. Alle in »CharStrings« vorhandenen Zeichen und deren Namen finden Sie in Anhang A! Sinnvollerweise erfolgen die neuen Einträge in bislang ungenutzte Bereiche. Sie sind in der ASCII-Tabelle im Anhang A grau hinterlegt. Denkbar wäre die folgende Zuordnung:

```
Position   Zeichen   Zeichenname
8#321      Ä         Adieresis
8#322      Ö         Odieresis
8#323      Ü         Udieresis
8#324      ä         adieresis
8#325      ö         odieresis
8#326      ü         udieresis
```

Die Zeichenpositionen sind in oktaler Form angegeben (siehe Kapitel 3.2). Das PostScript-Programm für diese Aktivierung sieht wie folgt aus:

```
FontDirectory              % Hier sind alle Fonts zu finden.
/Helvetica get             % Besorge das Font Helvetica und
Encoding get               % aus diesem Font den Encoding-Vektor.
dup 8#321 /Adieresis put   % An der Stelle Oktal 321 soll ab
                           % jetzt ein Ä stehen. Das »dup«
                           % rettet den Encoding-Vektor für die
                           % folgenden Zeilen.
dup 8#322 /Odieresis put   % dito. für Ö.
dup 8#323 /Udieresis put   % dito. für Ü.
dup 8#324 /adieresis put   % dito. für ä.
dup 8#325 /odieresis put   % dito. für ö.
    8#326 /udieresis put   % dito. für ü, aber das »dup«
                           % ist nicht mehr nötig.
```

Leider funktioniert dieses kleine Programm nicht, da das Font mit allen seinen Einträgen schreibgeschützt ist. Um Änderungen vornehmen zu können, muß der Schreibschutz umgangen werden. Die einzige Möglichkeit besteht darin, ein neues Font anzulegen und die Einträge des alten Fonts hinein zu kopieren. Beim Kopieren werden zwei Einträge gesondert behandelt. Zum einen ist dies die »FID«, die von der Fontverwaltung erzeugt wird. Der Eintrag mit diesem Schlüssel darf nicht kopiert werden, da sonst die Verwaltung irritiert wird.

Der zweite Sonderfall betrifft das Array »Encoding«, in dem die Änderungen vorgenommen werden sollen. Da dieses ebenfalls schreibgeschützt ist, muß ein neues Array angelegt und mit dem Inhalt des alten »Encoding« beschrieben werden. Nach dem Kopieren werden dann die neuen Zeichennamen zusätzlich in das neu angelegte Array eingetragen.

Um ein Font, d. h. eine Dictionary, Element für Element zu betrachten und gegebenenfalls dieses Element zu kopieren, bietet sich wieder der Befehl »forall« an. Er führt für jedes Schlüssel-Werte-Paar eine Prozedur aus, wobei der Schlüssel und der Wert vorher auf dem Stack abgelegt wurden.

Die erste Aufgabe der Prozedur ist es nun, nachzusehen, ob der Schlüssel dem Namen »FID« entspricht. Falls ja, wird dieser Eintrag übersprungen. Im anderen Fall wird der Schlüssel mit dem Namen »Encoding« verglichen. Führt diese Abfrage zum logischen Wert »true«, wird eine Kopie des Arrays angelegt, mit dem alten Inhalt gefüllt und dann in dem neuen Font abgelegt. War der Name nicht »Encoding«, kann dieser Eintrag direkt übernommen und in das neue Font eingetragen werden.

8.3 Aktivierung von Umlauten in PostScript

Die meisten Einträge werden vom alten und vom neuen Font geteilt. Am Ende des Kopiervorgangs werden die neuen Einträge für die Aktivierung der Umlaute im »Encoding« vorgenommen und ein neuer »FontName« eingetragen. Damit der Befehl »findfont« das neue Font finden kann, muß es noch als Font bekannt gemacht werden. Dies geschieht mit dem Befehl »definefont«, der als Argumente den Fontnamen und das Font benötigt. Der Befehl »definefont« hinterläßt auf dem Stack das neue Font.

Das Programm zum Erzeugen eines neuen Fonts mit den deutschen Umlauten soll mit zwei Argumenten aufgerufen werden, nämlich dem Namen des alten und dem des neuen, zu erzeugenden Fonts.

```
%---------------------- Marke 1 ------------------------------
/Aktiviere-Umlaute {      % Zum Zeitpunkt des Aufrufs stehen die
                          % Namen des alten und des neuen Fonts
                          % auf dem Stack.
  /Neu-Name exch def      % Neuen Namen merken.
  /Alt-Name exch def      % Alten Namen merken.
  /Neu-Font               % Dies wird das neue Font.
    Alt-Name findfont     % Das alte Font besorgen.
    maxlength             % Mit der Größe des alten Fonts
    dict                  % eine neue Dictionary anlegen
  def                     % und dem Namen /Neu-Font zuweisen.
  Alt-Name findfont       % Nochmal das alte Font holen.
                          % Es ist das erste Argument für »forall«.
%---------------------- Marke 2 ------------------------------
  {                       % Beginn der »forall«-Prozedur.
                          % Der Schlüssel und der Wert
                          % stehen auf dem Stack.
    exch                  % Nun steht der Schüssel oben.
    dup /FID eq           % Ist der Schlüssel »FID«?
    {pop pop}             % Ja, ignorieren.
    {                     % Nein! Hier bleibt noch etwas zu tun.
      dup /Encoding eq    % Ist der Schlüssel »Encoding«?
      {                   % Ja!
        exch              % Den Wert wieder nach oben holen.
                          % Es ist der Encodingvektor.
        dup length        % Mit der Länge des Encodingvektors
        array             % ein neues Array anlegen.
        copy              % Den Inhalt des alten Arrays in das
                          % neue kopieren. Auf dem Stack bleibt
                          % das neue Array erhalten.
        Neu-Font          % Das Array soll in dieses Font.
        3 1 roll          % Reihenfolge für das »put«
                          % ändern (siehe Stack-Diagramm).
        put               % Eintrag vornehmen.
      }                   % Ende der »Encoding«-Prozedur.
```

```
             {                  % Nein! Es war nicht »Encoding«.
                  exch          % Schlüssel und Wert wieder in
                                % die richtige Reihenfolge bringen.
                  Neu-Font      % Das Paar soll in dieses Font.
                  3 1 roll      % Reihenfolge für das »put«
                                % ändern (siehe Stack-Diagramm).
                  put           % Eintrag vornehmen.
             }                  % Ende der »Nicht-Encoding«-Prozedur.
             ifelse             % Hier wird die Frage nach dem Schlüssel
                                % »Encoding« ausgewertet.
        }                       % Ende des »Nicht-FID«-Falles.

        ifelse                  % Hier wird die Frage nach dem Schlüssel
                                % »FID« ausgewertet.
   }                            % Ende der »forall«-Prozedur.
   forall                       % Alle Einträge des alten Fonts bearbeiten.
%----------------------- Marke 3 ---------------------------------

Neu-Font /FontName Neu-Name put
                                % Neuen Namen in das neue Font eintragen.

Neu-Font                        % Aus dem neuen Font
/Encoding get                   % den Encoding-Vektor holen.
dup 8#321                       % An der Stelle Oktal 321 soll ab
/Adieresis put                  % jetzt ein Ä stehen. Das »dup«
                                % rettet den Encoding-Vektor für die
                                % folgenden Zeilen.
dup 8#322 /Odieresis put  % dito. für Ö.
dup 8#323 /Udieresis put  % dito. für Ü.
dup 8#324 /adieresis put  % dito. für ä.
dup 8#325 /odieresis put  % dito. für ö.
8#326 /udieresis put      % dito. für ü, aber das »dup«
                          % ist nicht mehr nötig.

Neu-Name Neu-Font definefont pop
                                % Das neue Font aktivieren.
}                               % Ende der Prozedur.
def                             % Zuweisung der Prozedur zu der
                                % Variablen Aktiviere-Umlaute.

                                % Und so sieht die Anwendung aus:
%----------------------- Marke 4 ---------------------------------
/Helvetica /G-Helvetica Aktiviere-Umlaute
/G-Helvetica findfont 10 scalefont setfont
50 600 moveto                   % Textposition.
(Dies sind die deutschen Umlaute: \321\322\323\324\325\326)
show                            % Den Teststring ausgeben.
```

Auch bei diesem Programm soll ein Stackdiagramm den Ablauf verdeutlichen. Die Zeilen mit den Markierungen dienen der Orientierung in dem Stackdiagramm. Die Routine »Aktiviere-Umlaute« wird in der Zeile hinter der

8.3 Aktivierung von Umlauten in PostScript

Markierung 4 aufgerufen. Das gesamte davorstehende Programm dient nur der Definition dieser Funktion.

Wenn man sich das Programm betrachtet, gibt es drei interessante Fälle bei der Bearbeitung der »forall«-Schleife, die wir hier nacheinander darstellen wollen. Der ersten beiden Fälle sind die Schlüssel »FID« und »Encoding«. Sie finden sie im Stackdiagramm unter der Bezeichnung »2a« und »2b«. Alle anderen Fälle werden identisch behandelt. Als Beispiel für einen solchen Fall soll unter der Bezeichnung »2c« der Schlüssel »FontType« betrachtet werden.

Das Stackdiagramm ist in vier Teile unterteilt. Der erste Teil beginnt mit dem Aufruf der Funktion »Aktiviere-Umlaute« direkt hinter der Markierung 4. Der zweite Teil ist dem Anfang der Funktion »Aktiviere-Umlaute« bis zum Beginn der Prozedur für den Befehl »forall« gewidmet und mit der Markierung 1 versehen. Der dritte Teil beschäftigt sich mit den drei Schlüsseln, die wir uns näher betrachten wollen (Marken 2a, 2b und 2c). Schließlich wird im vierten Teil (Marke 3) der Rest der Funktion nach dem Befehl »forall« dargestellt.

Beginnen wir mit dem ersten Teil. Dieser fängt, wie erwähnt, bei der Markierung 4 an.

―――――――――――― *Marke 4* ――――――――――――

			G-Helvetica	
/Helvetica	Helvetica	/G-Helvetica	Helvetica	Aktiviere-Umlaute

Die Funktion »Aktiviere-Umlaute« wird aufgerufen. Der Ablauf setzt also an Marke »1« fort.

―――――――――――― *Marke 1* ――――――――――――

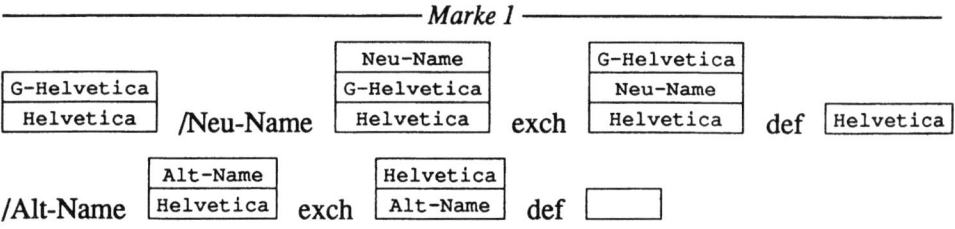

Die Eingangsparameter sind jetzt den Variablen »Alt-Name« und »Neu-Name« zugewiesen.

			Helvetica		@ Helvetica
/Neu-Font	Neu-Font	Alt-Name	Neu-Font	findfont	Neu-Font

maxlength

Es existiert nun unter dem Name »Neu-Font« eine Dictionary, die die gleiche Größe hat wie das alte Font. Die Größe des alten Fonts habe ich hier mit 26 Einträgen angenommen.

Alt-Name `Helvetica` findfont `@ Helvetica` { .. } `@ Helvetica` forall

Der Befehl »forall« holt sich seine beiden Argumente vom Stack, stellt fest, daß das erste eine Dictionary ist, und bearbeitet demzufolge nacheinander jedes Schlüssel-Werte-Paar aus dieser Dictionary. In dem zweiten Abschnitt des Stackdiagramm soll der Ablauf an drei interessanten Schlüssel-Werte-Paaren gezeigt werden. Der erste interessante Fall ist der Schlüssel »FID«.

──────────────── *Marke 2a* ────────────────

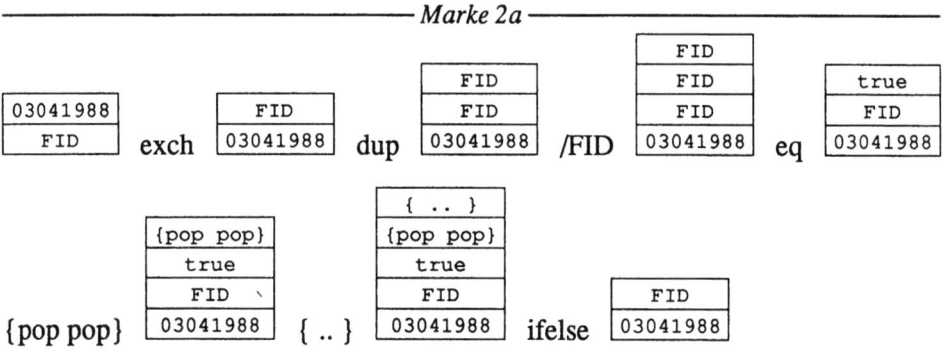

Der Befehl »ifelse« nimmt die beiden Prozeduren, die hier nur angedeutet sind, und den logischen Wert vom Stack. Da der logische Wert hier »true« ist, wird die erste der beiden Prozeduren ausgeführt.

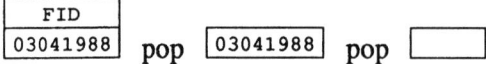

Die »forall«-Prozedur ist hiermit beendet und der Stack sauber. Wenden wir uns nun dem zweiten Fall, dem Schlüssel »Encoding«, zu.

──────────────── *Marke 2b* ────────────────

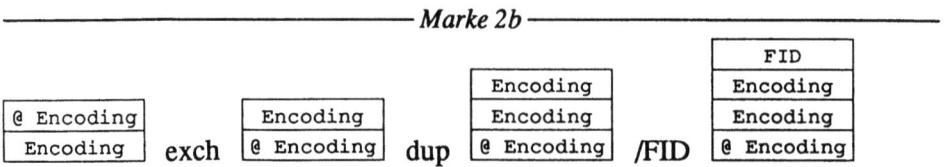

8.3 Aktivierung von Umlauten in PostScript

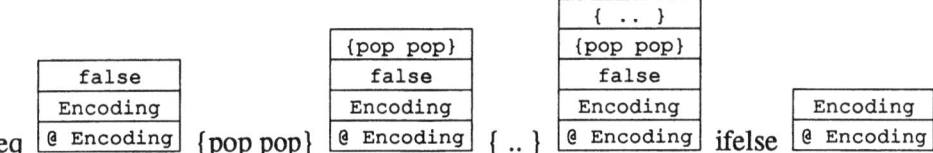

Der Befehl »ifelse« führt in diesem Fall die zweite (oberste) der beiden Prozeduren aus, da der logische Wert »false« war.

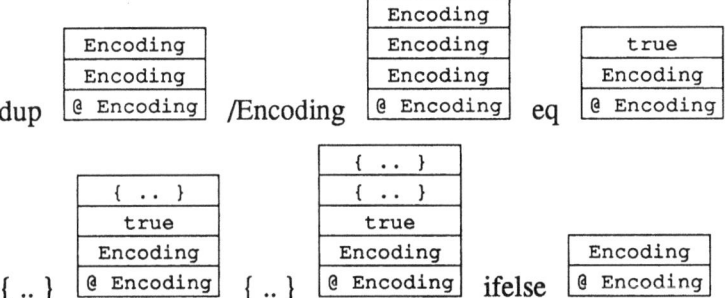

Die zweite Abfrage ergab den Wert »true« und deshalb wird die erste der beiden Prozeduren durch den Befehl »ifelse« ausgeführt.

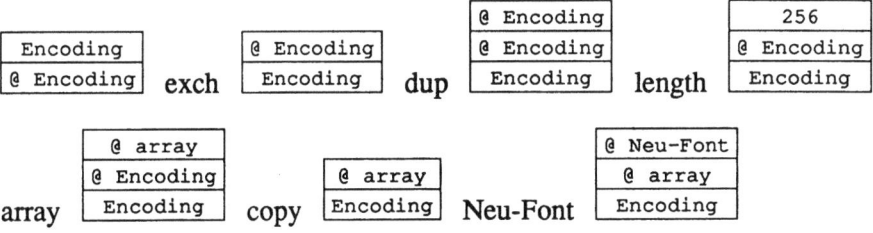

Der Befehl »copy« hat den Inhalt von »Encoding« in das neu angelegte Array kopiert. Auf dem Stack stehen alle Parameter, um unter dem Namen »Encoding« in das Font »Neu-Font« das neue Array abzulegen. Sie stehen nur nicht in der richtigen Reihenfolge. Diese wird mit dem Befehl »roll« hergestellt.

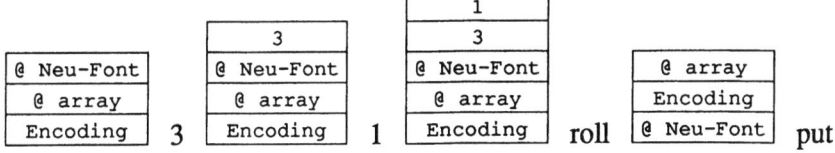

Der zweite Fall ist mit dem Befehl »put« abgeschlossen. Wenden wir uns dem dritten Fall zu, der den Schlüssel »FontType« bearbeiten soll.

──────────────────── *Marke 2c* ────────────────────

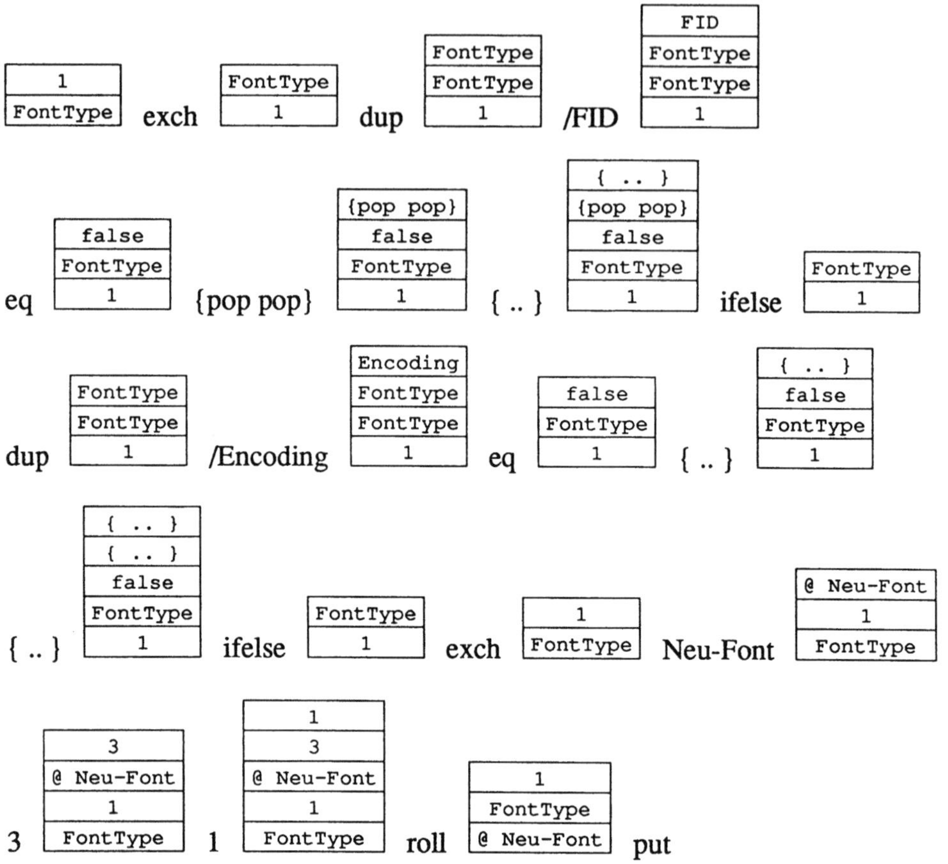

[Diagramm mit Stack-Operationen:]

1			FontType		FontType	FontType		FID
FontType	exch	FontType	1	dup	FontType	1	/FID	FontType
		1			1			1

			{pop pop}		{ .. }			
	false		false		{pop pop}			
	FontType		FontType		false			FontType
eq	1	{pop pop}	1	{ .. }	FontType	ifelse		1
					1			

	FontType		Encoding				{ .. }	
	FontType		FontType		false		false	
dup	1	/Encoding	FontType	eq	FontType	{ .. }	FontType	
			1		1		1	

	{ .. }						@ Neu-Font	
	{ .. }						1	
	false		FontType		1		FontType	
{ .. }	FontType	ifelse	1	exch	FontType	Neu-Font		
	1							

	3		1					
	@ Neu-Font		3		1			
	1		@ Neu-Font		FontType			
3	FontType	1	1	roll	@ Neu-Font	put		
			FontType					

Nachdem alle möglichen Wege in der »forall«-Prozedur behandelt wurden, soll nun der Weg des Interpreters noch bis zu der Aktivierung des Buchstabens »Ä« verfolgt werden.

──────────────────── *Marke 3* ────────────────────

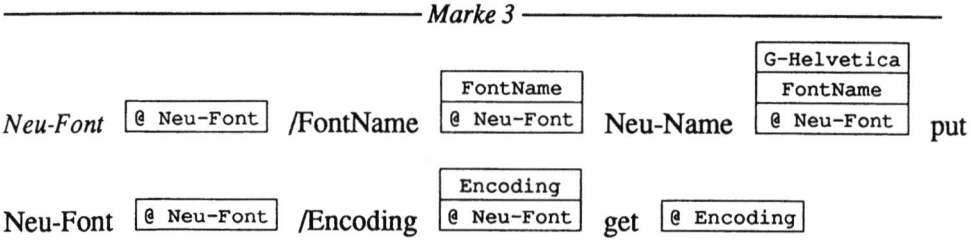

8.4 Outline-Fonts

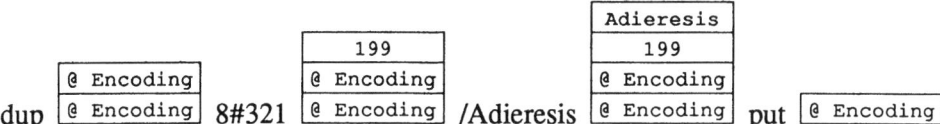

Der Buchstabe »Ä« ist nun aktiviert und die restlichen Umlaute folgen auf die gleiche Weise.

8.4 Outline-Fonts

Um die den Zeichen zugrundeliegende Information für die Gestaltung der Seite verwenden zu können, wurde in PostScript der Befehl »charpath« eingeführt. Er erweitert den aktuellen Pfad um die Umrißlinie der Zeichen, die in seinem ersten Argument, einem String, stehen. Diese Umrißlinie kann anschließend beispielsweise mit den Befehlen »fill« oder »stroke» ausgewertet werden.

Das zweite Argument, das vom Typ Boolean ist, dient der Bearbeitung von sog. »Stroked«-Fonts (FontType 1, siehe Kapitel 8.1). Ist dieses Argument »false«, wird der Pfad so aufbereitet, daß er für den Befehl »stroke« brauchbar ist. Im anderen Fall, in dem das Argument den Wert »true« hat, ist der erzeugte Pfad zum Füllen geeignet.

Anfügen der Umrißlinien von Zeichen an den aktuellen Pfad
String Boolean **charpath** ⇒

Bild 8-3: Der Befehl »charpath«

Bevor der Befehl »charpath« verwendet werden kann, muß zum einen ein Font mit dem Befehl »setfont« aktiviert werden, zum anderen muß ein aktueller Punkt gesetzt sein. Wenn man die Umrißlinie eines oder mehrerer Zeichen mit dem Befehl »stroke« zu Papier bringen möchte, ist es optisch am günstigsten, ein halbfettes Font, z. B. »Times-Bold«, zu wählen.

Beispiele:
```
% Im ersten Beispiel soll ein String als Umrißlinie
% dargestellt werden.
/Times-Bold findfont 30 scalefont setfont
300 300 moveto
(Beispiel) true charpath
0.5 setlinewidth stroke

% Im zweiten Beispiel soll ein String in einem »stroked«-Font
% gestrichelt dargestellt werden.
/Courier findfont 30 scalefont setfont
300 300 moveto
(Beispiel) false charpath
[5] 0 setdash
0.5 setlinewidth stroke
```

Aufgabe 8-2: Den mit dem Befehl »charpath« erzeugten Pfad kann man natürlich gleichzeitig zum Füllen und zum Zeichnen der Umrißlinie verwenden. Versuchen Sie bitte, den folgenden Text in der gezeigten Art zu Papier zu bringen. Selbstverständlich darf der Befehl »charpath« nur einmal verwendet werden!

Mit Rand

Aufgabe 8-3: Wenn ein größerer Text in einem Outlinefont ausgegeben werden soll, ist es zweckmäßig, statt des Befehls »charpath« ein Outlinefont zu verwenden. Hierzu muß in dem Font, das vom *PaintType* 0 sein muß, dieser in 2 geändert und der Eintrag »StrokeWidth« gesetzt werden. Eine Beschreibung von »StrokeWidth« finden Sie in Kapitel 8.1.

Ihre Aufgabe ist es nun, eine Prozedur zu schreiben, die zwei Argumente übergeben bekommt, wobei das erste der Name der Originalfonts und das zweite der Name des Outlinefonts ist. Die Anwendung könnte beispielsweise folgendermaßen aussehen:

```
/Times-Bold /Times-Outline outlinefont
    % »outlinefont« ist der Name der Routine,
    % die Sie geschrieben haben.

/Times-Outline findfont 10 scalefont setfont
```

```
100 100 moveto
(Dies ist eine Ausgabe mit dem Font Times-Outline) show
showpage
```

Das Ergebnis sollte etwa wie folgt aussehen:

Dies ist eine Ausgabe mit dem Font Times-Outline

8.5 Userfonts

Der Anwender von PostScript hat die Möglichkeit, speziell auf seine Bedürfnisse zugeschnittene Fonts mit selbst kreierten Zeichen einzurichten. Solche Fonts werden *Userfonts* genannt. Die Aktivierung von schon vorhandenen Userfonts erfolgt in der gleichen Weise wie die Aktivierung der internen Fonts durch die Befehle »findfont«, »scalefont« und »setfont«.

Das Userfont selbst ist eine Dictionary, die neben den zwingend erforderlichen Einträgen »FontType«, »FontMatrix«, »FontBBox« und »Encoding« (siehe Kapitel 8.1) zusätzlich den Eintrag »BuildChar« benötigt. Natürlich können noch beliebig viele weitere Einträge angelegt werden, wenn es für nötig gehalten wird.

Unter dem Namen »FontType« wird die Zahl »3« als Kennzeichen dafür, daß das vorliegende Font ein Userfont ist, abgelegt. Die »FontMatrix« gibt an, in welchen Koordinaten die Zeichen in diesem Font abgelegt sind. Die Angabe erfolgt durch ein Array mit sechs Elementen, deren Bedeutung in Kapitel 9 erläutert wird. Alle Angaben innerhalb des Fonts beziehen sich auf dieses Koordinatensystem. Gewöhnlich geht der Platz, in dem das Zeichen definiert wird, direkt in dieses Array ein. Es hat daher meistens die folgenden Einträge:

```
[1/Zeichenbreite  0  0  1/Zeichenhöhe  0  0]
```

Als Größe für Zeichenbreite und Zeichenhöhe wird normalerweise der Wert 1000 genommen, d. h. die Zeichen sind in einem Feld mit einer Ausdehnung von 1000 pt in X-Richtung und 1000 pt in Y-Richtung definiert. Jede andere Größe ist natürlich auch möglich, aber fast alle Fonts verwenden diese Werte.

Die Abmessungen des zur Erzeugung eines Zeichens benötigten Platzes sind durch den Eintrag »FontBBox« festgelegt; unter dem Namen »Encoding« wird ein Array mit 256 Einträgen erwartet. Die Bedeutung dieser Einträge ist identisch mit denen der eingebauten Fonts (siehe Kapitel 8.1).

Der Eintrag »BuildChar« wird nur in Userfonts verwendet. Unter diesem Namen ist eine Prozedur abgelegt, die dafür zuständig ist, daß eine Aktion für das gewünschte Zeichen ausgeführt wird. Zur Ausführung der Prozedur »BuildChar« kommt es, wenn das Userfont als aktuelles Font aktiv ist und der Befehl »show« bzw. der Befehl »stringwidth« angewendet wurde.

Wenn der Drucker am Beginn der Bearbeitung des Befehls »show« feststellt, daß ein Userfont aktiv ist (FontType 3), wird für jedes Zeichen in dem String des Befehls »show« die im Font abgelegte Prozedur »BuildChar« aufgerufen. Vor jedem Aufruf von »BuildChar« werden das Font, d. h. die Dictionary, und das Zeichen auf dem Stack abgelegt. In der Prozedur »BuildChar« können nun praktisch alle PostScript-Befehle mit Ausnahme der Befehle »setgray« und »image« verwendet werden.

Als eine der ersten Aktivitäten wird von BuildChar verlangt, daß der Drucker über die Dickte des auszugebenden Zeichens informiert wird. Außerdem möchte der Drucker wissen, ob das Zeichen im Fontcache gespeichert werden soll, um bei häufigerer Verwendung des Zeichens Zeit zu sparen.

Für die Weitergabe der Dickte stehen je nachdem, ob der Fontcache aktiviert werden soll oder ob nicht, zwei Befehle zur Verfügung. Der erste Fall wird mit dem Befehl »setcachedevice« behandelt, der sechs Zahlen als Argumente erwartet. Die ersten beiden Zahlen repräsentieren die Dickte dieses Zeichens, d. h. die Veränderung des aktuellen Punktes in X- und Y-Richtung, wenn das Zeichen ausgegeben wird. Die restlichen vier Zahlen definieren den Platz, den das Zeichen bei der Ausgabe in Anspruch nimmt. Die ersten beiden Zahlen sind die Koordinaten der linken unteren Ecke, und die anderen beiden sind die Koordinaten der rechten oberen Ecke. Alle sechs Argumente werden in dem gleichen Koordinatensystem definiert, wie auch das Zeichen selbst.

Der Befehl »setcharwidth« definiert die Dickte des Zeichens, ohne den Fontcache zu aktivieren. Er benötigt daher auch nur zwei Argumente, nämlich die Dickte in X- und in Y-Richtung. Auch diese Angaben beziehen sich wieder auf das gleiche Koordinatensystem wie in der FontMatrix definiert.

> Zeichendickte setzen
>
> >   *Dx Dy* **setcharwidth** ⇒
>
> Zeichendickte setzen und den Fontcache verwenden
>
> >   *Dx Dy LUx LUy ROx ROy* **setcachedevice** ⇒

Bild 8-4: Dickteninformation für »BuildChar«

Im Zusammenhang mit den Userfonts benötigen wir noch einen neuen Befehl, der eine Prozedur, die mit dem Befehl »get« aus einer Dictionary geholt wurde, ausführen kann. Dieser Befehl heißt »exec« und akzeptiert jedes Argument. Wenn dieses Argument ausführbar ist, wie beispielsweise Prozeduren, wird es ausgeführt. Ansonsten wird das Argument unverändert gelassen. Eine ausführliche Beschreibung des Befehls »exec« finden Sie in Kapitel 14.

> Stackeintrag ausführen
>
> >   *Beliebig* **exec** ⇒

Bild 8-5: Der Befehl »exec«

Anhand von mehreren Beispielen soll die Anwendung von Userfonts verdeutlicht werden. Im ersten Beispiel soll ein sehr einfaches Userfont erzeugt werden, das aus einem Viereck, einem Dreieck und einem Kreis besteht. Im zweiten Beispiel werden die Möglichkeiten gezeigt, wie zeichenabhängige Dickten aktiviert werden. Zum Schluß soll dann im dritten Beispiel die Verwendung von Userfonts zur Erweiterung der eingebauten Fonts gezeigt werden.

8.5.1 Ein einfaches Userfont

Als erstes Beispiel für Userfonts soll ein Font aufgebaut werden, daß aus drei recht einfachen Zeichen besteht. Die drei Zeichen sind ein Viereck, ein Dreieck und ein Kreis (■▲●). Das Font erhält den Namen »Einfaches-Font«. Die Zuordnung der Zeichen zum ASCII-Kode ist dergestalt, daß bei der Eingabe des Zeichens »A« das Viereck, beim Zeichen »B« das Dreieck und beim Zeichen »C« der Kreis erscheint. Eine typische Anwendung des Fonts könnte so aussehen:

```
/Einfaches-Font findfont 10 scalefont setfont
(ABCBBCAxy) show
```

Das Ergebnis sieht dann, vorausgesetzt, das Userfont ist richtig definiert worden, wie folgt aus:

■▲●▲▲●■

Als ersten Schritt zur Erzeugung eines Userfonts muß man sich vergegenwärtigen, daß das Userfont eigentlich nur eine Dictionary mit einigen speziellen Einträgen ist. Zwingend erforderlich sind die Einträge »FontType«, »Encoding« »FontMatrix«, »FontBBox« und »BuildChar«. Ein weiterer Eintrag muß für die Vergabe der »FID« freigehalten werden. Um die Prozeduren für die Erzeugung der Zeichen leicht zugänglich aufzubewahren, wird zusätzlich der Eintrag »Zeichen-Prozeduren« angelegt. Aus Prinzip sollte auch der »FontName« in dem Font eingetragen werden.

Das Font besteht demnach aus einer Dictionary mit acht Einträgen. Im nächsten Schritt sollen die Prozeduren ausgedacht werden, die die einzelnen Zeichen erzeugen können. Hierzu muß man sich über das verwendete Koordinatensystem im klaren sein. In Anlehnung an die üblicherweise verwendeten Werte soll das Koordinatensystem in X- und in Y-Richtung eine Ausdehnung von 1000 pt haben. Die drei Prozeduren könnten beispielsweise wie folgt aussehen:

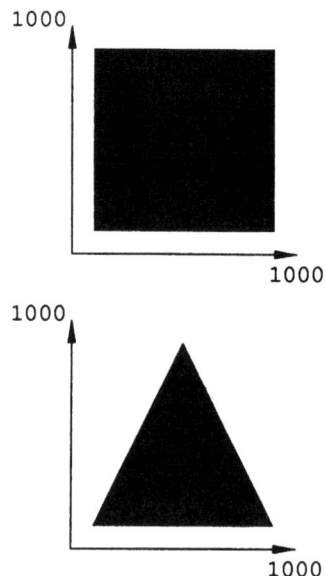

```
% Das Viereck.
100 100 moveto
900 100 lineto
900 900 lineto
100 900 lineto
fill
```

```
% Das Dreieck.
100 100 moveto
900 100 lineto
500 900 lineto
fill
```

8.5.1 Ein einfaches Userfont

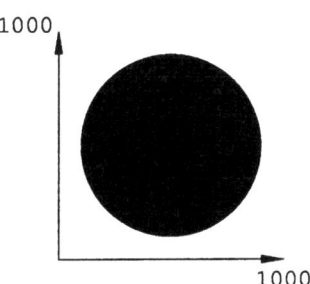

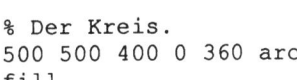

Der Platz, der zum Erzeugen eines dieser Zeichen benötigt wird, wird in der linken unteren Ecke durch den Punkt X=0, Y=0 und in der rechten oberen Ecke durch den Punkt X=1000, Y=1000 definiert. Dieser Raum ist zwar etwas zu groß, aber das spielt keine Rolle. Wird der Raum allerdings zu klein gewählt, werden die Zeichen abgeschnitten. Mit diesen beiden Eckpunkten wird der Eintrag »FontBBox« beschickt.

Der letzte unbekannte Eintrag ist nun noch die Prozedur »BuildChar«. Bei dem zeichenweisen Aufruf der Prozedur »BuildChar« durch den Befehl »show« wird automatisch jeweils das Font und das Zeichen auf dem Stack abgelegt. Da innerhalb dieser Prozedur einige Einträge aus dem Font verwendet werden, wird die Font-Dictionary am besten auf den *dictstack* geschoben. Damit sind alle Einträge aus dem Font direkt verfügbar.

Die Prozedur »BuildChar« ruft dann den Befehl »setcachedevice« auf. Der Einfachheit halber wird von einer konstanten Dickte von 1000 und einem Raum für den Fontcache ausgegangen, der der Größe des Eintrages »FontBBox« entspricht.

Als nächstes werden wir uns aus dem Eintrag »Encoding« den Namen des Zeichens besorgen, den wir sinnvollerweise dort eingetragen haben. Mit diesem Namen wird aus der Dictionary »Zeichen-Prozeduren« dann die entsprechende Prozedur geholt und ausgeführt. Damit steht das Zeichen auf dem Papier und die Prozedur »BuildChar« ist beendet.

Nun zum Programm, das ein Userfont installiert.

```
/Einfaches-Font 8 dict def      % Diese Dictionary wird ein Font.
Einfaches-Font begin            % Auf den dictstack.
/Encoding 256 array def         % Neues Encoding anlegen.
%------------------------ Marke 1 ------------------------
0 1 255 {                       % Index läuft von 0 bis 255.
```

```
        Encoding exch /nichts put        % Alle Einträge initialisieren.
    } for
Encoding 65 /Viereck put                 % Prozedur für das Zeichen »A«.
Encoding 66 /Dreieck put                 % Prozedur für das Zeichen »B«.
Encoding 67 /Kreis put                   % Prozedur für das Zeichen »C«.
/Zeichen-Prozeduren 4 dict def           % Hier werden die Prozeduren für
Zeichen-Prozeduren begin                 % die Zeichen abgelegt.
    /nichts {} def                       % Für undefinierte Zeichen.
    /Viereck {                           % Erzeuge ein Viereck.
        100 100 moveto
        900 100 lineto
        900 900 lineto
        100 900 lineto
        fill
    }def
    /Dreieck {                           % Erzeuge ein Dreieck.
        100 100 moveto
        900 100 lineto
        500 900 lineto
        fill
    } def
    /Kreis {                             % Erzeuge einen Kreis.
        500 500 400 0 360 arc
        fill
    } def
end
/FontType 3 def                          % Es ist ein Userfont
/FontName /Einfaches-Font def            % mit Namen »Einfaches-Font«.
/FontMatrix                              % Koordinatensystem dieses Fonts.
    [0.001 0 0 0.001 0 0] def            % 1000 pt in X- und Y-Richtung.
/FontBBox [0 0 1000 1000] def            % Maximaler Platz für ein Zeichen.
/BuildChar {                             % Das Font und das Zeichen stehen
                                         % beim Aufruf auf dem Stack.
    exch begin                           % Das Font aktivieren.
    1000 0                               % Konstante Dickte für alle Zeichen.
    0 0 1000 1000                        % Platzdefinition für den Fontcache.
    setcachedevice                       % Dickte und Platz auswerten.
    Encoding exch get                    % Namen des Zeichens besorgen.
    Zeichen-Prozeduren exch get          % Prozedur dieses Namens holen
    end exec                             % und ausführen.
    } def                                % Ende der Prozedur »BuildChar«.
end                                      % Abschluß zu »Einfaches-Font begin«.
/Einfaches-Font Einfaches-Font           % Name und Font auf den Stack und
    definefont pop                       % in »FontDirectory« eintragen.

% Wir probieren es natürlich gleich mal aus!!
/Einfaches-Font findfont 10 scalefont setfont
100 100 moveto
%----------------------------- Marke 2 --------------------------------
(ABC) show                               % Viereck, Dreieck und Kreis.
```

8.5.1 Ein einfaches Userfont

Der überwiegende Teil dieses Programmes besteht aus bekannten Definitionen. Auf zwei Punkte, die mit »Marke 1« und »Marke 2« gekennzeichnet sind, soll im Folgenden näher eingegangen werden.

Die »for«-Schleife bei der Markierung 1 hat die Aufgabe, an allen Stellen in dem Array »Encoding« den Namen »nichts« einzutragen, damit bei der Anwendung des Fonts mit anderen Buchstaben als »A«, »B« oder »C« keine Probleme auftauchen. Die Namen für die drei Zeichen des Userfonts werden hinterher einfach an den entsprechenden Stellen eingetragen.

Die Laufvariable, die der Befehl »for« vor jeder Ausführung seiner Prozedur auf dem Stack ablegt, wird als Index in das Array »Encoding« verwendet. Für die ersten beiden Durchläufe des Befehls »for« soll hier kurz das Stackdiagramm gezeigt werden.

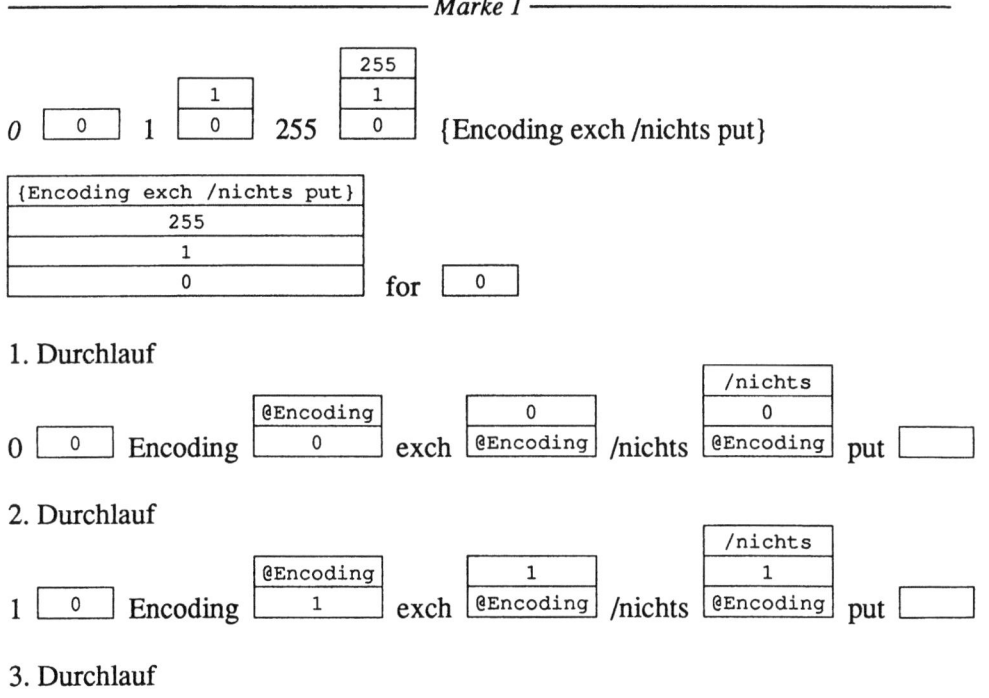

3. Durchlauf
...

Der zweite Punkt, auf den hier nochmals näher eingegangen werden soll, ist der Ablauf bei der Erzeugung eines Zeichens. Wie bereits erwähnt, ruft der Befehl »show« für jedes Zeichen die Prozedur »BuildChar« aus dem Userfont auf. Vor jedem Aufruf werden das Font und das auszugebende Zeichen auf dem Stack abgelegt, damit die Prozedur davon Gebrauch machen kann.

Das Stackdiagramm beginnt bei der Markierung 2.

———————————————— *Marke 2* ————————————————

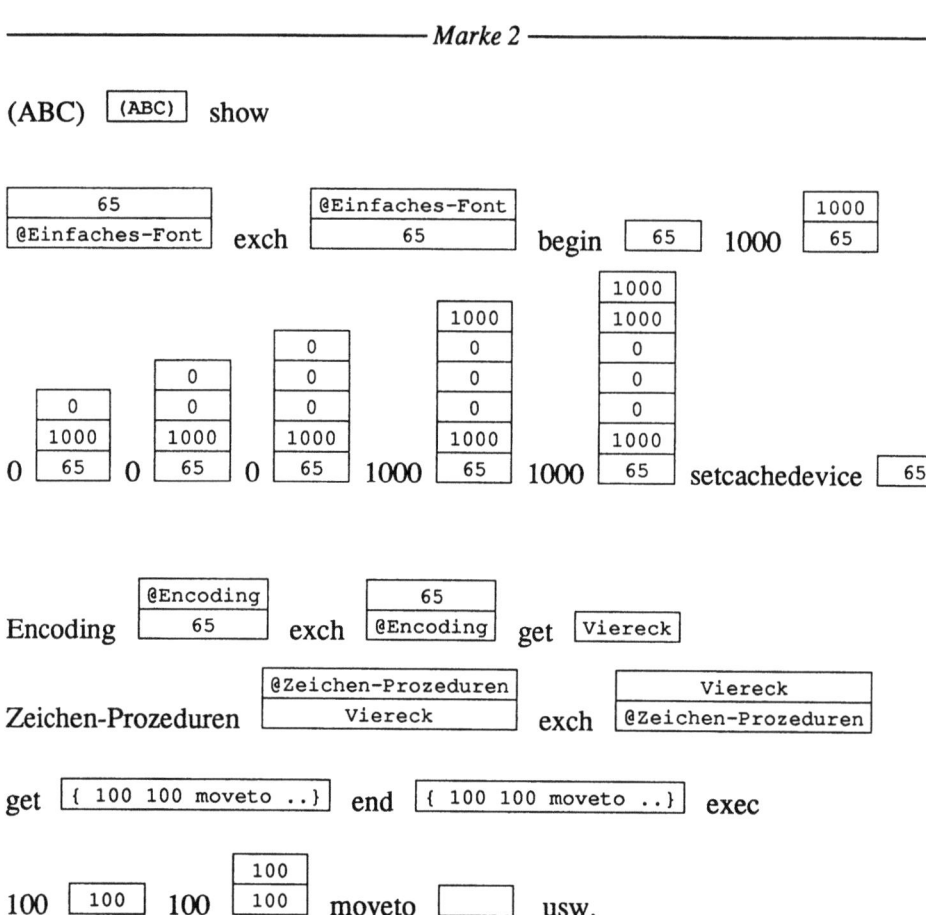

Da der Befehl »exec« der letzte Befehl in der Prozedur »BuildChar« war, ist die Bearbeitung des Zeichens »A« mit der Bearbeitung der Prozedur »Viereck« beendet. Nun wird durch den Befehl »show« das nächste Zeichen mitsamt dem Font auf den Stack gespeichert und die Prozedur »BuildChar« wieder aufgerufen. Das wiederholt sich so oft, wie noch Zeichen im String vorhanden sind.

8.5.2 Ein vollwertiges Userfont   117

Aufgabe 8-4: Erweitern Sie bitte daß Userfont dahingehend, das als weiteres Zeichen ein Ring wie in Aufgabe 5-1 unter dem ASCII-Kode des Buchstabens »D« abgelegt wird.

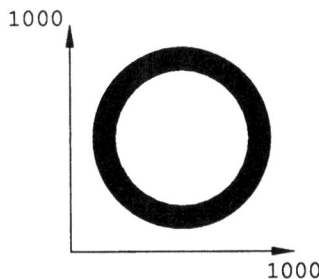

8.5.2 Ein vollwertiges Userfont

Für die Erzeugung von *richtigen* Userfonts fehlen unserem Beispiel noch einige Feinheiten. Zum einen hat ein Font nur in den seltensten Fällen eine einheitliche Dickte für alle Zeichen. Außerdem sollte der Platz im Fontcache der tatsächlichen Größe der einzelnen Zeichen angepaßt werden.

Als Beispiel für ein *richtiges* Userfont sollen verschieden große Kreise dienen. Das Font soll »Kreis-Font« heißen und aus 5 Kreisen bestehen. Die Kreise werden in einem Koordinatensystem von 1000 pt definiert. Der kleinste Kreis hat einen Durchmesser von 100 pt und der größte einen Durchmesser von 900 pt. Die Kreise sind in steigender Größe auf den ASCII-Kodes 65 bis 69 zu finden.

Beispiel:

```
/Kreis-Font findfont 10 scalefont setfont
(ABCDEFEDCBA) show
```

Das Beispiel soll zu dem folgenden Ergebnis führen:

·oO◯◯◯Oo·

Der wesentliche Unterschied bei diesem Userfont ist die Eigenschaft, das die Parameter des Befehls »setcachedevice« für jedes Zeichen verschieden sind. Sinnvollerweise sind sie, ähnlich den Zeichenprozeduren, in einer Dictionary unter dem Zeichennamen abgelegt. Das vollständige Programm sieht wie folgt aus:

```
/Kreis-Font 9 dict def              % Diese Dictionary wird ein Font.
Kreis-Font begin                    % Auf den dictstack.
/Encoding 256 array def             % Neues Encoding anlegen.
0 1 255 {                           % Index läuft von 0 bis 255.
    Encoding exch /nichts put       % Alle Einträge initialisieren.
} for
Encoding 65 /Kreis1 put             % Prozedur für das Zeichen »A«.
Encoding 66 /Kreis2 put             % Prozedur für das Zeichen »B«.
Encoding 67 /Kreis3 put             % Prozedur für das Zeichen »C«.
Encoding 68 /Kreis4 put             % Prozedur für das Zeichen »D«.
Encoding 69 /Kreis5 put             % Prozedur für das Zeichen »E«.
/Zeichen-Prozeduren 6 dict def      % Hier werden die Prozeduren für
Zeichen-Prozeduren begin            % die Zeichen abgelegt.
    /nichts {} def                  % Für undefinierte Zeichen.
    /Kreis1 {                       % Erzeuge einen Kreis.
        150 500 50 0 360 arc
        20 setlinewidth
        stroke
    } def
    /Kreis2 {                       % Erzeuge einen Kreis.
        250 500 150 0 360 arc
        20 setlinewidth
        stroke
    } def
    /Kreis3 {                       % Erzeuge einen Kreis.
        350 500 250 0 360 arc
        20 setlinewidth
        stroke
    } def
    /Kreis4 {                       % Erzeuge einen Kreis.
        450 500 350 0 360 arc
        20 setlinewidth
        stroke
    } def
    /Kreis5 {                       % Erzeuge einen Kreis.
        550 500 450 0 360 arc
        20 setlinewidth
        stroke
    } def
end
/Zeichen-cache 6 dict def           % Hier werden die Parameter für
Zeichen-cache begin                 % den Befehl »setcachedevice« abgelegt.
    /nichts { 0 0 0 0 0 0} def      % Für undefinierte Zeichen.
    /Kreis1 { 300 0    90 440  210 560} def
    /Kreis2 { 500 0    90 340  410 660} def
    /Kreis3 { 700 0    90 240  610 760} def
    /Kreis4 { 900 0    90 140  810 860} def
    /Kreis5 {1100 0    90  40 1010 960} def
end
/FontType 3 def                     % Es ist ein Userfont
/FontName /Kreis-Font def           % mit Namen »Kreis-Font«.
```

8.5.2 Ein vollwertiges Userfont

```
/FontMatrix                         % Koordinatensystem dieses Fonts.
   [0.001 0 0 0.001 0 0] def        % 1000 pt in X- und Y-Richtung.
/FontBBox [0 0 1000 1000] def       % Maximaler Platz für ein Zeichen.
/BuildChar {                        % Das Font und das Zeichen stehen
                                    % beim Aufruf auf dem Stack.
   exch begin                       % Das Font aktivieren.
   Encoding exch get                % Namen des Zeichens besorgen.
   dup                              % Der Name wird zweimal benötigt.
   Zeichen-cache exch get           % Die Cache-Parameter besorgen.
   exec                             % Die Zahlen aus dem Array holen.
   setcachedevice                   % Dickte und Platz auswerten.
   Zeichen-Prozeduren exch get      % Prozedur dieses Namens holen
   end exec                         % und ausführen.
   } def                            % Ende der Prozedur »BuildChar«.
end                                 % Abschluß zu »Einfaches-Font begin«.
/Kreis-Font Kreis-Font              % Name und Font auf dem Stack und
   definefont pop                   % in »FontDirectory« eintragen.

/Kreis-Font findfont 10 scalefont setfont
%----------------------- Marke 1 ------------------------------
(ABCDEFEDCBA) show NL NL
```

───────────────── *Marke 1* ─────────────────

| (ABCDEFEDCBA) | (ABCDEFEDCBA) | show |

| 65 | | @Kreis-Font | | |
| @Kreis-Font | exch | 65 | begin | 65 |

| | @Encoding | | 65 | | | Kreis1 |
| Encoding | 65 | exch | @Encoding | get | Kreis1 | dup | Kreis1 |

	@Zeichen-cache		Kreis1	
	Kreis1		@Zeichen-cache	
Zeichen-cache	Kreis1	exch	Kreis1	

		560			
		560			
		440			
		440			
		0			
	{300 0 440 440 560 560}	300			
get	Kreis1	exec	Kreis1	setcachedevice	Kreis1

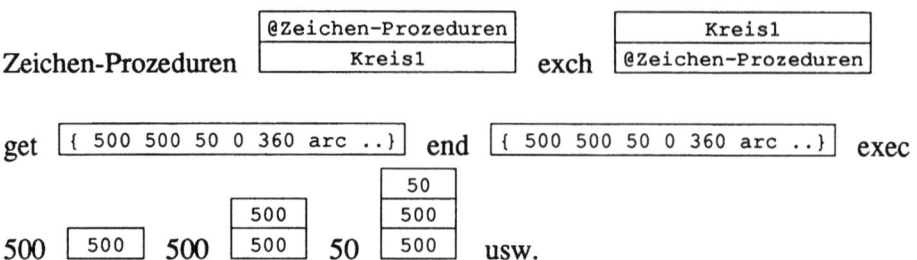

8.5.3 Spezialitäten mit Userfonts*

In dem letzten Kapitel zum Thema Fonts soll angedeutet werden, welche Möglichkeiten in den Userfonts stecken. Als Beispiel dient die Erweiterung des Zeichensatzes von eingebauten Fonts.

Die mit dem Laserdrucker bzw. Belichter ausgelieferten Fonts verfügen leider nur über einen recht eingeschränkten Zeichensatz. Er ist ausreichend, wenn man ausschließlich mit westeuropäischen Sprachen arbeitet. Aber schon die in den osteuropäischen Sprachen benötigten speziellen Buchstaben lassen die momentan verfügbaren PostScript-Fonts an ihre Grenzen stoßen. Die Elemente, aus denen die Zeichen zusammengesetzt werden könnten, sind aber vorhanden.

Die Idee ist nun, ein Font zu erzeugen, das neue Zeichen aus solchen Fontelementen selbsttätig zusammensetzen kann. Das hat den großen Vorteil, daß die neu erzeugten Zeichen auch bei niedriger Auflösung annähernd die gleiche Qualität wie die Originalschrift haben.

Kern des Userfonts ist die Prozedur »BuildChar«, die sich die einlaufenden Zeichen ansieht und entscheidet, ob dieses Zeichen im Basisfont direkt ausgegeben werden soll oder ob eine Sonderbehandlung nötig ist. In dieser Sonderbehandlung wird eine Doppelbelichtung ausgeführt.

Die Erzeugung des Userfonts erfolgt durch eine Prozedur, die mit den Namen des Basisfonts und des neuen Fonts aufgerufen wird. Außerdem wird als drittes Argument eine Tabelle mitgegeben, in der die zusammengesetzten Zeichen beschrieben sind.

Jedes neue Zeichen ist durch zwei Einträge in dieser Tabelle vertreten. Es sind dies die Position, die dieses Zeichen im Font einnehmen soll, und ein Array mit der Definition dieses neuen Zeichens. Die Definition besteht aus dem Basis-

8.5.3 Spezialitäten mit Userfonts*

zeichen, einer Prozedur für notwendige Korrekturen und dem Akzentzeichen.

Das einzige verbleibende Problem ist die Frage, wie die Korrektur aussehen soll. Hierzu soll zusätzlich ein kleines Programm entwickelt werden, mit dem sich die Positionierung recht einfach handhaben läßt. Dieses Programm sorgt dafür, daß das Basiszeichen und sein Akzent in einem Schriftgrad von 500 Punkt ausgegeben werden. Zusätzlich wird noch das Koordinatensystem des Userfonts im Hintergrund eingeblendet. Die Korrekturpositionen können hier direkt abgelesen werden.

Bei Userfonts, die auf die Zeichen eines anderen Fonts zurückgreifen, kann es bei älteren PostScript-Versionen Probleme mit dem Befehl »stringwidth« geben. Bedingt durch den Aufruf des Befehls »show« innerhalb der Prozedur »BuildChar« wird dann das Zeichen fälschlicherweise ausgegeben. In neueren Version ist dieser Fehler beseitigt. Falls jedoch ein solcher Text auf einem älteren Drucker ausgegeben werden soll, kann man den Fehler durch eine Umdefinition des Befehls »stringwidth« umgehen. In der Umdefinion wird der aktuelle Punkt vor dem eigentlichen Aufruf des Befehls »stringwidth« außerhalb des Blattes plaziert. Die Umdefinition könnte beispielsweise wie folgt aussehen:

```
/Original-stringwidth /stringwidth load def
/stringwidth {
    gsave               % Aktuellen Punkt merken und
    1e5 1e5 moveto      % weit außerhalb des Blattes neu setzen.
    Original-stringwidth % »stringwidth« aufrufen.
    grestore            % Zum alten Punkt zurück.
    } def

% Die Prozedur »Neue-Akzente« soll ein Userfont aufbauen, das auf
% der Basis eines bestehenden Fonts neue Akzentzeichen aktiviert.
% Als Argumente werden von der Prozedur »Neue-Akzente« der Name
% des Basisfonts, der Name des neuen Fonts und ein Array mit der
% Akzentabelle erwartet.

/Neue-Akzente {                 % Basisfont NeuerFontname Akzenttabelle.
    10 dict dup begin           % Diese Dictionary ist das neue Font.
    /FontType 3 def             % 3 = Userfont.
    /FontMatrix [0.01 0 0       % Das Font ist in einem Feld von
                0.01 0 0] def   % 100 pt auf 100 pt definiert.
    /FontBBox [0 0 100 100]     % Entsprechend die BoundingBox.
                        def
    /Basis_Font 5 -1 roll       % Name des alten Fonts nach oben holen,
    findfont                    % das Font diesen Namens besorgen und
    def                         % dem Namen »Basis-Font« zuweisen.
```

```
% Das Array Encoding wird in diesem Font auf besondere Weise verwendet.
% Es enthält zu dem jeweiligen ASCII-Kode nicht den Namen des Zeichens,
% sondern nur einen Hinweis, ob das Zeichen direkt aus dem Basisfont
% geholt werden soll (»false«), oder ob eine Sonderbehandlung nötig
% ist, um das Zeichen auszugeben. Der Eintrag ist dann die Prozedur.

    /Encoding 256 array def   % Hier werden die Sonderzeichen markiert.
    0 1 255 {                 % Alle Positionen
      Encoding exch false put % mit »false« vorbelegen.
    } for

    exch aload length 2 idiv  % Lade das Array aus und besorge
                              % die Anzahl der eingetragen Zeichen.
    { Encoding 3 1 roll put   % Die neue Zeichenbeschreibung wird an
    } repeat                  % die Position des neuen Zeichen gelegt.

    /BuildChar {              % Auf dem Stack stehen beim Aufruf von
                              % BuildChar das Font und das Zeichen.
      exch begin              % Öffne das Font.
      Basis_Font              % Besorge das Basisfont und
      100 scalefont setfont   % aktiviere es.
      dup Encoding exch get   % Hole die Tabelle und schaue nach,
      dup false eq            % ob dies ein spezielles Zeichen ist.
      { pop                   % Nein!! Es ist ein "normales" Zeichen.
        ( ) dup 0             % Lege das Zeichen in einem leeren
             4 -1 roll put    % String ab.
        dup stringwidth       % Besorge die Dickte des Zeichens
        setcharwidth          % und benutze sie für dieses Font.
        0 0 moveto            % Setze den aktuellen Punkt
        show                  % und gebe das Zeichen aus.
      }
      {                       % Ja, es ist ein spezielles Zeichen!!
        exch pop aload pop    % Hole den Inhalt des Arrays auf den
                              % Stack. In diesem Array ist das neue
                              % Zeichen beschrieben.
        3 -1 roll             % Besorge das Basiszeichen
        ( ) dup 0             % und lege es
        4 -1 roll put         % in einem String ab.
        dup stringwidth       % Besorge die Dickte des Basiszeichens
        setcharwidth          % und setze damit die aktuelle Dickte.
        0 0 moveto            % Nun positionieren und
        show                  % ausgeben.
        0 0 moveto            % Den aktuellen Punkt für den
                              % Akzent zurücksetzen.
        exch                  % Hole die Prozedur nach oben
        exec                  % und führe sie aus.
        ( ) dup 0             % Nun den Akzent in einem String
        4 -1 roll put         % ablegen und anschließend
        show                  % ausgeben.
      }
      ifelse
```

8.5.3 Spezialitäten mit Userfonts*

```
            end                 % Das war BuildChar.
          } bind def
       end

       definefont pop           % Registriere das neue Font.
     } def                      % Ende der Prozedur "Neue-Akzente".

% Nun wollen wir ein neues Font für den tschechischen Bereich anlegen.
%
/Times-Roman                    % Name des Basisfonts.
/Times-Tschech                  % Name des neuen Fonts.
[                               % Jetzt folgt die Beschreibung der
                                % neuen Zeichen.
8#321                           % Zuerst die Position im Font angeben.
[                               % Nun die Beschreibung des Zeichens.
    8#143                       % Basiszeichen (Hier c).
  {                             % Prozedur zur beliebigen Korrektur.
    6                           % Korrektur in X-Richtung.
    0                           % Korrektur in Y-Richtung.
    rmoveto                     % Korrekturwerte anwenden.
  }                             % Ende der Korrekturen.
  8#317                         % Akzent-Zeichen.
]                               % Ende der Beschreibung.
%
8#322 [ 8#156 {7 0 rmoveto } 8#317 ]     % n mit \317
8#323 [ 8#172 {0 -2 rmoveto } 8#302 ]    % y mit \302
8#324 [ 8#165 {6 0 rmoveto } 8#312 ]     % u mit \312
8#325 [ 8#162 {0 0 rmoveto } 8#317 ]     % r mit \317
8#326 [ 8#122 {10 32 rmoveto
               1 0.5 scale } 8#317 ]     % R mit \317
8#327 [ 8#105 {13 18 rmoveto } 8#317 ]   % E mit \317
8#330 [ 8#145 {6 -3 rmoveto } 8#302 ]    % e mit \302
8#331 [ 8#105 {20 18 rmoveto } 8#302 ]   % E mit \302
8#332 [ 8#144 {35 5 rmoveto } 8#047 ]    % d mit \047
8#333 [ 8#164 { 6 5 rmoveto } 8#047 ]    % t mit \047
] Neue-Akzente                  % Erzeuge nun ein neues Font.


/Times-Tschech findfont         % Suche nun das neue Font
      12 scalefont setfont      % und aktiviere es mit einem
                                % Schriftgrad von 12 Punkt.

100 500 moveto
(Nach der Aktivierung von Times-Tschech stehen die) show
100 450 moveto
(folgenden Zeichen zur Verfuegung: ) show
(\322\323\324\325\326\327\330\331\332\333) show
```

Nach der Aktivierung von Times-Tschech stehen die
folgenden Zeichen zur Verfuegung: ň ź ů ř R Ě é É ď ť

Als Hilfsroutine folgt nun ein kleines Programm zur manuellen Justage der Umlaute. Das Programm hört auf den Namen »showpair« und benötigt drei Argumente. Es sind die gleichen Einträge, die auch in dem Array zu der Prozedur »Neue-Akzente« verwendet werden; das hat den Vorteil, daß die gefundene Korrektur direkt übernommen werden kann.

```
% Programm zur manuellen Justage von Akzenten
% (c) Dipl.-Ing. Wilfried Söker, Oktober 1988
%
/xl 50 def    /yu 100 def      % Festlegung der linken unteren Kante.
/size 500 def
/delta size 100 div def
/showpair {                    % Argumente: Basiszeichen, Prozedur
                               % und Akzent.
                               % Zuerst geben wir ein Raster aus.
                               % Siehe Kapitel 3.4.3
  /Helvetica findfont 8 scalefont setfont
  xl yu moveto
  0 1 100                      % Zuerst die senkrechten Linien.
  { dup 5 mod 0 eq             % Alle 5 Linien etwas dicker zeichnen
                               % und die Position ausgeben.
    { 0.7 setlinewidth
      currentpoint             % Position merken.
      3 -1 roll
      (   ) cvs dup             % Aktuellen Index in String wandeln.
      stringwidth pop
      2 div neg -10 rmoveto
      show                     % String zentrieren und ausgeben.
      moveto                   % Zurückpositionieren.
    }
    { pop 0.1 setlinewidth }
    ifelse
    currentpoint 2 copy        % Position merken und
    transform round exch       % auf ganze Pixel runden.
    round exch itransform moveto
    0 size rlineto stroke      % Linie ziehen
    moveto                     % und zurück zur alten Position.
    delta 0 rmoveto            % Ein Stückchen weiter.
  } for

  xl yu moveto
  0 1 100                      % Dasselbe für die Waagerechten.
  { dup 5 mod 0 eq
    { 0.7 setlinewidth currentpoint
      3 -1 roll (   ) cvs dup
      stringwidth pop 3 add neg -3 rmoveto show
      moveto
    }
    { pop 0.1 setlinewidth }
    ifelse
```

8.5.3 Spezialitäten mit Userfonts*

```
            currentpoint 2 copy
            transform round exch round exch itransform moveto
            size 0 rlineto stroke
            moveto
            0 delta rmoveto
            } for

        x1 yu moveto
        % Hier wird das Basisfont definiert und gesetzt.
        /Times-Roman findfont size scalefont setfont
        x1 yu moveto
        3 -1 roll ( ) dup 0        % Hier geben wir das
        4 -1 roll put show         % Basiszeichen aus.
        x1 yu moveto
        delta dup scale            % Skalierung für die Prozedur,
        currentpoint translate     % damit wir absolut positionieren können.
        exch exec                  % Nun führen wir die
                                   % Prozedur aus und nehmen
        1 delta div dup scale      % die Skalierung zurück.
        ( ) dup 0 4 -1 roll
        put show                   % Akzentzeichen ausgeben.
        showpage
        } def                      % Ende der Definition von
                                   % "showpair".


% Es folgen einige Justageversuche.
%
% Als erstes Beispiel geben wir ein R mit einem \317 ohne Korrektur aus.
(R) 0 get { } 8#317 showpair
%
% Nun dasselbe mit einer Korrektur.
(R) 0 get { 10 15 rmoveto } 8#317 showpair
%
% Die nächste Zeile erzeugt ein R mit einem \317 in halber Höhe.
(R) 0 get { 10 40 rmoveto 1 0.5 scale } 8#317 showpair
%
% Als besondere Spezialität hier ein Zeichen aus dem Isländischen.
% Es ist das 'D' mit einem Balken.
(D) 0 get { 2 34 moveto 30 0 rlineto 3.5 setlinewidth stroke
            0 0 moveto} ( ) 0 get showpair
```

Die Ausführung des Programmes »showpair« führt zu den folgenden Ergebnissen:

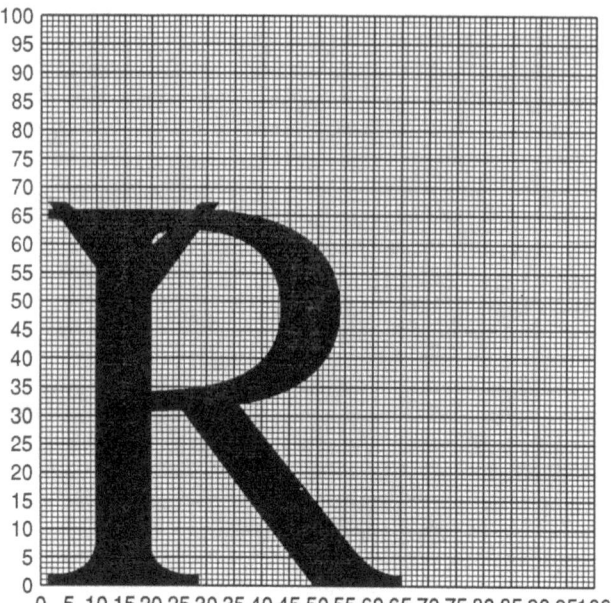

Bild 8-6: R mit ˇ ohne Korrektur

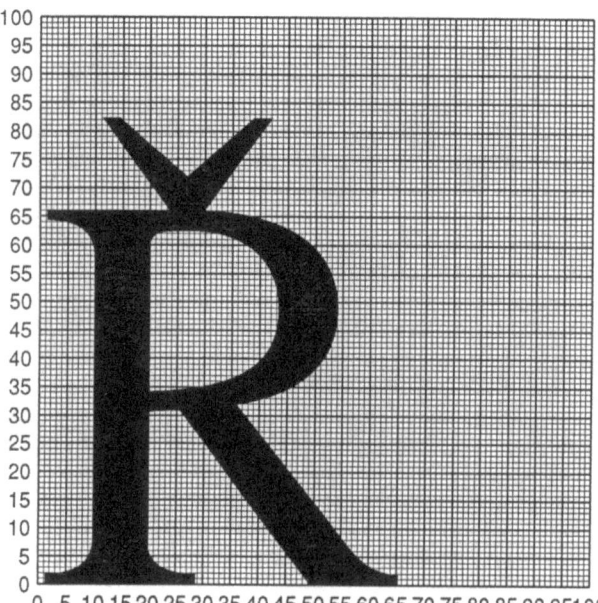

Bild 8-7: R mit ˇ mit Korrektur

8.5.3 Spezialitäten mit Userfonts*

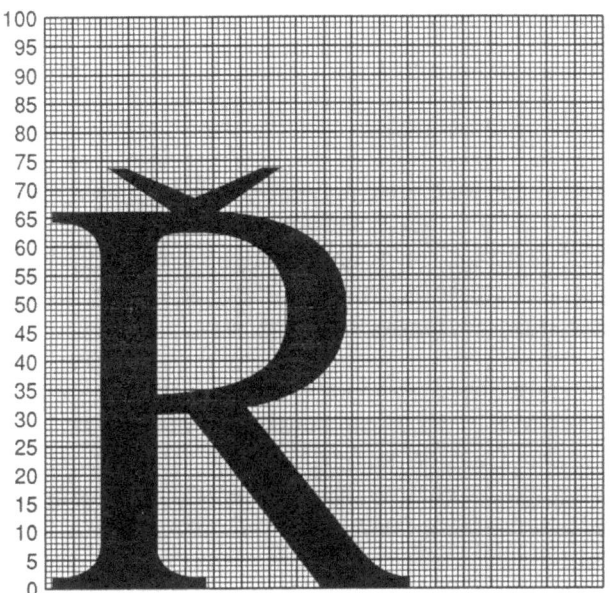

Bild 8-8: R mit ˇ in halber Höhe

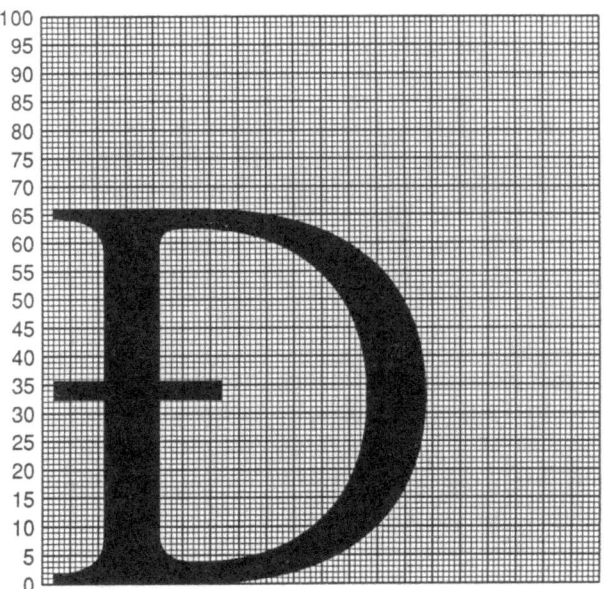

Bild 8-9: Isländisches Spezialzeichen

9 Transformationen

Das Koordinatensystem, in dem der PostScript-Anwender seine Objekte plaziert, entspricht gewöhnlich nicht dem Koordinatensystem des Ausgabegerätes. Während der Anwender seine Angaben in Picapoint tätigt, ist die Grundeinheit des Ausgabegerätes ein Pixel. Unter dem Begriff *Pixel* sind die einzelnen Punkte zu verstehen, aus denen das Ausgabebild zusammengesetzt ist.

Wenn der Benutzer beispielsweise den Befehl »100 100 moveto« eingibt, muß der Drucker die X- und Y-Position in die Pixelkoordinaten, die wir X' und Y' nennen wollen, umrechnen. Der Drucker bedient sich für seine Umrechnung einer Transformationsmatrix, die *CurrentTransformationMatrix* oder kurz *CTM* genannt wird. Die Transformationsmatrix befindet sich in einem Array, das mit sechs Zahlen gefüllt ist.

Für die normale Anwendung von PostScript ist eine Kenntnis der Transformationsmatrix nicht zwingend erforderlich. Die drei am häufigsten verwendeten Transformationsbefehle für die Verschiebung, die Skalierung und die Rotation nehmen dem Benutzer die Modifikation der *CTM* vollständig ab. Nur anspruchsvollere Anwendungen verlangen nach der direkten Einwirkung auf die *CTM*.

In der Reihenfolge der Komplexität werden im Folgenden die Translation, die Skalierung und die Rotation behandelt. Anschließend werden die Befehle behandelt, die vom Benutzer eine Kenntnis der Transformationsmatrix verlangen. Der Aufbau der Transformationsmatrix und die Anwendung der einzelnen Befehle werden ebenfalls in diesem Kapitel erläutert.

Auf den aktuellen Punkt und den aktuellen Pfad haben Transformationsbefehle keinen Einfluß. Wurde der aktuelle Punkt beispielsweise in die linke untere Ecke des Blattes gesetzt, so befindet er sich auch nach der Transformation an der gleichen Stelle. Nur die Koordinaten, die der Aufruf des Befehls »currentpoint« zurückliefern würde, sind anders, als sie es vor der Transformation gewesen wären.

9.1 Der Befehl »translate«

Eine Verlagerung des Ursprungs erfolgt durch den Befehl »translate«. Der Abstand zu dem alten Ursprung wird durch einen X- und einen Y-Wert angegeben, die als Argumente erwartet werden. Wie überall in PostScript werden von diesem Befehl nur nachfolgende Programmteile beeinflußt. Schon bearbeitete Teile werden nicht verändert. Die Wirkung des Befehls »translate« zeigt sich am besten anhand einer Graphik.

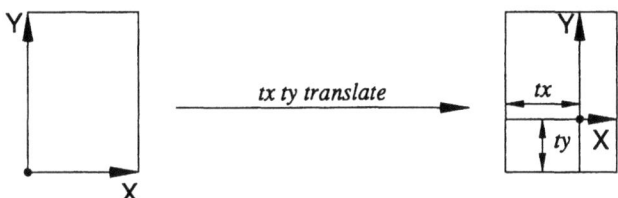

Die Wirkung des Befehls »translate« bezieht sich immer auf das aktuelle Koordinatensystem. Um die Wirkung z. B. des Befehls »100 200 translate« wieder aufzuheben, muß der Befehl »-100 -200 translate« gegeben werden, da zum Zeitpunkt des zweiten Befehls das aktuelle Koordinatensystem verschoben ist. Eine weitere Möglichkeit, die Wirkung des Befehls »translate« wieder rückgängig zu machen, besteht durch die Klammerung mit den Befehlen »gsave« und »grestore«.

Verschiebung des Ursprungs
tx ty **translate** $\Rightarrow$

Bild 9-1: Der Befehl »translate«

Beispiel

```
100  100  moveto      % 1
100  100  translate
100  100  moveto      % 2
100  100  translate
100  100  moveto      % 3
-100 100  moveto      % 4
```

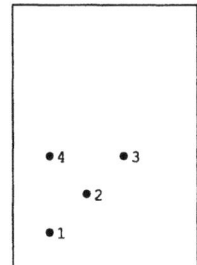

9.2 Der Befehl »scale«

Die Maßeinheit für Abstände läßt sich in X- und in Y-Richtung durch den Befehl »scale« unabhängig voneinander verändern. Entfernungen in X-Richtung werden mit dem ersten Argument und Entfernungen in Y-Richtung mit dem zweiten Argument des Befehls »scale« multipliziert. Alle folgenden Aktionen sind von der Scalierung betroffen, also auch die Größe der Fonts und Translationen.

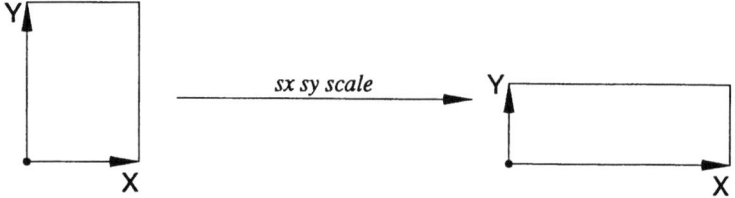

Die Scalierungsfaktoren können auch negativ sein. In diesem Fall kehrt sich die Richtung der betroffenen Koordinate um, d. h. die X-Werte wachsen nach links bzw. die Y-Werte nach unten.

Um die Wirkung der Scalierung wieder aufzuheben, muß der Befehl »scale« mit den inversen (1/Wert) Argumenten aufgerufen werden. Für eine Scalierung mit »5 2 scale« lautet die Umkehrung »0.2 0.5 scale«. Die Berechnung des Umkehrwertes kann auch vom Drucker übernommen werden. Die Umkehrung erfolgt dann mit der Sequenz »1 5 div 1 2 div scale«. Die zweite Möglichkeit, die Scalierung aufzuheben, besteht in der Verwendung von »gsave« und »grestore«.

Scalierung des Koordinatensystems
sx sy **scale** ⇒

Bild 9-2: Der Befehl »scale«

Beispiel

```
200 200 moveto      % 1
2 1 scale
100 100 rlineto     % 2
-2 2 scale
100 100 rlineto     % 3
-0.25 0.5
100 100 rlineto     % 4
stroke
```

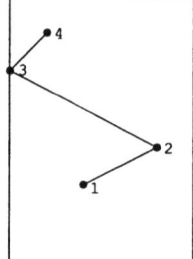

9.2 Der Befehl »scale«

Mit den Befehlen »scale« und »arc« kann man auf einfache Weise Ellipsen zeichnen.

Beispiel:
```
1 mm setlinewidth
10 1 scale
20 300 20 0 360 arc
closepath
stroke
```

An der Ellipse ist die Wirkung der Scalierung auf die Linienstärke gut zu erkennen. Um eine Ellipse mit gleichmäßig dicken Rändern zu erzeugen, muß die Scalierung vor dem Befehl »stroke« zurückgenommen werden.

Beispiel:
```
1 mm setlinewidth
10 1 scale
20 300 20 0 360 arc
closepath
0.1 1 scale
stroke
```

Aufgabe 9-1: Entwickeln Sie bitte ein Programm zur Erzeugung der abgebildeten Graphik.

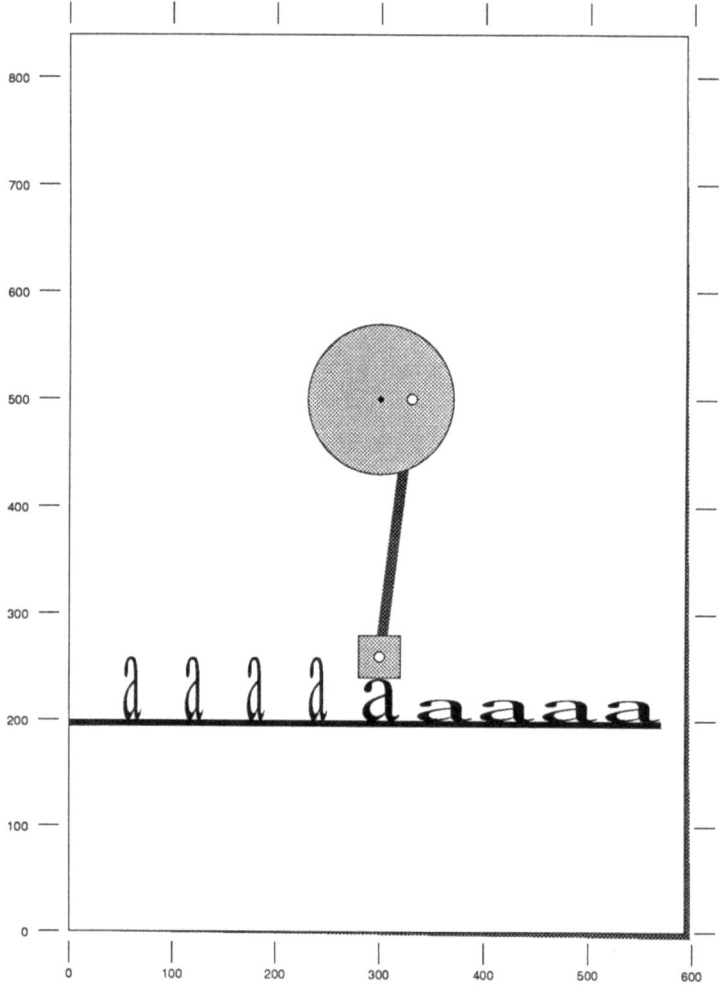

9.3 Rotation

Das gesamte Koordinatensystem läßt sich mit dem Befehl »rotate« um den Ursprung drehen. Der Winkel, der als Argument dem Befehl »rotate« voransteht, wird in mathematisch positivem Drehsinn, d. h. gegen den Uhrzeiger, ausgewertet. Soll in die andere Richtung gedreht werden, muß man einen negativen Winkel angeben.

Ähnlich wie bei dem Befehl »translate« wird eine Rotation entweder durch einen identischen, aber negativen Winkel und dem Befehl »rotate«, oder aber mit einer Schachtelung mittels »gsave« und »grestore« wieder aufgehoben.

Drehung des Koordinatensystems
Winkel **rotate** ⇒

Bild 9-3: Der Befehl »rotate«

Die Wirkung des Befehls »rotate« soll an zwei Beispielen erläutert werden.
Erstes Beispiel:
```
/Helvetica findfont 18 scalefont setfont
100 100 moveto
(Gerade  ) show
45 rotate
2 1 scale
(Quer) show0.5 1 scale
-45 rotate
( Gerade) show
```

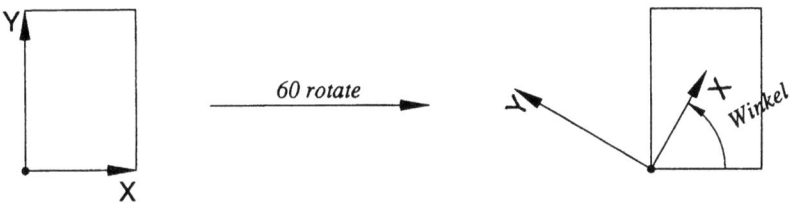

Zweites Beispiel:
```
% In diesem Beispiel soll ein Text in einem Halbkreis ausgegeben
% werden. Der Startpunkt ist 90 Grad rotiert. Die Drehung wird
% durch schrittweise Rotation nach jedem Zeichen erreicht.
% Der Winkel dieser Rotation ergibt sich aus dem Gesamtwinkel
% (180 Grad) dividiert durch die Anzahl der Zeichen minus 1.
% Die Drehung soll mit einer Prozedur erzeugt werden, die /Halb-show
% heißt und als Argument einen String übergeben bekommt.
% Als Font bitte möglichst eine dicktengleiche Schrift nehmen.
```

```
/Halb-show {          % Als Argument wird ein String erwartet.
   /str exch def      % »exch« bringt den Namen und den String,
                      % der zu diesem Zeitpunkt auf dem Stack steht,
                      % in die richtige Reihenfolge für das »def«.
   /Winkel            % Name für die Drehung.
   180                % Winkel eines Halbkreises.
   str length         % Anzahl der Zeichen im String
   1 sub              % minus eins.
   dup 2 lt           % Ist der String zu kurz zum Drehen?
   {str zu klein}     % Ja; mit Fehlermeldung abbrechen.
   if                 % Abfrage auswerten.
   div                % 180 / (Stringlänge - 1)
   neg                % Rechtsherum drehen (mathematisch negativ).
   def                % Den errechneten Wert dem Namen Winkel zuweisen.
   gsave              % Graphischen Zustand retten.
   90 rotate          % In die Ausgangsposition für das erste Zeichen.
                      % Nun wird der String zeichenweise ausgegeben.
   str                % Argument für den Befehl »forall«.
   {                  % Beginn der »forall«-Prozedur.
      ( )             % In diesen String legen wir das Zeichen ab, das
                      % durch »forall« auf dem Stack steht.
      dup             % Das »dup« ist nötig, weil »show« einen
                      % String benötigt.
      0               % Index für das folgende »put«.
      4 -1 roll       % Damit »( ) 0 Zeichen« auf dem Stack steht.
      put             % Zeichen in String ablegen
      show            % und ausgeben.
      Winkel rotate   % Für das nächste Zeichen.
   } forall           % Mit jedem Zeichen aus »str«.
   grestore           % Koordinatensystem restaurieren.
} def                 % Das war die Prozedur »Halb-show«.

100 100 moveto        % Startposition
(Nun drehen wir uns im Kreis!) Halb-show
```

Aufgrund der Komplexität des letzten Beispiels soll ein Stackdiagramm die Aktionen von »Halb-show« verdeutlichen. Es beginnt mit dem Aufruf der Prozedur »Halb-show« in der letzten Zeile.

(Nun drehen ..) ⌐(Nun drehen ..)⌐ Halb-show

9.3 Rotation

Die Prozedur »Halb-show« wird ausgeführt.

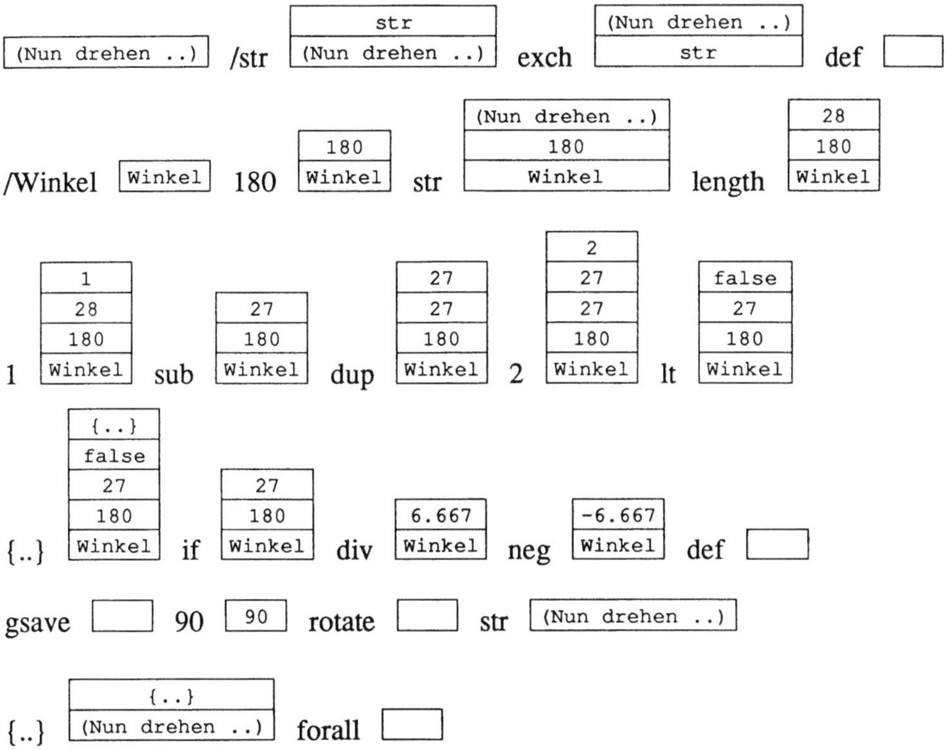

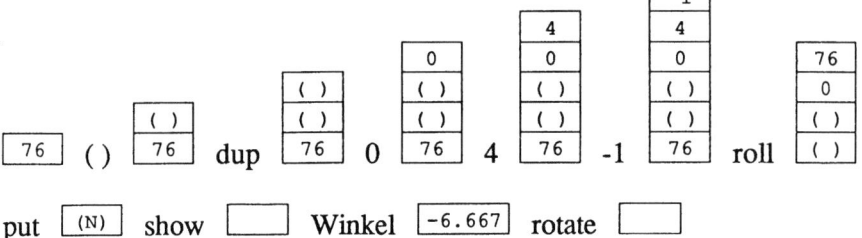

Durch den Befehl »forall« wird die Prozedur mit jedem Zeichen des Strings ausgeführt.

Der erste Buchstabe ist bearbeitet und ausgegeben worden. Mit den restlichen Buchstaben des Strings »str« wird in identischer Weise verfahren.

Aufgabe 9-2: Lassen Sie mit den Befehlen »rotate« und »translate« einen Text um einen Mittelpunkt rotieren.

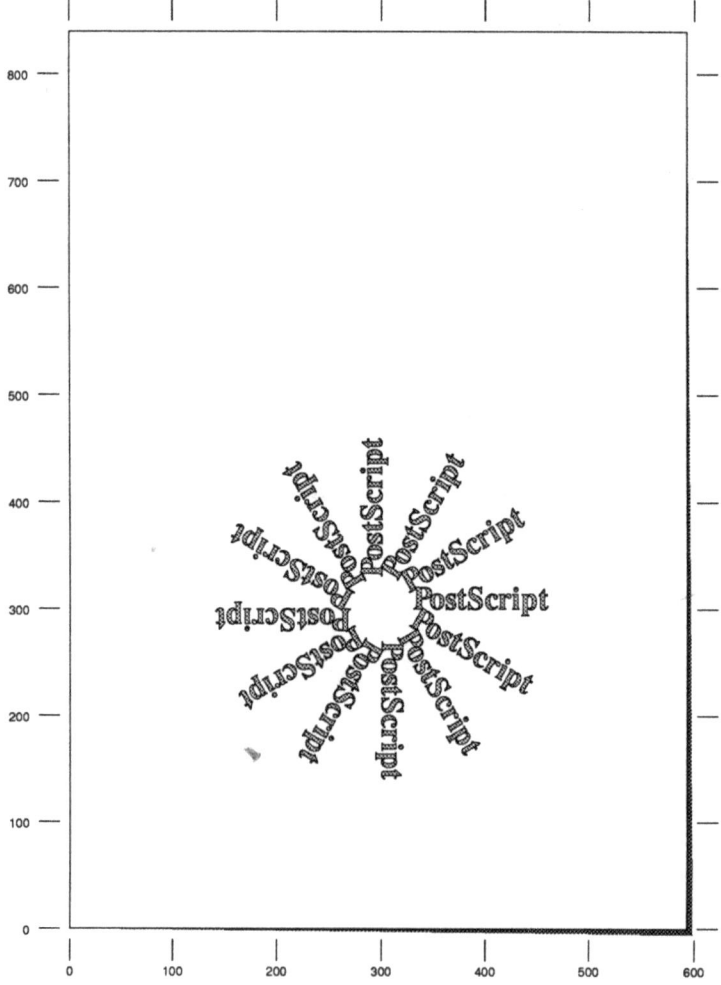

9.4 Der Aufbau der Transformationsmatrix*

Die Umrechnung der Weltkoordinaten (engl. *userspace*) X und Y in die Gerätekoordinaten (engl. *devicespace*) X' und Y' erfolgt durch die aktuelle Transformationsmatrix (engl. *currenttransformationmatrix*), die kurz *CTM* genannt wird.

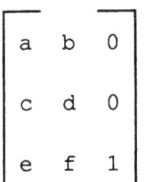

Bild 9-4: *Transformationsmatrix*

Von dieser Transformationsmatrix werden in PostScript nur die ersten beiden Spalten verwendet, während die dritte Spalte konstant bleibt. Diese sechs Zahlen werden in einem Array abgelegt und in PostScript als Transformationsmatrix verwendet.

[a b c d e f]

In der angegebenen abstrakten Schreibweise entspricht jeder Buchstabe einer Zahl. Die Berechnung der Gerätekoordinaten X' und Y' erfolgt nun nach den folgenden zwei Formeln, wobei die Weltkoordinaten durch X und Y repräsentiert sind.

```
X' = a · X + c · Y + e
Y' = b · X + d · Y + f
```

Auch die schon behandelten Transformationsbefehle für Translation, Rotation und Scalierung werden zuerst in eine Transformationsmatrix gewandelt, die dann mit der aktuellen Transformationsmatrix *CTM* multipliziert wird. Auf die Regeln für die Matrixenmultiplikation soll hier nicht eingegangen werden, da das den Rahmen des Buches sprengen würde. Bei Bedarf finden Sie sie in jedem Buch über die Grundlagen der graphischen Datenverarbeitung. Einige Standardwerke sind im Literaturverzeichnis im Anhang C aufgeführt.

Die bei den Transformationsbefehlen gebildeten Matrixen sehen wie folgt aus:

$$\begin{bmatrix} 1 & 0 & 0 \\ 0 & 1 & 0 \\ tx & ty & 1 \end{bmatrix} \qquad \begin{bmatrix} sx & 0 & 0 \\ 0 & sy & 0 \\ 0 & 0 & 1 \end{bmatrix}$$

Bild 9-5: Translationsmatrix   *Bild 9-6: Scalierungsmatrix*

$$\begin{bmatrix} \cos W & \sin W & 0 \\ -\sin W & \cos W & 0 \\ 0 & 0 & 1 \end{bmatrix}$$

Bild 9-7: Rotationsmatrix für den Winkel W

Durch die direkte Angabe der gewünschten Transformation läßt sich zusätzlich zu den bereits behandelten Transformationen eine Schrägstellung der Objekte erreichen. Die direkte Angabe einer Transformationsmatrix zur Multiplikation mit der *CTM* erfolgt mit dem Befehl »concat«. Als Argument erwartet der Befehl »concat« ein Array mit sechs Zahlen.

Direkte Transformation

    Transformationsmatrix **concat** $\Rightarrow$

Bild 9-8: Der Befehl »concat«

Anhand einiger Beispiele soll die Wirkung auf ein Viereck gezeigt werden. Innerhalb des Vierecks befindet sich der Buchstabe »k«, um zu zeigen, daß sich die Transformationsbefehle natürlich auf alle PostScript-Objekte beziehen.

    [1 0 0 0.5 0 0] concat

9.4 Der Aufbau der Transformationsmatrix*

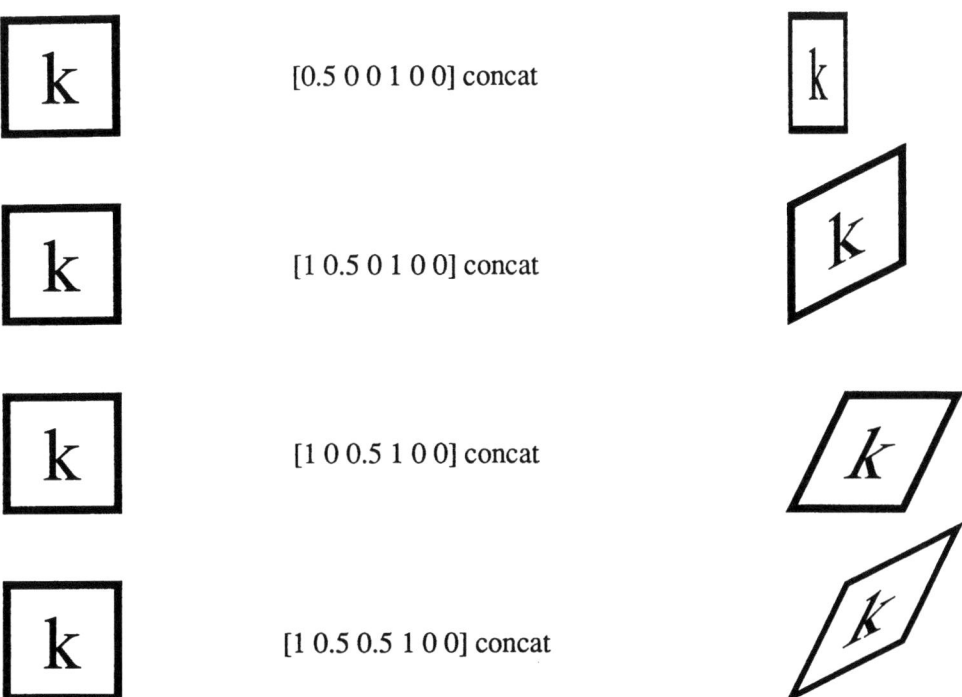

Bei der Angabe der Transformation muß darauf geachtet werden, daß die Werte an den Stellen »a« und »c« bzw. »b« und »d« niemals gleichzeitig den Wert 0 annehmen dürfen. Sollte ein PostScript-Programm mit der Fehlermeldung »undefined result« abbrechen, ist eine solche fehlerhafte Transformation häufig die Ursache.

Neben den bisher behandelten Transformationsbefehlen gibt es noch eine Reihe von Befehlen, die weitergehende Operationen unterstützen. Die bekannten Befehle »translate«, »scale» und »rotate« erlauben die Angabe einer leeren Matrix als zusätzliches Argument, in der dann die dem Befehl entsprechende Transformation abgelegt wird. Die gefüllte Matrix befindet sich anschließend auf dem Stack.

Der Befehl »identmatrix« legt eine Identitätsmatrix in das als Argument erwartete Array auf dem Stack ab. Unter dem Begriff Identitätsmatrix versteht man eine Matrix, die bei einer Transformation keine Veränderungen hervorruft.

Translationsmatrix	
	tx ty Matrix **translate** ⇒ *Matrix*
Scalierungsmatrix	
	sx sy Matrix **scale** ⇒ *Matrix*
Rotationsmatrix	
	Winkel Matrix **rotate** ⇒ *Matrix*
Leere Matrix erzeugen	
	matrix ⇒ *Matrix*
Identitätsmatrix	
	Matrix **identmatrix** ⇒ *Matrix*
Standardmatrix	
	Matrix **defaultmatrix** ⇒ *Matrix*
Aktuelle Matrix	
	Matrix **currentmatrix** ⇒ *Matrix*
Matrizenmultiplikation	
	Matrix1 Matrix2 Matrix3 **concatmatrix** ⇒ *Matrix3*
Matrizeninversion	
	Matrix1 Matrix2 **invertmatrix** ⇒ *Matrix2*
Matrix installieren	
	Matrix **setmatrix** ⇒

Bild 9-9: Transformationsbefehle mit Matrizen

Ein neue, leere, d. h. mit der Identitätsmatrix gefüllte Matrix erhält man mit dem Befehl »matrix«.

Jedes Ausgabegerät hat eine spezielle Standard-Transformation, mit der die Einheit Picapoint auf die Gerätekoordinaten umgerechnet wird. Diese Matrix legt der Befehl »defaultmatrix« in einem Array auf dem Stack ab. Das Array muß als Argument mitgegeben werden. Die aktuelle Transformationsmatrix erhält man nach dem gleichen Schema mit dem Befehl »currentmatrix«.

Die Multiplikation zweier Matrizen führt der Befehl »concatmatrix« durch. Die beiden zu multiplizierenden Matrizen sind die ersten beiden Argumente dieses Befehls. Das dritte Argument ist die Matrix, in der das Ergebnis abgespeichert werden soll. Nach der Ausführung wird die Ergebnismatrix auf dem Stack abgelegt.

Die Inversion einer Matrix erreicht man mit dem Befehl »invertmatrix«. Die zu invertierende Matrix ist das erste und die Ergebnismatrix das zweite Argument für den Befehl. Die Ergebnismatrix wird nach der Inversion auf dem Stack zurückgelassen.

Schließlich kann mit dem Befehl »setmatrix« eine Matrix als aktuelle Matrix übernommen werden.

9.5 Die Befehle »transform« und »itransform«

Die Umrechnung von Welt- in Gerätekoordinaten erfolgt normalerweise automatisch. Es gibt aber auch die Möglichkeit, sich ein Koordinatenpaar in Gerätekoordinaten umrechnen zu lassen. Der Befehl, der dies ermöglicht, heißt »transform«. Er erwartet die X- und die Y-Koordinate auf dem Stack und legt auch auf diesem die Gerätekoordinaten X' und Y' ab. Die umgekehrte Richtung von Geräte- in Weltkoordinaten berechnet der Befehl »itransform«, der in der gleichen Weise arbeitet.

Beide Befehle gibt es in einer Variante, in der die relative Abstände in Geräte- bzw. Weltkoordinaten umzurechnen werden können. Sie heißen »dtransform« und »idtransform« und benötigen zwei Zahlen als Argumente. Das Ergebnis der Transformation, zwei Zahlen, befindet sich natürlich auf dem Stack.

Obwohl diese direkten Transformationsbefehle auf den ersten Blick nur akademischen Wert besitzen, erlauben sie einige sehr wichtige Verbessserungen der graphischen Qualität von PostScript-Ausgaben.

Wenn Sie sich das Gitter, das Sie in Aufgabe 3-4 erzeugt haben, genau ansehen, wird in den allermeisten Fällen eine sporadische Abweichung der Linienstärke zu beobachten sein. Dieser Effekt liegt darin begründet, daß die ideale Mittellinie manchmal zwischen zwei Pixeln liegt und manchmal einen Pixel exakt trifft.

Da das Ausgabegerät aber keine halben Pixel ansprechen kann, werden zwischen den Pixeln liegende Werte gerundet. In Bild 9-10 ist zu erkennen, wie die zweite Linie, die zwischen den Pixeln beginnt, durch die Rundung auf beiden Seiten jeweils um einen halben Pixel verbreitert wird. Obwohl mit der gleichen Liniendicke ausgegeben, ist die erste der beiden Linien drei Pixel dick, die zweite aber vier Pixel.

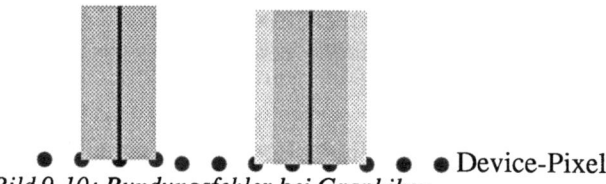

Bild 9-10: Rundungsfehler bei Graphiken

Solche Rundungsfehler lassen sich ermeiden, indem man dafür sorgt, daß die Mittellinie immer genau auf ein Pixel trifft. Erreicht wird dies durch das Justieren der Welt-Koordinaten auf ganze Geräte-Koordinaten.

Beispiel:

```
100 200 moveto
300 0 rlineto
stroke
```

Der Startpunkt (100,200) soll nun justiert werden. Dazu wird er in Geräte-Koordinaten umgerechnet, gerundet und wieder in Welt-Koordinaten zurückgerechnet.

```
100 200
  transform             % Umrechnen in Geräte-Koordinaten,
  round exch round exch % runden
  itransform            % und in Welt-Koordinaten zurückwandeln.
moveto
300 0 rlineto
stroke
```

9.5 Die Befehle »transform« und »itransform«

Das Stackdiagramm der Umrechnung sieht bei einem 300 dpi Laserdrucker wie folgt aus:

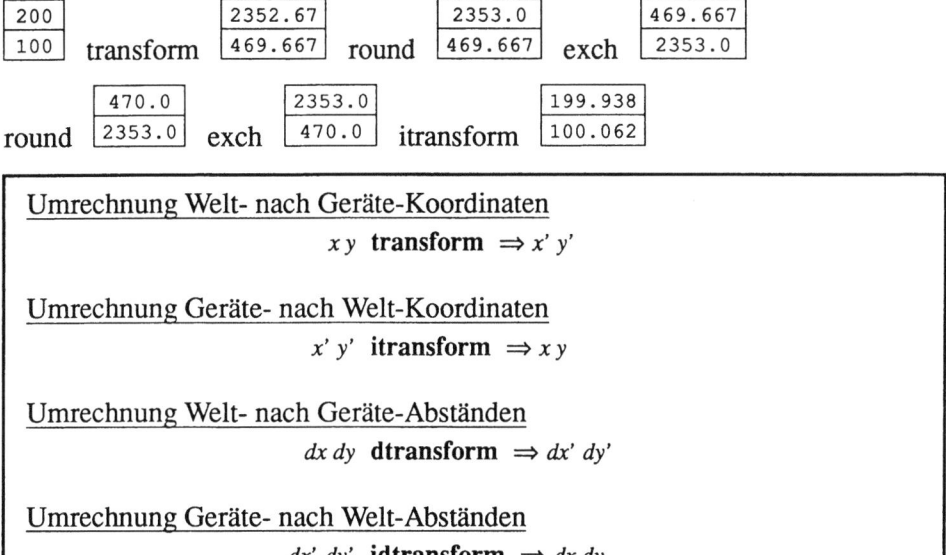

Bild 9-11: Koordinatentransformationen

Aufgabe 9-3: Korrigieren Sie Ihre Lösung zur Aufgabe 3-4 dergestalt, daß alle Linien exakt die gleiche Linienstärke besitzen.

9.6 Transformation eines Fonts

Während die Transformationsbefehle immer auf alle graphischen Objekte, also auch auf Fonts wirken, gibt es die Möglichkeit, Transformationen ausschließlich auf Fonts wirken zu lassen. Hierzu dienen zwei Befehle, »scalefont« und »makefont«.

Der Befehl »scalefont« wurde bereits eingeführt und dient der gleichförmigen Skalierung in X- und Y-Richtung. Wesentlich mehr Freiheitsgrade bietet der Befehl »makefont«, der das Font anhand einer vollständigen Transformationsmatrix manipuliert.

Die Anwendung und die Wirkung des Befehls »makefont« läßt sich am besten anhand einiger Beispiele zeigen.

/Times-Roman findfont [10 0 0 10 0 0] makefont setfont (Normal) show
Normal

/Times-Roman findfont [10 0 0 6 0 0] makefont setfont (Schmal) show
Schmal

/Times-Roman findfont [5 0 0 10 0 0] makefont setfont (Breit) show
Breit

/Times-Roman findfont [10 0 1 10 0 0] makefont setfont (Italic) show
Italic

Fonttransformation
font matrix **makefont** $\Rightarrow$ *font*

Bild 9-12: Fonttransformation

10 Clipping

Unter dem Begriff »Clipping« versteht man das Ausblenden eines Teiles der Seite durch eine Maske. Die Aktivierung einer »Clipping«-Maske hat nur auf die folgenden Teile des PostScript-Programmes Einfluß. Das bedeutet, daß erst die Maske definiert werden muß und danach die Graphik, die an dieser Maske geclippt werden soll.

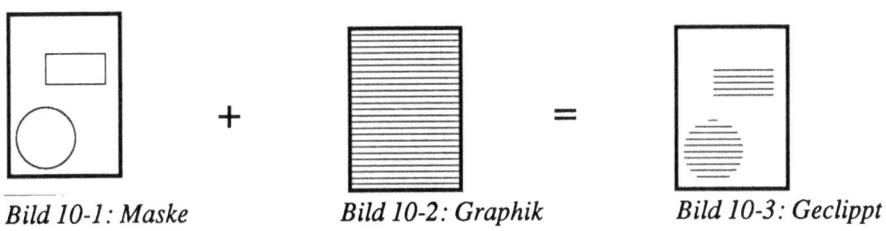

Bild 10-1: Maske   *Bild 10-2: Graphik*   *Bild 10-3: Geclippt*

In PostScript ist das Clipping auf einfache, aber wirkungsvolle Weise gelöst. Zuerst wird die Maske durch beliebige Graphikbefehle erzeugt (Bild 10-1). Dieser Aktuelle Pfad wird nun durch den Befehl "clip" als aktueller Clippingpfad übernommen. Ab diesem Zeitpunkt werden nur noch die Bereiche verändert, die schwarz geworden wären, falls statt des Befehls "clip" der Befehl "fill" gestanden hätte. Folgen nach einer Definition des Clippingpfades wie in Bild 10-1 einige Liniebefehle, die normalerweise ein Muster wie in Bild 10-2 erzeugen würden, so ist das Ergebnis das Bild 10-3.

Wie beim Füllen wird standardmäßig die »Non-Zero-Winding-Rule« angewendet (siehe Kapitel 4.3). Um zur Auswertung die »Even-Odd-Rule« heranzuziehen, wird statt des Befehls »clip« die Variante »eoclip« verwendet.

Clipping nach der »Non-Zero-Winding-Rule«
clip ⇒
Clipping nach der »Even-Odd-Rule«
eoclip ⇒

Bild 10-4: Die Befehle »clip« und »eoclip«

Im Gegensatz zu den Befehlen »fill« und »stroke« werden durch den Befehl »clip« der aktuelle Pfad und der aktuelle Punkt nicht gelöscht. Der Bereich des Clippings kann also nach der Aktivierung des Clippingpfades durch den Befehl »stroke« umrandet werden. Ist eine solche Umrandung nicht erwünscht, sollte der aktuelle Pfad durch den Befehl »newpath« gelöscht werden, da ansonsten die nachfolgenden Befehle »fill« und »stroke« diesen Pfad mit in ihre Auswertung einbeziehen würden.

Beispiel:

```
300 300 200 0 360 arc
clip
10 setlinewidth
stroke
300 500 200 0 360 arc
0.5 setgray
fill
```

Aufgabe 10-1: Welche Linienstärke hat die Umrandung des Clippingpfades in dem letzten Beispiel?

Eine weitere besondere Eigenschaft des Clippings ist die Verknüpfung des aktuellen Clippingpfades mit dem neuen Clippingpfad. Das Ergebnis der Verknüpfung ist die Schnittmenge beider Pfade oder anders ausgedrückt, der neue Clippingpfad wird vor seiner Aktivierung an dem aktuellen Clippingpfad geclippt. Das bedeutet, daß der Bereich des Clippings immer nur kleiner werden kann. Um nach einem Clipping wieder auf den vorherigen Clippingpfad zurückzukommen, rettet man den alten Zustand vor dem Clipping mit »gsave«. Nach dem Befehl »grestore« ist der Clippingpfad wieder der alte.

Bei Beginn einer Seite entspricht der Clippingpfad der Umrandung der Seite. Aus diesem Grund stört es den Drucker in keiner Weise, wenn die Koordinaten von Befehlen außerhalb der Seite liegen. Sie werden einfach abgeschnitten.

10 Clipping

Beispiel:

```
gsave
300 300 200 0 360 arc
10 setlinewidth
clip stroke
300 500 200 0 360 arc
20 setlinewidth
clip stroke
200 400 150 0 360 arc
0.5 setgray
fill
grestore
200 400 150 0 360 arc
5 setlinewidth
stroke
```

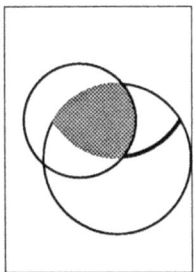

TIP: Leider ist bei den meisten Implementationen von PostScript das Clipping sehr zeitaufwendig. Um zumindest beim anfänglichen Design der Seite Zeit zu sparen, sollten Sie den Befehl »clip« wie folgt umdefinieren:

```
/clip {gsave 2 setlinewidth 0 setgray stroke grestore } def
```

Wenn dann Ihr Layout vollständig steht, aktivieren Sie das Clipping, indem Sie vor der Umdefinition ein Prozentzeichen einfügen.

```
% /clip {gsave 2 setlinewidth 0 setgray stroke grestore } def
```

Aufgabe 10-2: Die Aufgabe 7-2 soll so modifiziert werden, daß sie dem unten angegebenen Muster entspricht. Beachten Sie bitte den Versatz der einzelnen Zeilen.

10 Clipping

Aufgabe 10-3: Auch an Zeichen kann man clippen.

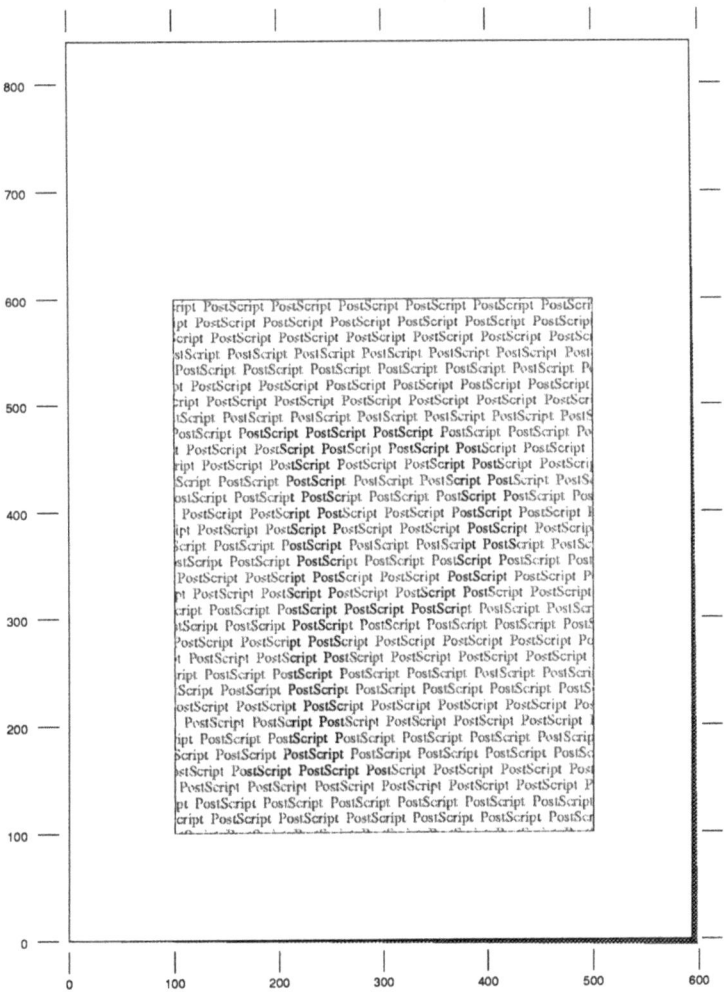

11 Bildverarbeitung

Neben Text und Liniengraphik sind Bilder (images) das dritte graphische Grundelement in PostScript. Das Bild stammt häufig aus einem Scanner, einem Gerät, mit dem man Bilder in eine für den Computer verständliche Form umsetzen kann. Eine weitere Quelle für Bilder sind Programme, die als Ausgabe einen Strom von Bilddaten erzeugen.

11.1 Aufbau des Bildes

Bilder bestehen aus einzelnen Bildpunkten, die »Pels« genannt werden. Der Begriff »Pel« stammt aus dem Englischen und steht für »Picture Element« (Bildelement). Das Bild hat immer eine rechteckige Form mit meist mehreren Zeilen zu je mehreren Pels.

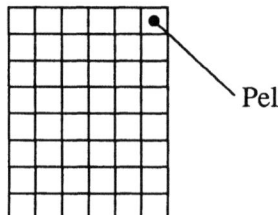

Bild 11-1: Bildaufbau

Jedem Pel ist ein Wert für seine Helligkeit zugeordnet. Der Bereich, in dem dieser Wert angegeben werden kann, wird von der Breite des Pels bestimmt. Erlaubt sind 1, 2, 4 oder 8 Bits, was 2, 4, 16 bzw. 256 möglichen Graustufen entspricht. Da die Daten immer byteweise organisiert sind, werden bei einer Breite des Pels von weniger als 8 Bits mehrere Pels in einem Byte zusammengefaßt. Die Breite des Pels, die Anzahl der Pels je Byte und die möglichen Graustufen eines Pels sind fest miteinander verbunden und für ein Bild auf einen bestimmten Wert festgelegt.

11.1 Aufbau des Bildes

Breite des Pels in Bits	Pels je Byte	Mögliche Grauwerte
1	8	2
2	4	4
4	2	16
8	1	256

Anhand eines festgelegten Datensatzes, bestehend aus vier Bytes, soll die Auswirkung bei der Interpretation mit allen möglichen Pel-Breiten gezeigt werden.

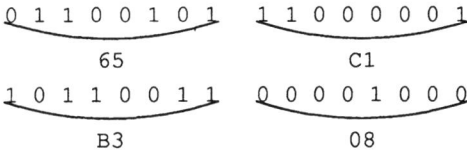

Je nach Interpretation der Daten mit unterschiedlicher Anzahl Bits je Pel ergeben sich folgende Bilder:

1 Bit je Pel

2 Bits je Pel

4 Bits je Pel

8 Bits je Pel

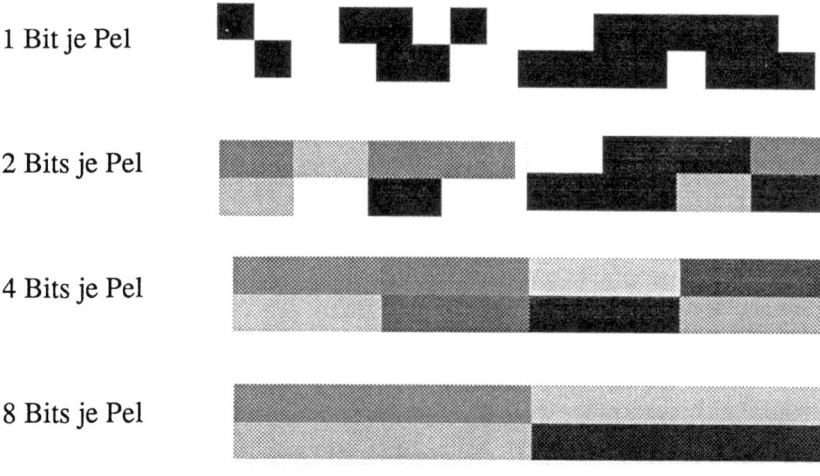

11.2 Der Befehl »image«

Zur Verarbeitung von Bildern sind fünf Schritte notwendig:

1. Graphischen Status retten (gsave).
2. Bild positionieren (translate).
3. Größe des Bildes festlegen (scale).
4. Bild einlesen und verarbeiten (image).
5. Graphischen Status zurückholen (grestore).

Bis auf den Befehl »image« wurden alle benötigten Befehle in den vorangegangenen Kapiteln behandelt. Der Befehl »image« ist in der Lage, Bilddaten in ein Bild umzuwandeln. Die linke untere Kante des umgewandelten Bildes liegt immer im Ursprung des Koordinatensystems. Aus diesem Grund erfolgt die Positionierung des Bildes mit dem Befehl »translate«, der den Ursprung verschiebt.

Bildverarbeitung

Breite Höhe Bits/Pel [TM] Prozedur **image** $\Rightarrow$

Bild 11-2: Der Befehl »image«

Der Befehl »image« benötigt fünf Argumente. Die ersten drei Argumente sind die Breite des Bildes in Pels, die Höhe des Bildes ebenfalls in Pels und die Anzahl der Bits je Pel.

Als weiterer Parameter wird eine Transformationsmatrix erwartet. Die Aufgabe der Transformationsmatrix ist hier, dafür zu sorgen, daß das eingelesene Bild 1x1 Punkt groß wird. Die wirkliche Größe hängt dann nur noch von dem Befehl »scale« ab, der sehr einfach zu handhaben ist.

Bilder sind immer entweder von oben nach unten oder von unten nach oben aufgebaut. Die Richtung und die Ausmaße des Bildes in Pels bestimmen die Transformationsmatrix. Wenn das eingehende Bild von unten nach oben aufgebaut ist, hat die Transformationsmatrix folgenden Inhalt:

```
[ Breite 0 0 Höhe 0 0 ]
```

11.2 Der Befehl »image«

Bei Bildaufbau von oben nach unten sieht sie wie folgt aus:

[Breite 0 0 -(Höhe) 0 Höhe]

Die Höhe und Breite wird in Pels angegeben.

Der letzte Parameter des Befehls »image« ist eine Prozedur, die die Bilddaten beschaffen soll. Dieser Prozedur obliegt es, die Daten aus einer Quelle zu entnehmen und mundgerecht aufzubereiten. Als Ergebnis soll diese Prozedur einen String auf dem Stack hinterlassen, der die Bilddaten beinhaltet. In diesem String wird jedes Zeichen als ein Byte interpretiert, das ein oder mehrere Pels enthält.

Falls festgestellt wird, daß die Daten in dem String nicht ausreichen, wird die Prozedur erneut aufgerufen. Dies wiederholt sich so oft, bis genügend Daten vorhanden sind, oder ein String der Länge 0 aus der Prozedur hervortritt. Der letztere Fall dient dem Abbruch der Einleseprozedur, falls erkannt wird, daß keine Daten mehr vorhanden sind. Dieser Fall sollte normalerweise aber nicht eintreten.

In den meisten Fällen werden die Daten direkt nach dem Befehl »image« als hexadezimaler Datenstrom übertragen. Sie strömen also auf dem gleichen Kanal wie das Programm herein. Die Prozedur muß demzufolge Hexadezimalzahlen von dem Eingabekanal einlesen und in einen String mit Binärdaten konvertieren. Es gibt einen Befehl in PostScript, der eine solche Aufgabe selbsttätig lösen kann. Er heißt »readhexstring« und erwartet als Parameter den Einlesekanal und einen String, in den er die konvertierten Daten ablegen kann.

Hexadezimale Daten einlesen
File String **readhexstring** ⇒ *String Boolean*
Aktuellen Einlesestrom nennen
currentfile ⇒ *File*

Bild 11-3: Die Befehle »readhexstring« und »currentfile«

Das erste Argument des Befehl »readhexstring« ist vom Typ »file«. Mit einem »File« wird ein Datenstrom bezeichnet. Der einzige Datenstrom, der uns hier interessiert, ist der Datenstrom, auf dem das Programm in den Drucker fließt. Diesen kann man sich mit dem Befehl »currentfile« besorgen. In Kapitel 12 werden Objekte vom Typ »file« ausführlich erläutert werden.

An einem kurzen Beispielprogramm soll die Zusammenarbeit der beiden Befehle »currentfile« und »readhexstring« demonstriert werden.

```
/str 10 string def        % Hier sollen die Daten landen
% Die folgende Zeile wandelt die Daten in der darauffolgenden
% Zeile in einen String um.
currentfile str readhexstring
11 23 46 a1 b3 45 00 ff 1b e2
% An dieser Stelle stehen nun ein String mit zehn Elementen und
% ein logischer Wert auf dem Stack (siehe Text).
```

Der Befehl »readhexstring« sieht sich die einlaufenden Daten an und wandelt sie, soweit sie hexadezimale Zahlen sind, in binäre Daten für den String um. Sehr wichtig ist hier, daß Daten, die keine hexadezimalen Zahlen darstellen, ignoriert werden. Das bedeutet, daß im Fall von fehlerhaften Daten, möglicherweise verursacht durch Übertragungsprobleme, oder falls zuwenig Daten geschickt werden, der Befehl »readhexstring« den nachfolgenden Text, also das weitere PostScript-Programm, als hexadezimale Daten interpretieren wird! Um diesem *Kannibalismus* vorzubeugen, sollte die Länge des Strings, der von dem Befehl »readhexstring« erwartet wird, anhand der nachfolgenden Formel errechnet werden.

$$\frac{\text{Bildbreite(Pels)} * \text{Bits je Pel} + 7}{8 \text{ (ohne Rest dividiert)}}$$

Bild 11-4: Berechnung einer sicheren Stringlänge

Beipiel:
```
Gegeben sind folgende Werte:
Bildbreite = 53 Pels
Bits je Pel = 2
Daraus folgt:
```

$$\frac{53 * 2 + 7}{8 \text{ (ohne Rest)}} = 14$$

Nach dem Aufruf von »readhexstring« stehen auf dem Stack der gefüllte String und ein logischer Wert, der angibt, ob das Einlesen fehlerfrei funktioniert hat. Wenn der Wert »false« ist, wurde das Ende des Einlesestroms erreicht und der String ist leer. Dieser Wert wird beim Einlesen von Bildern ignoriert, da der Befehl »image« anhand eines leeren Strings erkennt, daß das Einlesen der Daten abgebrochen werden soll.

11.2 Der Befehl »image«

Anhand eines Beispiels soll die Anwendung des Befehls »image« im Zusammenhang gezeigt werden. Gegeben sind die folgenden Informationen über den Bildaufbau:

- Das Bild hat vier Graustufen.
- Es besteht aus 12 Zeilen.
- In jeder Zeile sind 20 Pels zu finden.
- Die linke untere Kante soll sich bei x=100 und y=250 befinden.
- Das Bild soll 343,24 Punkt breit und 192,123 Punkt hoch sein.
- Die Daten sind hexadezimale Zahlen
- und kommen über den Eingabekanal.

Das Programm hierzu muß wie folgt aussehen:

```
/Bildbreite 20 def
/Bildhoehe 12 def
/Bits-je-Pel 2 def         % Entspricht 4 Graustufen.
/str                       % Name des Einlesestrings.
   Bildbreite Bits-je-Pel mul   % Zähler nach Bild 11-4 ohne
   7 add 8 idiv            % Rest durch 8 dividiert,
   string                  % entsprechend langen String
   def                     % angelegt und zugewiesen.
gsave                      % Rette den aktuellen Zustand.
100 250 translate          % Linke untere Kante des Bildes.
343.24 192.123 scale       % Angestrebte Größe des Bildes.
Bildbreite Bildhoehe Bits-je-Pel % Ausmaße des Bildes in Pels.
[Bildbreite 0 0 Bildhoehe neg  % Das Bild ist von oben nach
                0 Bildhoehe]   % unten aufgebaut.
{currentfile str           % Die Bilddaten dem aktuellen
 readhexstring pop}        % Einlesestrom entnehmen.
image
ff ff ff ff ff
ff ff ff ff ff
ff ff bf ff ff
fd 55 55 55 ff
fd 55 55 55 ff
fd 55 55 55 ff
fd 55 55 55 ff
ff aa aa ab ff
ff af be fb ff
ff af be fb ff
ff aa be ab ff
00 00 00 00 00
grestore                   % Transformationen zurücksetzen
```

Das Ergebnis des vorstehenden Programmes ist in Bild 11-5 dargestellt:

Bild 11-5: Beispiel

11.3 Der Befehl »imagemask«

Sehr ähnlich wie der Befehl »image« arbeitet der Befehl »imagemask«. Der wesentliche Unterschied zwischen den beiden ist, daß der Befehl »imagemask« nur Bilder mit einem Bit je Pel akzeptiert und die Bits in einem Zustand mit dem aktuellen Grauwert gezeichnet werden. Die Bits in dem anderen Zustand werden übersprungen, d. h. man sieht hier den Hintergrund. Daher kommt auch der Begriff *Maske* im Namen »imagemask«.

Ob die Bits mit dem Wert 1 gezeichnet und die mit dem Wert 0 übersprungen werden oder umgekehrt, läßt sich mit dem dritten Argument festlegen. Es ist ein logischer Wert, der entweder »true« oder »false« sein kann. Ist der Wert »true«, werden die Bits mit dem Wert 1 gezeichnet, ist er »false«, die mit dem Wert 0. Alle anderen vier Argumente sind identisch mit denen an der gleichen Position bei dem Befehl »image«.

Das wesentliche Anwendungsgebiet für den Befehl »imagemask« ist die Integration von Bitmap-Fonts in PostScript.

11.3 Der Befehl »imagemask«

> Der Befehl »imagemask«
> *Breite Höhe Invertiert [TM] Prozedur* **imagemask** $\Rightarrow$

Bild 11-6: Der Befehl »imagemask«

Beispiel:
```
% Die fünf Schritte der Bildver-
% arbeitung sollten natürlich
% eingehalten werden.
gsave                  % 1. Schritt
/str 6 string def
100 100 translate      % 2. Schritt
120 80 scale           % 3. Schritt
% Im Hintergrund ist ein hell-
% grauer Kasten.
0 0 moveto
0 1 lineto
1 1 lineto
1 0 lineto
closepath
0.8 setgray            % Kasten-Farbe
fill
0.2 setgray            % Pel-Farbe

% Als vierter Schritt der Befehl »imagemask«.
48                     % Bildbreite.
30                     % Bildhöhe.
false                  % Siehe Text.
[48 0 0 -30 0 30]      % Transformation
{currentfile str       % Daten einlesen.
 readhexstring pop}
imagemask
c000ffffffff c000ffffffff fffcffffffff fffcffffffff
fffcfffff03f fffcfffff03f fffcfffff03f fffcfffff03f
fffcfffff03f fffcfffff03f fffcfff3f03f fffcfff3f03f
c00000000001 c00000000000 c00000000000 c00000000000
c00000000000 c00000000000 c00000000000 c00000000000
000000000000 000000000000 c00000000000 c00000000000
c00000000000 c00000000000 c00000000001 fc00fffc00ff
fe01fffe01ff ff03ffff03ff
grestore               % 5. Schritt
```

11.4 Rasterzellen

Die Darstellung von Grauwerten auf einem Gerät, z. B. einem Laserdrucker, das entweder schwarze oder keine, d.h. weiße, Punkte setzen kann, ist nicht direkt möglich. Um trotzdem auf Grauwerte nicht verzichten zu müssen, wird ein Trick angewendet. Er besteht darin, mehrere einzelne Punkte des Ausgabegerätes, die Pixel genannt werden, zu einer Rasterzelle zusammenzufassen.

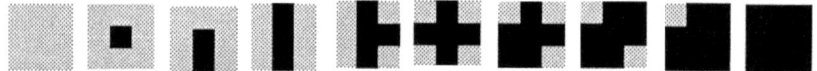

Bild 11-7: Rasterzelle mit 3 Pixel Kantenlänge

Eine Rasterzelle mit einer Kantenlänge von drei Pixeln ist in Bild 11-6 dargestellt. Die Rasterzellen sind in PostScript immer quadratisch. Die Grauwerte werden durch eine entsprechende Anzahl aktiver Pixel in der Rasterzelle dargestellt. Bei einem Grauwert von 0.5 werden die Hälfte aller Pixel eingeschaltet.

Aufgabe 11-1: Wieviele Graustufen sind erreichbar, wenn eine Rasterzelle mit einer Kantenlänge von sechs Pixeln aktiv ist?

Bei der Wahl der Kantenlänge der Rasterzellen muß, insbesondere für Bilder, ein guter Kompromiß zwischen der Kantenlänge und der Grauwertabstufung gefunden werden.

Die Größe der Rasterzelle wird indirekt durch die Angabe der Anzahl der Rasterzellen pro Inch definiert. Diese Anzahl bezeichnet man in PostScript als »Frequenz«. Als zweiter Wert geht in die Berechnung der Rasterzellengröße die Auflösung des Ausgabegerätes ein. Die Kantenlänge der Rasterzelle in Pixel erhält man nun, indem man die Auflösung des Druckers durch die Frequenz dividiert. Bei einem Laserdrucker mit einer Auflösung von 300 dpi und einer Frequenz von 60 Rasterzellen pro Inch ergibt sich eine Kantenlänge von 5 Pixeln.

Die Rasterzellen können außerdem gedreht werden. Bei Schwarz-Weiß-Darstellungen wird meistens ein Winkel von 45 Grad gewählt, da das menschliche Auge dann am unempfindlichsten für das Raster ist. Schließlich soll der Betrachter das Bild sehen und nicht die Struktur der Rasterzellen. Bei Farbausgaben werden mehrere Winkel benötigt.

Die Rasterweite (=Breite der Rasterzellen) und der Winkel lassen sich mit dem

11.4 Rasterzellen

Befehl »setscreen« verändern, wobei die Rasterweite in Rasterzellen pro Inch und der Winkel in Grad als Argumente verlangt werden. Zusätzlich benötigt der Befehl »setscreen« eine Prozedur, die das Aussehen der Rasterzelle bestimmt. Sie wird im nächsten Unterkapitel behandelt werden.

In der Grundeinstellung sorgt die Prozedur dafür, daß das Aussehen der Rasterzelle von einem schwarzen Punkt über ein Viereck in einen weissen Kreis übergeht (siehe Bild 11-7).

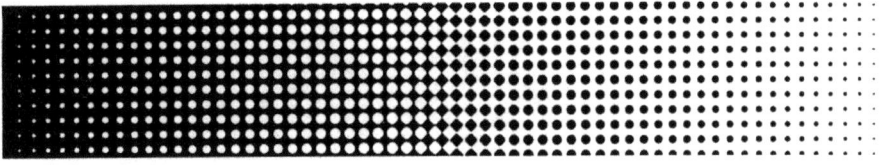

Bild 11-8: Graukeil mit den Standardeinstellungen

Um die Standardeinstellung abzufragen, gibt es den Befehl »currentscreen«, der als Antwort die aktuell gültigen Werte für die Rasterweite, den Winkel und die Prozedur auf dem Stack ablegt.

Aktuelle Screening-Parameter setzen
Frequenz Winkel Prozedur **setscreen** ⇒
Aktuelle Screening-Parameter abfragen
currentscreen ⇒ *Frequenz Winkel Prozedur*

Bild 11-9: Befehle zum Screening

Soll die Größe der Rasterzelle geändert werden, ohne daß die beiden anderen Parameter bekannt sind, geschieht das am einfachsten, indem die Befehle »setscreen« und »currentscreen« miteinander kombiniert werden. Anhand eines kleinen Beispielprogrammes soll eine Frequenz von 40 Zellen pro Zentimeter eingestellt werden. Im Anschluß folgt das Stackdiagramm.

```
40 2.54 mul       % 2.54 cm sind 1 Inch.
currentscreen     % Aktuelle Parameter.
3 -1 roll         % Aktuelle Frequenz nach oben holen
pop               % und löschen.
setscreen         % Neue Frequenz aktivieren.
```

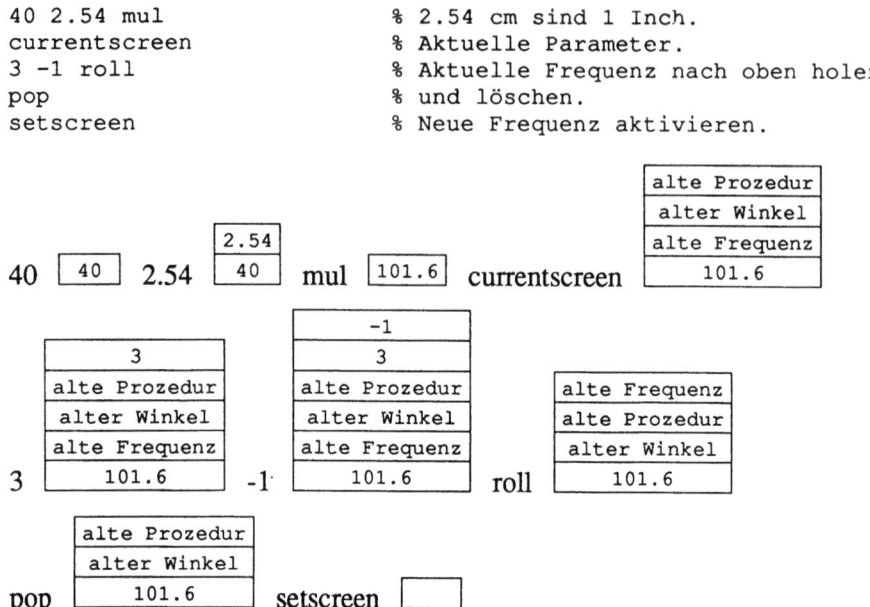

Graukeile lassen in PostScript auf recht einfache Weise herstellen. Sie bestehen aus schmalen Rechtecken, die mit steigenden Grauwert aneinander gereiht werden. Bei einem Graukeil mit 100 Graustufen hat das erste Rechteck den Grauwert 0, das zweite den Grauwert 0.01, usw. bis zum Grauwert von 1.

Da sich jedes Rechteck kaum vom vorhergehenden unterscheidet, bietet sich die Verwendung eines Schleifenbefehls an. Eine Möglichkeit wäre die Verwendung des Befehls »for« mit den Werten »0 0.01 1« zur Überwachung der Laufvariablen. Diese verwendet man dann zum Setzen des Grauwertes und zur Positionierung des Rechteckes. In der folgenden Aufgabe haben Sie die Möglichkeit, sich eine Lösung auszudenken und diese auch auszuprobieren.

11.4 Rasterzellen

Aufgabe 11-2: Um den Verlauf der Grauwerte zu überprüfen, verwendet man sogenannte Graukeile. Manchmal werden sie auch als graphisches Stilmittel verwendet. Bei den unten abgebildeten Graukeilen, die Sie nachbilden sollen, wurden die Frequenzen 30, 60 und 90 verwendet.

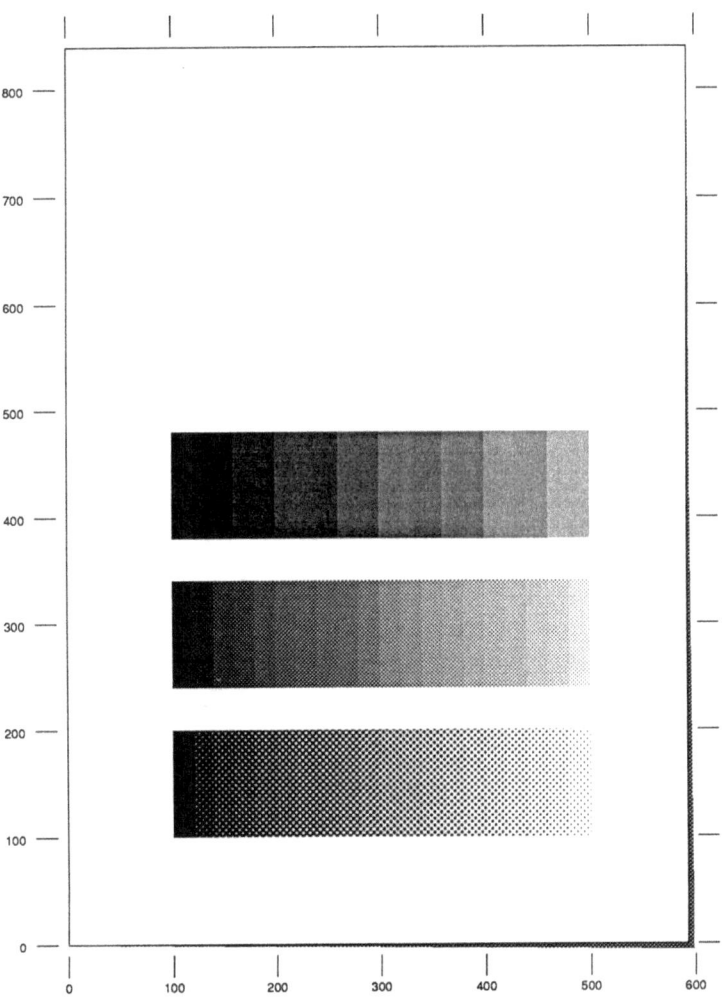

11.5 Der Aufbau der Rasterzelle

Der Aufbau der Rasterzelle wird in PostScript durch eine Prozedur, dem dritten Argument des Befehl »setscreen«, bestimmt. Wenn beispielsweise der Grauwert 0.5 eingeschaltet ist, muß bei der Ausgabe der Rasterzellen die Hälfte der Pixel aktiviert werden. Um festzulegen, bei welchem Grauwert welches Pixel innerhalb der Rasterzelle aktiviert wird, bekommt jedes Pixel eine Wertigkeit. Hierbei werden, beginnend mit den Pixeln der höchsten Wertigkeit, soviele Pixel verwendet, bis die gewünschte Anzahl Pixel eingeschaltet ist. Aufgabe der Prozedur ist es nun, diese Wertigkeiten festzulegen.

Bevor die Prozedur durch den Befehl »setscreen« ausgewertet wird, rechnet sich der Drucker aus den anderen Parametern die Größe der Rasterzelle aus. Durch diese Rasterzelle wird dann ein Koordinatensystem gelegt, dessen Ursprung in der Mitte der Rasterzelle liegt. Die Einheiten der X- und Y-Achse werden so gewählt, daß der äußere Rand auf der Koordinate 1 bzw. -1 liegt.

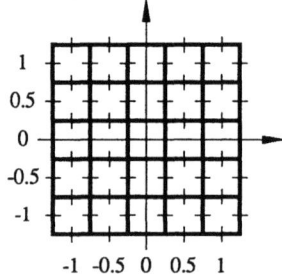

Bild 11-10: Koordinaten der Rasterzelle

Jeder Pixel ist jetzt über ein Koordinatenpaar ansprechbar. Beispielsweise hat der Pixel in der linken oberen Ecke die Koordinaten (-1,1) und der Pixel in der Mitte die Koordinaten (0,0).

Nun beginnt die Prozedur, ihre Wirkung zu entfalten. Für jeden einzelnen Punkt werden die X- und die Y-Koordinate auf den Stack gelegt und die Prozedur aufgerufen. Aus dieser Prozedur muß ein Wert im Bereich von -1 und 1 hervorgehen. Dies ist die Wertigkeit dieses Pixels.

Anhand eines Beispiels soll der weitere Ablauf verdeutlicht werden. Innerhalb der Prozedur soll die Wertigkeit anhand der Kreisgleichung bestimmt werden. Wir gehen dabei von der Formel für den Einheitskreis aus:

11.5 Der Aufbau der Rasterzelle

Für Punkte auf dem Kreis gilt:

$$x^2 + y^2 = 1$$
bzw.
$$1 - (x^2 + y^2) = 0$$

Für alle Punkte gilt:
$$1 - (x^2 + y^2) = W$$

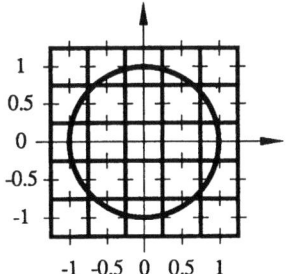

Bild 11-11: Der Einheitskreis

Der Buchstabe »W« repräsentiert die Wertigkeit des Pixels. Durch die Kreisformel bedingt, wächst die Wertigkeit je weiter die Pixel von der Mitte der Rasterzelle entfernt sind.

Die Kreisformel muß nur noch in PostScript kodiert werden. Ausgehend von den Werten von x und y, die von dem Befehl »setscreen« auf dem Stack abgelegt wurden, muß die Summe der Quadrate der beiden Koordinaten von 1 abgezogen werden. Das Quadrat einer Zahl erhält man, indem man diese Zahl mit sich selbst multipliziert. Man benötigt die Zahl also zweimal auf dem Stack; hierzu eignet sich der Befehl »dup«.

Die Formel sieht in PostScript wie folgt aus:

```
% Ein Koordinatenpaar steht hier auf dem Stack.
dup mul                  % y * y
exch dup mul             % x * x
add                      % y² + x²
1 exch sub               % 1 - (y² + x²)
```

In einem Stackdiagramm soll die Verarbeitung der Prozedur gezeigt werden.

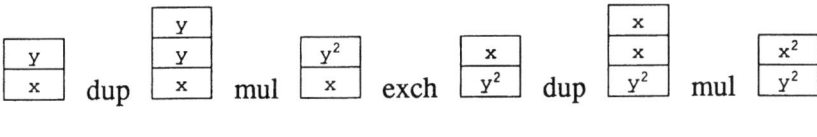

Wenn man nun die Prozedur auf jedes Pixel in der Rasterzelle anwendet und den errechneten Wert in die Rasterzelle einträgt, ergibt sich folgendes Bild:

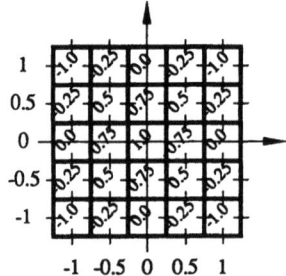

Bild 11-12: Ergebnis der »setscreen«-Prozedur

Nachdem die Prozedur auf alle Pixel angewendet wurde, ist dem Drucker bekannt, welche Punktform der Benutzer wünscht. Die in dem Beispiel verwendete Formel wurde nur bei sehr frühen Implementationen von PostScript verwendet. In den neueren Versionen wird der »Supercircle« als Punktform verwendet. Damit wird erreicht, daß der Rasterpunkt zuerst kreisförmig wächst, dann in ein Viereck übergeht und schließlich einen weißen Punkt bildet (siehe Bild 11-7). Sinn dieses etwas komplizierteren Verfahrens ist es, den Zeitpunkt hinauszuzögern, an dem die schwarzen Punkte sich berühren. Beim Drucken mit Druckmaschinen führt ein solcher Punktschluß zum Verlaufen der Druckfarbe und damit zu einem Sprung im Grauwert.

Da der Benutzer die freie Wahl bei der Erzeugung seines Rasterpunktes hat, lassen sich auch andere Punktformen, wie beispielsweise das Linienraster, leicht realisieren. Im Linienraster sollen die Pixel reihenweise aktiviert werden. Bei unserer Beispielszelle zuerst die Reihe mit dem y-Wert von 1, dann zusätzlich die mit dem y-Wert 0.5, 0, -0.5 und schließlich die mit dem y-Wert von -1.

Das Ergebnis der Prozedur für ein solches Linienraster ist der y-Wert; der x-Wert wird ignoriert. Für waagrechte Linien muß der folgende Befehl eingegeben werden:

```
60 0 { exch pop } setscreen
```

Die Prozedur des Befehls »setscreen« kann sogar so gestaltet werden, daß kleine Schwarz-Weiß-Bildchen als Rasterzelle entstehen. Ich möchte an dieser Stelle jedoch von einer solchen Anwendung abraten, da die Größe der Rasterzelle auch von der Auflösung des Ausgabegerätes abhängt, d. h. das Programm wäre in hohem Maße geräteabhängig. Als Alternative steht die Definition eines Userfonts zur Verfügung, die bei Verwendung des Caches kaum merklich langsamer ist. Eine solche Lösung ist dann geräteunabhängig.

11.5 Der Aufbau der Rasterzelle

Aufgabe 11-3: Erweitern Sie die Aufgabe 11-2 um einige Linienraster.

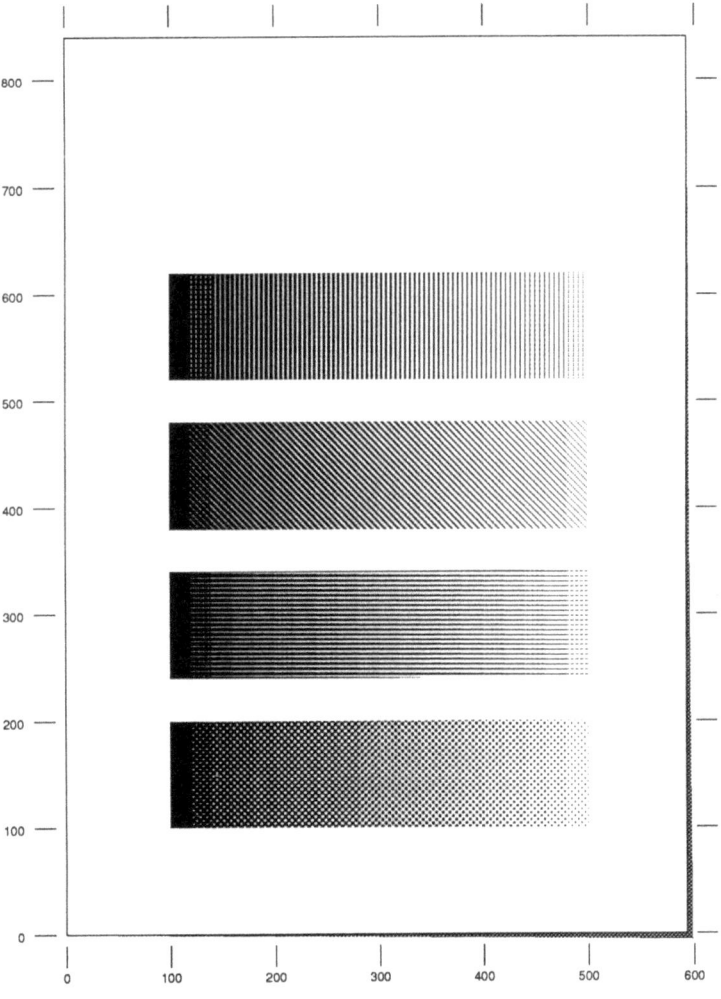

11.6 Die Transferfunktion

Der Verlauf der Grauwerte wird in PostScript als linear ansteigender Wert von 0 bis 1 betrachtet. Das entspricht meist nicht der Realität, in der der Grauverlauf unter anderem durch das Druckverfahren und das Papier beeinflußt wird. Um solche Effekte auszugleichen, existiert in PostScript eine Transferfunktion, die den idealen Grauwert in den realen Grauwert umwandeln kann.

Die Implementierung der Transferfunktion erfolgt durch den Befehl »settransfer«, der als Argument eine Prozedur erwartet. Die Wirkung der Transferfunktion entfaltet sich bei der Verwendung eines Grauwertes und bei der Ausgabe von Bildern. Bei beiden Operationen wird der ideale Grauwert vor seiner Anwendung auf dem Stack abgelegt und die Prozedur, d. h. die Transferfunktion aufgerufen. In der Prozedur können nun beliebige Berechnungen stattfinden. Als Ergebnis der Prozedur wird ein Wert zwischen 0 und 1 auf den Stack zurückgegeben, der dann als realer Grauwert genommen wird.

Der Aufruf der Prozedur erfolgt bei Bedarf automatisch.

Beispiel:

```
0.2 setgray
100 100 50 0 360 arc      % Einen Kreis ziehen
fill                      % und füllen.

% Das gleiche nochmals, aber mit invertiertem Grauwert.
% Ein Wert zwischen 0 und 1 läßt sich dadurch invertieren,
% daß man ihn von 1 abzieht.
% Der invertierte Grauwert zu 0.2 ist (1 - 0.2), also 0.8.

{ 1 exch sub } settransfer % 1 - aktueller Grauwert
0.2 setgray                % Ist real ein Wert von 0.8.
100 100 50 0 360 arc       % Einen Kreis ziehen
fill                       % und füllen.
```

Selten wird eine Transferfunktion eine so einfache Form annehmen wie in dem letzten Beispiel. Häufiger hat man es mit einer Tabelle zu tun, die beispielsweise durch Messungen mit dem Densitometer erstellt wurde. Eine solche Tabelle kann innerhalb einer Transferfunktion verwendet werden, indem man den Grauwert in einen Index in diese Tabelle umwandelt. Trifft der Index nicht genau ein Element, wird zwischen den benachbarten Werten interpoliert (gerundet).

Die Berechnung der Interpolation ist recht einfach. Den idealen Index erhält

11.6 Die Transferfunktion

man, indem man den Grauwert mit der Länge der Tabelle multipliziert. Der Index des linken der beiden Einträge, zwischen denen interpoliert werden soll, ist der ganzzahlige Anteil des idealen Indizes. Der Index des rechten Eintrages ist um 1 erhöht. Den interpolierten Zwischenwert erhält man nun, indem man den linken Eintrag vom rechten abzieht und mit dem Nachkommateil des idealen Indizes multipliziert. Da der resultierende Wert relativ zum linken Eintrag ist, muß der linke Eintrag hinzuaddiert werden.

Wenn der eingehende Grauwert 1 ist, wird der letzte Eintrag direkt geholt, da sonst der Index des rechten Elementes außerhalb der Tabelle wäre und der Zugriff mittels »get« zum Fehler führen würde.

Beispiel:

```
/Tabelle [0 .2 .35 .4 .72 .95 1] def  % Die Meßwerte.
{                                     % Beginn der Transferfunktion.
   dup 1. ge                          % Ist der Grauwert maximal?
   { pop Tabelle dup length 1 sub     % Ja, den letzten Eintrag aus
     get }                            % der Tabelle besorgen.
   {                                  % Nein, er ist kleiner als 1.
      Tabelle length 1 sub mul        % Grauwert·Tabellenlänge (GT).
      dup cvi                         % Linker Index in der Tabelle.
      dup Tabelle exch get            % Linker Tabelleneintrag.
      exch Tabelle exch 1 add get     % Rechter Tabelleneintrag.
      exch dup 3 1 roll               % GT links rechts links.
      sub 3 -1 roll                   % links rechts-links GT.
      dup cvi sub                     % Nachkommateil von GT.
      mul add                         % Interpoliert!
   }                                  % Ende der »else«-Prozedur.
} settransfer
```

Da diese Transferfunktion etwas komplizierter ist, soll der Ablauf am Beispiel der Umwandlung des Grauwertes 0.2 in einem Stackdiagramm gezeigt werden.

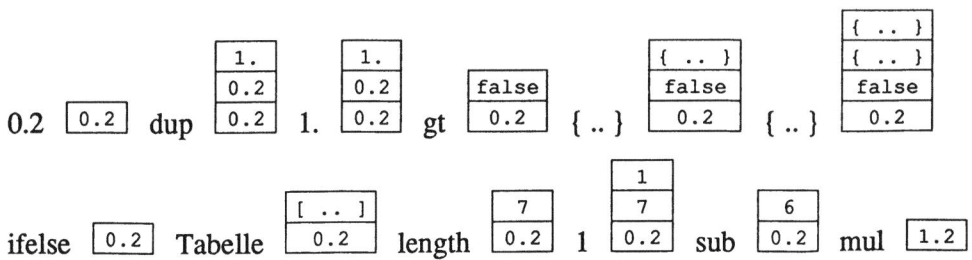

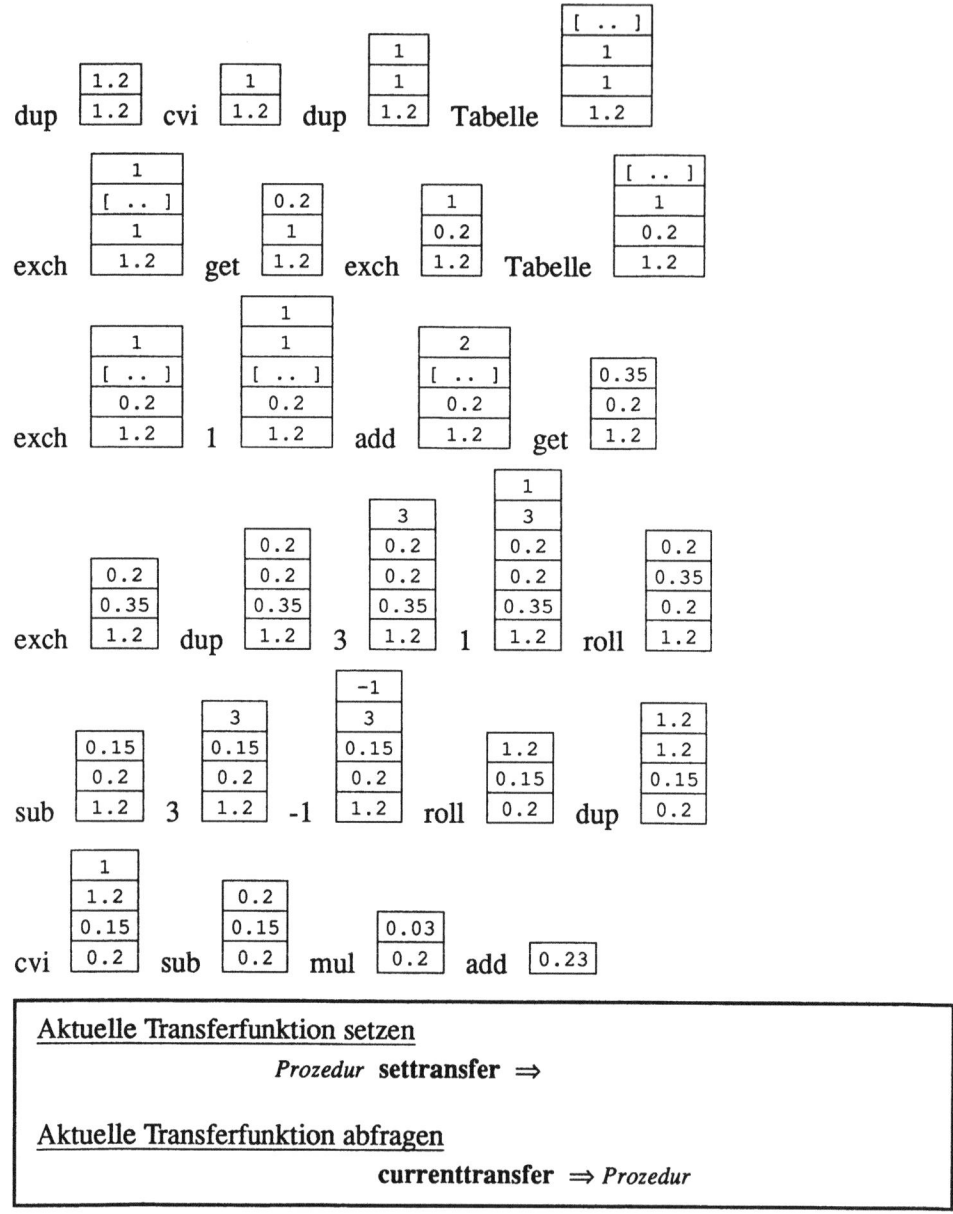

Bild 11-13: Befehle für die Transferfunktion

Mit Hilfe der bekannten Befehle »for«, »translate« und »scale« können wir uns die aktuelle Transferfunktion, die der Befehl »currenttransfer« zurückliefert, in einer kleinen Graphik veranschaulichen. In der X-Achse der Graphik ist der

11.6 Die Transferfunktion

Eingangswert der Transformation aufgetragen. Die zum X-Wert der Kurve gehörende Y-Koordinate repräsentiert den transformierten Wert. Das kleine Programm hierzu sieht wie folgt aus:

```
/Transferfunktion currenttransfer def
gsave
100 100 translate      % Die linke Ecke der Graphik.
150 150 scale          % So groß soll die Graphik werden.
0 0 moveto 1 0 lineto  % X-Achse.
0 0 moveto 0 1 lineto  % Y-Achse.
0 0 moveto
0 0.01 1 {             % Alle Grauwerte in 0.01-Schritten.
    dup                % Der X-Wert ist unverändert.
    Transferfunktion   % Der Y-Wert ist korrigiert.
    lineto             % Linie zum neuen Wert.
} for                  % Für alle Grauwerte.
1 150 div dup scale    % »scale« aufheben.
1 setlinewidth
stroke                 % Transferkurve anzeigen.
grestore               % »translate« aufheben.
```

Die Anwendung der letzteren Funktion auf unsere beiden behandelten Transferfunktionen führt zu den Bildern 11-13 und 11-14.

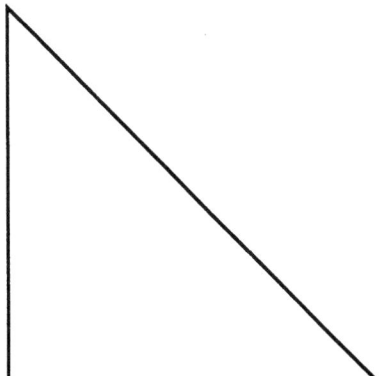
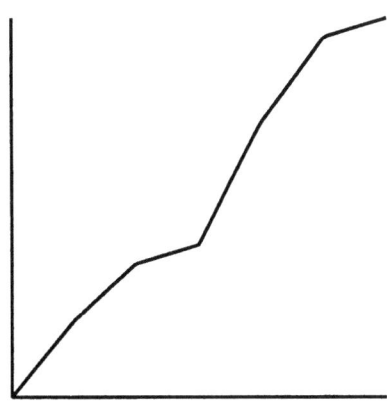

Bild 11-14: Inverse Transferfunktion   *Bild 11-15: Tabellarische Transferfunktion*

12 Ein- und Ausgaben in PostScript

Ein- und Ausgaben über die Schnittstellen oder die Platte werden als Strom von einfließenden oder herausgehenden Daten behandelt. Diese Datenströme, die byteweise organisiert sind, werden als »streams« bezeichnet. Jede Schnittstelle kann durch mehrere Datenströme gleichzeitig angesprochen werden. Datenströme von bzw. zur Platte sind immer mit Dateien auf der Platte verbunden.

Datenströme werden mit dem Befehl »file« geöffnet und mit dem Befehl »closefile« geschlossen. Das Einlesen von Informationen erfolgt, indem Daten aus dem Datenstrom entnommen werden. Umgekehrt werden bei der Ausgabe Daten in den Datenstrom geschoben.

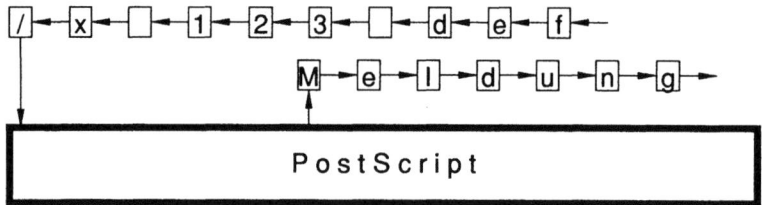

Bild 12-1: Datenströme

Bei jedem Drucker ist zumindest ein Datenstrom immer aktiv. Es ist der Strom, auf dem das Programm einfließt (siehe Bild 12-1). Dies kann die serielle oder die parallele Schnittstelle sein, oder auch die Appletalk©-Verbindung. Welche Schnittstelle aktiv ist, wird meist am Drucker eingestellt. Bei den vielen Druckern ist auch noch ein zweiter Kanal aktiv, über den Daten ausgegeben werden können. Er wird überwiegend für Status- oder Fehlermeldungen verwendet.

Den aktiven Einlesekanal kann man sich mit dem Befehl »currentfile« benennen lassen. Er liefert den aktiven Kanal als Eintrag vom Typ »file« auf den Stack zurück. Mit diesem Typ werden aktive Datenströme bezeichnet. Ein Beispiel für die Anwendung dieses Befehls wurde in Kapitel 11 im Zusammenhang mit dem Einlesen der Bilddaten behandelt.

Zum Öffnen von beliebigen Datenströmen dient der Befehl »file«, der als Argument zwei Strings benötigt. Dies ist zum einen der Name des Kanals und zum anderen die Fließrichtung des Kanals, d. h. ob gelesen (»(r)« für engl. *read*) oder geschrieben (»(w)« für engl. *write*) werden soll. Der Name des Kanals kann ein Synonym für den Ein- oder Ausgabekanal oder der Name einer Datei sein. Letzteres ist nur möglich, wenn der Drucker über eine Platte verfügt. Das Synonym für den Eingabekanal ist »%stdin«. Der Ausgabekanal wird mit »%stdout« bezeichnet. Ein geöffneter Datenstrom kann mit dem Befehl »closefile« wieder geschlossen werden.

Kanal oder Datei öffnen

    Name Richtung **file** ⇒ *Datenstrom*

Datenstrom schließen

    Datenstrom **closefile** ⇒

Bild 12-2: Datenströme öffen oder schließen

Beispiele:
```
/Input (%stdin) (r) file def
/Output (%stdout) (w) file def
/stream (Meyer-logos.23) (w) file def
stream closefile
```

12.1 Lesen von Daten aus Datenströmen

Alle Eingabebefehle müssen vor dem Einlesen von Daten überprüfen, ob das Ende des Datenstroms erreicht ist. Das Ergebnis der Abfrage wird als logische Variable zuoberst auf dem Stack abgelegt, wobei ein Wert »true« anzeigt, daß der Datenstrom noch nicht sein Ende erreicht hat und das Daten eingelesen wurden. Wird im Laufe der Einleseoperation das Ende des Datenstroms erreicht, wird der Wert »false« auf dem Stack abgelegt.

Der einfachste Befehl zum Einlesen von Daten heißt »read«. Er erwartet als Argument den Datenstrom auf dem Stack. Falls noch ein Byte in diesem Datenstrom vorhanden war, steht nach dem Befehl »read« dieses Byte und die Variable »true« auf dem Stack. Ist das Ende des Datenstroms erreicht und kein Byte mehr verfügbar, steht allein der Wert »false« auf dem Stack. In diesem Fall wird wird der Einlesestrom automatisch geschlossen.

Der Befehl »read«, Datenstromende nicht erreicht

Datenstrom **read** ⇒ *Byte true*

Der Befehl »read«, Datenstromende erreicht

Datenstrom **read** ⇒ *false*

Bild 12-3: Der Befehl »read«

Beispiel:

```
% Das folgende Programm soll den Text nach dem Schleifenoperator
% »loop« solange lesen und ausdrucken, bis entweder das Ende
% des Datenstromes erreicht wird oder das Zeichen »$« auftaucht.
% Das Zeilenende soll seiner Bedeutung entsprechend durch eine
% Positionierung auf die nächste Zeile ausgewertet werden.

/Eingabe (%stdin) (r) file def  % Aktueller Eingabestrom.
/Newline 10 def                 % Manche Systeme verwenden statt 10
                                % den Wert 13 als Zeilenabschluß.
/Ende ($) 0 get def             % ASCII-Kode des Buchstabens »$«
/NL {                           % Zum Beginn der nächsten Zeile
   Links currentpoint exch pop  % springen (siehe Kap. 7.3).
   12 sub moveto
   } def
/Links 100 def                  % Linker Rand.
/Helvetica findfont 10 scalefont setfont
Links 700 moveto                % Hier beginnt die erste Zeile.

{                               % Beginn der »loop«-Schleife.
   Eingabe read                 % Ein Zeichen lesen.
   {                            % Falls ein Zeichen vorhanden war,
      dup Ende eq                % dieses mit »$« vergleichen.
      { pop                     % Es ist das Ende. »$« löschen.
         showpage               % Seite ausgeben und
         exit                   % die Schleife verlassen.
      }
      if                        % Auswertung von »Ende eq«.
      dup Newline eq            % Zeilenende erreicht?
      { NL }                    % Falls ja, Zeilenvorschub.
      {                         % Ansonsten das Zeichen in einen
         ( ) dup 0 4 -1 roll    % leeren String ablegen
         put show               % und ausgeben.
      }
      ifelse                    % Auswertung von »Ende eq«.
   }                            % Ende »Zeichen-vorhanden«-Fall.
   {                            % »Ende-des-Datenstroms«-Fall.
      showpage                  % Seite ausgeben
      exit                      % und Schleife verlassen.
   }                            %
   ifelse                       % Auswertung der logischen Variablen,
```

12.1 Lesen von Daten aus Datenströmen

```
                        % die der Befehl »read« absondert.
    }                   % Ende der Schleifenprozedur.
loop
Nun folgen die Zeilen, die ausgegeben werden sollen.
. . .
. . .
$
Nun kommen wieder PostScript-Befehle.
```

Aufgabe 12-1: Erweitern Sie das Beispiel dahingehend, daß bei Erreichung einer unteren Grenze auf einer Seite diese ausgegeben und eine neue Seite begonnen wird.

Zwei weitere Befehle, »readline« und »readstring«, erlauben das Einlesen von Zeichenketten. Beide Befehle erwarten als Argumente einen Eingabestrom und einen leeren String, in dem die eingegebenen Zeichen abgelegt werden können. Als Ergebnis ihrer Arbeit liefern beide den gefüllten String und die bekannte logische Variable zurück. Die beiden Befehle unterscheiden sich nur dadurch, daß »readline« das Zeilenende als Abschluß des Einlesens interpretiert, während »readstring« in jedem Fall versucht, den gesamten String mit Zeichen zu füllen.

Der Befehl »readline« verlangt, daß der String, der ihm als Argument mitgegeben wurde, lang genug ist, die einzulesende Zeile aufzunehmen. Der Zeilenabschluß wird nicht in den Ergebnisstring übernommen. Ist der String zu klein, wird mit der Fehlermeldung »rangecheck« abgebrochen.

Im Gegensatz hierzu werden vom Befehl »readstring« soviele Zeichen eingelesen, wie in den String passen. Die Zeilenenden werden als ganz normales Zeichen ohne Sonderbehandlung in dem String abgelegt.

Eine Zeile aus einem Datenstrom holen

file string **readline** $\Rightarrow$ *teilstring boolean*

Einen String aus einem Datenstrom holen

file string **readstring** $\Rightarrow$ *teilstring boolean*

Bild 12-4: Lesen eines Strings aus einem Datenstrom

Beispiel:

```
% Dieses Beispiel liest eine Zeile ein und gibt sie anschließend
% mit dem Befehl »show« wieder aus.

/Eingabe currentfile def        % Aktuellen Einlesestrom besorgen.
/str 256 string def             % Leerstring für »readline«.
/Times-Roman findfont 10 scalefont setfont
100 400 moveto                  % Startposition für den Text.
Eingabe str readline
Hier steht die Zeile, die eingelesen wird.
pop                             % Die logische Variable ignorieren.
show                            % Den eingelesenen String ausgeben.
```

Äquivalent zu »readstring« arbeitet der Befehl »readhexstring«, der schon in Kapitel 11-2 behandelt wurde. Bei allen Leseoperationen, die vom aktuellen Eingabekanal ihre Daten beziehen, sollte beachtet werden, daß die Leseoperation direkt hinter dem entsprechenden Befehl beginnt. Wurde beispielsweise in dem letzten Beispiel statt der viertletzten Zeile

```
Eingabe str readline
```

die folgende, eigentlich gleich aussehende Zeile verwendet, ließt der Befehl »readline« statt der nächsten Zeile den Rest derselben Zeile, d.h. den Kommentar ein!

```
Eingabe str readline                    % Daten einlesen.
```

12.2 Ausgabe von Daten in Datenströme

Für die Ausgabe von Daten stehen drei Befehle zur Verfügung. Der erste ist der Befehl »write«, der einzelne Zeichen ausgibt. Daneben gibt es die Befehle »writestring« für die Ausgabe von Strings und »writehexstrings« für die Ausgabe der Informationen in hexadezimaler Form. Alle drei Befehle benötigen jeweils zwei Argumente, wobei das erste immer den Datenstrom der Ausgabe definiert.

Das zweite Argument ist im Fall des Befehls »write« eine Zahl zwischen 0 und 255, die als Wert des auszugebenden Zeichens verstanden wird. In den beiden anderen Fällen ist das zweite Argument ein String. Der Befehl »writestring« gibt diesen direkt aus, während der Befehl »writehexstring« jedes Element des Strings in eine zweistellige Hexadezimalzahl umwandelt und diese ausgibt. Keiner der drei Befehle hinterläßt Spuren auf dem Stack.

12.2 Ausgabe von Daten in Datenströme

> Ein einzelnes Zeichen ausgeben
>
>   *file Integer* **write** ⇒
>
> Einen String ausgeben
>
>   *file string* **writestring** ⇒
>
> Einen String hexadezimal kodiert ausgeben
>
>   *file string* **writehexstring** ⇒

Bild 12-5: Ausgaben über den Ausgabestrom

Beispiel:
```
% In diesem kleinen Programm werden alle Daten, die nach dem
% Befehl »loop« folgen, auf der Platte unter dem Namen
% »TestDatei« abgelegt.
% Das Beispiel setzt daher eine Platte voraus. Mögliche
% Anwendungen sind die Ablage häufig benötigter
% PostScript-Programme oder Bilddateien.

/Eingabe (%stdin) (r) file def
/Ausgabe (TestDatei) (w) file def
/str 256 string def

{   Eingabe str readline not {pop exit} if
    Ausgabe exch writestring
    Ausgabe 10 write              % Zeilenabschluß
    } loop
Jetzt folgt der auszugebende Text.
```

Aufgabe 12-2: In dem letzten Beispiel wurden die einströmenden Daten mit dem Befehl »readline« eingelesen. Da dieser das Zeilenende nicht in dem String ablegt, muß in der Ausgabephase ein Zeilenende nachgeschoben werden. Durch Verwendung des Befehls »readstring« läßt sich ein günstigeres Verhalten erreichen. Ändern Sie das Beispiel bitte dahingehend ab!

12.3 Ausführung einer Datei

Eine Datei, wie sie beispielsweise im Beispiel zum Kapitel 12.2 erzeugt wurde, läßt sich durch den Befehl »run« ausführen. Als Argument wird in einem String der Name der Datei erwartet. Nach dem Befehl »run« werden zunächst alle Befehle aus dieser Datei geholt und ausgeführt. Ist das Ende der Datei erreicht, wird diese geschlossen und der Text hinter dem Befehl »run« wird ausgeführt.

> Ausführung einer Datei
>
> *Dateiname* **run** ⇒

Bild 12-6: Ausführung einer Datei

Beispiel:
```
/runtest (runtest) (w) file def
runtest ((run hat funktioniert) show) writestring
runtest closefile
/Helvetica findfont 10 scalefont setfont
100 200 moveto
(runtest) run
showpage
```

12.4 Erweiterungen für die Dateienverwaltung

Da die in dem Referenzhandbuch zu PostScript beschriebenen Befehle, die in allen PostScript-fähigen Druckern vorhanden sind, für die Verwaltung der Dateien auf einer Platte nicht ausreichen, finden sich in der Beschreibung der Erweiterungen für diese Drucker auch spezielle Befehle für die Dateienverwaltung. In diesem Kapitel soll am Beispiel des PostScript-Belichters der Firma Linotype gezeigt werden, wie diese Befehle angewendet werden.

Grundsätzlich sollten alle Informationen, die vom Benutzer auf der Platte des Belichters abgelegt werden, auf mindestens einem weiteren Computer gespeichert sein, da die Dateienverwaltung auf dem Belichter keinen Schutz vor versehentlichem Löschen besitzt. Auch sind keine Vorkehrungen für eine Datensicherung getroffen.

Die Namen der Dateien auf dem Drucker sollten höchstens 100 Zeichen lang sein und nicht mit einem Prozentzeichen (%) beginnen. Es wird zwischen Groß- und Kleinschreibung unterschieden. Es ist empfehlenswert, die Namen der

12.4 Erweiterungen für die Dateienverwaltung

Dateien hierarchisch zu organisieren, indem eine Form (Rubrik/Dateiname) gewählt wird. Dies wird in gleicher Form von den Systemdateien gehandhabt, wobei die Rubriken »Sys/« für die Dateienverwaltung, »FC/« für den auf der Platte ausgelagerten Fontcache, »DB/« für den Displaylistenpuffer und »fonts/« für die Fontablage existieren. Der Benutzer sollte unter keinen Umständen eine Datei erzeugen, die zu den ersten drei dieser Rubriken zählt.

In der vierten Rubrik »fonts/« können Userfonts abgelegt werden. Dies ist möglich, da der Befehl »findfont« in Geräten mit einem Plattenlaufwerk erweitert wurde. Zuerst wird das in dem Argument benannte Font wie üblich in der Dictionary »FontDirectory« gesucht. Wird hier kein Font dieses Namens gefunden, sucht der Befehl »findfont« nach einer Datei in der Rubrik »fonts/«, die den Namen des Fonts hat. Ist eine solche Datei vorhanden, wird deren Inhalt ausgeführt und erwartet, daß nun ein Font dieses Names in der Dictionary »FontDirectory« steht.

Beispiel zur Installation eines Userfonts auf der Platte:

```
/outfile (fonts/ws-special) (w) file def   % Fontdatei anlegen.
/infile currentfile def                    % Eingabestrom.

/str 128 string def
{ infile str readline not {exit} if        % Lese zeilenweise
  not {exit} if                            % bis zum Jobende.
  outfile exch writestring                 % Schreibe die Zeile mit
  outfile 10 write                         % Zeilenende (ASCII 10)
                                           % in die Fontdatei.
} loop

% Es folgt das normale Userfont. Bedingung für das einwandfreie
% Funktionieren ist, daß der mit dem Befehl »definefont«
% angelegte Name identisch mit dem Dateinamen ist!

/newfont 10 dict def
newfont begin
/FontName /ws-special def
/FontType 3 def
. . . . . . . . . . . .
end

/ws-special newfont definefont pop        % Jobende
```

Alle folgenden Befehle bis auf »diskstatus« befinden sich in der Dictionary »systemdict« und sind demzufolge direkt verfügbar. Der Befehl »diskstatus« hingegen befindet sich in der Dictionary »statusdict«. Er benötigt keine

Argumente und liefert als Antwort zwei Zahlen zurück. Die erste der beiden Zahlen gibt an, wieviel Speicherplatz noch frei ist, und die zweite gibt an, wie hoch die Speicherkapazität der Platte insgesamt ist. Die Einheit der Zahlen ist »pages«, wobei eine »page« 1024 Bytes entspricht. Liefert der Befehl beispielsweise die Zahlen 20000 und 80000 zurück, sind auf der Platte noch 20 Megabyte von 80 Megabyte frei.

Das Löschen einer Datei erfolgt mit dem Befehl »deletefile«. Als Argument wird der Name der zu löschenden Datei erwartet. Dieser Befehl sollte nur mit großer Sorgfalt verwendet werden, denn das Löschen der Datei erfolgt ohne Rückfrage. Das gleiche gilt für den Befehl »renamefile«, der als Argumente den alten und den neuen Namen der Datei benötigt und dessen Aufgabe es ist, die Datei mit dem ersten Namen in eine mit dem zweiten Namen umzubenennen.

Speicherbelegung der Platte ausgeben

       diskstatus ⇒ *frei gesamt*

Datei löschen

      string **deletefile** ⇒

Datei umbenennen

     string1 string2 **renamefile** ⇒

Bild 12-7: Befehle zur Dateienpflege

Informationen über eine Datei besorgt der Befehl »status«. Der Name der zu untersuchenden Datei steht in Form eines Strings vor dem Aufruf des Befehls auf dem Stack und wird abhängig davon, ob es eine Datei dieses Namens gibt, ersetzt. Existiert keine Datei mit dem in dem Argument angegebenen Namen, wird der logische Wert »false« auf dem Stack hinterlegt. Gibt es jedoch diese Datei, so werden auf dem Stack fünf Einträge abgelegt. Die ersten beiden geben die Größe der Datei einmal in »pages« zu je 1024 Bytes und auch in Bytes an. Der dritte Eintrag entspricht einer Zeitmarke, zu der diese Datei zuletzt verwendet wurde und im vierten Eintrag steht der Zeitpunkt, an dem diese Datei erzeugt wurde. Der fünfte Eintrag ist der logische Wert »true« als Zeichen, daß eine Datei mit dem im Argument angegebenen Namen gefunden wurde.

Leider sind die Zeitangaben, die der Befehl »status« liefert, nicht in eine Uhrzeit oder ein Datum umzuwandeln. Die Zeitangaben sind nur für den Vergleich von Dateien geeignet. Entstand eine Datei zu dem Zeitpunkt »340023« und eine

12.4 Erweiterungen für die Dateienverwaltung

andere zu dem Zeitpunkt »560234«, ist die einzige Aussagekraft der beiden Zahlen, daß die erste Datei vor der zweiten entstanden sein muß.

Informationen über eine nicht existente Datei besorgen

string **status** $\Rightarrow$ *false*

Informationen über eine existente Datei besorgen

string **status** $\Rightarrow$ *pages bytes zugriff erzeugung true*

Bild 12-8: Informationen über eine Datei besorgen

Ähnlich wie es für Arrays, Strings und Dictionaries den Befehl »forall« gibt, um alle Bestandteile durch eine Prozedur zu bearbeiten, gibt es für das Dateiensystem einen Befehl, der eine Prozedur auf jeden Dateinamen anwenden kann. Dieser Befehl heißt »filenameforall« und hat drei Argumente.

Das erste Argument ist ein String, dessen Inhalt der Definition des zu bearbeitenden Dateinamens dient. Die Beschreibung des Namens erfolgt durch die Angabe eines Musters. In diesem Muster können beliebige Sequenzen von Buchstaben durch den Ersatz-Buchstaben »*« (Metasymbol) ersetzt werden. Hierdurch ist es möglich Gruppen von Dateien anzusprechen. Beispiele für mögliche Dateinamen sind:

```
Muster:              Ergebnis:
(Datei.23)           Die Datei »Datei.23«.
(fonts/*)            Alle Dateien, die mit dem Text
                     »fonts/« beginnen.
(*mayer*)            Alle Dateien, die den Text »mayer«
                     an beliebiger Stelle beinhalten, z.B.
                     mayer, Obermayer, xy/mayerin.23
```

Das zweite Argument des Befehls »filenameforall« ist eine Prozedur, die mit jedem gefundenen Dateinamen aufgerufen wird. Das dritte Argument schließlich ist ein Platzhalter, der dazu dient, nacheinander jeden Dateinamen mit dem geforderten Muster aufzunehmen. Dieser String wird vor jeder Ausführung der Prozedur auf dem Stack abgelegt.

> Eine Prozedur auf eine Gruppe von Dateien anwenden
>
> *Muster Prozedur String* **filenameforall** ⇒

Bild 12-9: Eine Prozedur auf eine Gruppe von Dateien anwenden

Beispiel:

```
% In dem folgenden Programm sollen alle Fonts ausgegeben werden,
% die auf der Festplatte abgelegt sind. Allen diesen Dateien ist
% gemeinsam, daß sie in der Rubrik »fonts/« zu finden sind.

/links 100 def            % Linker Rand und
/oben 700 def             % obere Kante.
/NL {                     % Beschreibung in Kapitel 7.3.
   links currentpoint exch pop 12 sub moveto
   } def
/Helvetica findfont 10 scalefont setfont
links oben moveto         % Startpunkt.

/str 128 string def       % Leerer String für die Dateinamen.
/Muster (fonts/*) def     % Alle Dateien in der Rubrik »fonts/«.

Muster { show NL } str filenameforall
% Nun werden, Zeile für Zeile, alle Fonts auf der Platte ausgegeben.
```

13 Druckerspezifische Befehle

Neben den allgemeinen PostScript-Befehlen wie »add« oder »put« werden zur Steuerung des Ausgabegerätes spezielle Befehle benötigt. Auf die wichtigsten Befehle für Laserdrucker und Belichter soll in diesem Kapitel eingegangen werden. Eine vollständige Behandlung der jeweiligen druckerspezifischen Eigenschaften findet sich in der zum Lieferumfang eines PostScript-Druckers gehörenden Beschreibung der PostScript-Erweiterungen.

Das erste Unterkapitel behandelt die Erweiterungen, die in jedem Ausgabegerät zu finden sind. Das zweite Unterkapitel befaßt sich mit speziellen Befehlen für Laserdrucker am Beispiel des LaserWriters© der Firma Apple. Im dritten Unterkapitel werden schließlich noch einige Befehle zur Steuerung des Laserbelichters Linotronic 200P© bzw. PostScript RIP2© der Firma Linotype behandelt.

Die »serverloop« umhüllt die Druckaufträge und sorgt dafür, daß die Änderungen, die ein Auftrag verursacht hat, wieder rückgängig gemacht werden. Jeder Auftrag beginnt also mit den gleichen Ausgangsvoraussetzungen. In manchen Fällen, in denen Änderungen auch für die folgenden Aufträge gültig sein sollen, muß die »serverloop« unterbrochen werden. Dies gilt für die Änderung von Druckerparametern, dem Thema dieses Kapitels, aber auch für die Einführung allgemeiner Variablen oder Prozeduren. Ebenso werden neue Fonts außerhalb der »serverloop« geladen, wenn sie permanent verfügbar sein sollen. Die Druckereinstellung bleibt im Gegensatz zu den Variablen oder Fonts auch nach dem Ausschalten des Druckers gültig.

Der Befehl zum Verlassen der »serverloop« befindet sich in der Dictionary »serverdict« und benötigt als Argument ein Kennwort. Das Kennwort, eine Zahl von Typ Integer, dient als Schutzmechanismus gegen unbeabsichtigtes Verlassen der »serverloop«. Es kann vom Benutzer durch den speziellen Befehl »setpassword« gesetzt werden. Falls ein Drucker jedoch mit Desktop-Publishing-Programmen verwendet wird, ist eine Veränderung des Kennwortes nicht sinnvoll, da die meisten Desktop-Publishing-Programme nur die Grundeinstellung des Kennwortes kennen; diese Grundeinstellung ist die Zahl 0.

> **Kennwort ändern**
> *Altes-Kennwort Neues-Kennwort* **setpassword** ⇒
>
> **Permanente Änderungen erlauben**
> *Kennwort* **exitserver** ⇒

Bild 13-1: Die Befehle »exitserver« und »setpassword«

Die Sequenz zum Verlassen der »serverloop« lautet immer:

```
serverdict begin
0 exitserver
```

Nach diesen Befehlen folgt das Programm zur Änderung der Grundeinstellungen. Die Dictionary »serverdict« darf hier übrigens nicht durch den Befehl »end« vom »dictstack« entfernt werden. Der Befehl »exitserver« initialisiert alle Zustände des Druckers neu, also auch den »dictstack«. Das Ende der permanenten Änderungsbefehle ist das Ende des Druckerauftrages!
Beispiel:

```
% In allen folgenden Programmen soll die Funktion »mm« als
% Umrechnung von Millimeter in Picapoint vorhanden sein.
serverdict begin
0 exitserver           % Die »serverloop« verlassen.
/mm {25.4 div 72 mul} def    % Jeder folgende Auftrag kann nun
                       % den Befehl »mm« verwenden.
```

13.1 Allgemeine Druckereinstellungen

Die Anzahl der auf einem Drucker gedruckten Seiten erhält man durch den Befehl »pagecount«. Sie steht nach dem Aufruf des Befehls auf dem Stack.

Der Befehl »setprintername« setzt den Namen des Druckers auf den im Argument angegebenen Namen. Das Argument ist ein String mit bis zu 31 Zeichen, wobei nur druckbare Zeichen außer »@« und »:« verwendet werden sollten. Der Druckername dient in Netzwerken dazu, den Drucker zu selektieren. Der Befehl »printername« schreibt den schon vergebenen Namen in den als Argument angegebenen String.

Beispiel:
```
% Der Name des Druckers soll auf »PostScript.Zimmer324«
% gesetzt werden.
```

13.1 Allgemeine Druckereinstellungen

```
serverdict begin
0 exitserver
statusdict begin
(PostScript.Zimmer324) setprintername
```

Zwei weitere Befehle dienen der Einstellung der seriellen Schnittstelle. Es sind die Befehle »setsccbatch« zum Setzen und »sccbatch« zum Abfragen der Schnittstelleneinstellung. Der Befehl »setsccbatch« benötigt drei Argumente. Das erste Argument ist der Kanal; es stehen die Kanäle »9« für den 9-poligen und »25« für den 25-poligen Anschluß zur Verfügung. Das zweite Argument gibt die Übertragungsgeschwindigkeit der Schnittstelle an. Normalerweise beträgt sie 9600 Baud, was etwa 1000 Zeichen je Sekunde entspricht. Falls eine schnellere Übertragung gewünscht wird, können beispielsweise 19200 oder 38400 Baud eingestellt werden. Bei kurzen Übertragungsstrecken und geeignetem Druckertreiber sind Übertragungsraten von mehr als 50000 Baud erreichbar. Noch höhere Geschwindigkeiten sind mit Appletalk© oder mit der Centronics©-Schnittstelle möglich.

Als drittes Argument verlangt der Befehl »setsccbatch« eine Zahl, die die Parität der übertragenen Zeichen angibt. Unter der Parität der Zeichen ist eine Art Quersumme der Bits des Zeichens zu verstehen. Sie dient der Feststellung von Übertragungsfehlern. Die Parität sollte mit der Einstellung im Druckertreiber übereinstimmen und kann folgende Werte annehmen:

0 - no parity; das achte Bit wird ignoriert
1 - odd parity
2 - even parity
3 - no parity; das achte Bit wird ausgewertet

Bei einer Übertragungsrate von mehr als 9600 Baud sollte unbedingt entweder »even parity« oder »odd parity« verwendet werden, um Übertragungsfehler festzustellen.

Durch Angabe der Kanalnummer und des Befehls »sccbatch« wird die aktuelle Einstellung dieses Kanals auf dem Stack abgelegt.

Beispiel:
```
serverdict begin
0 exitserver
statusdict begin
25 19200 1 setsccbatch
```

> Anzahl der auf diesem Drucker ausgegebenen Seiten anzeigen
> **pagecount** ⇒ *Integer*
>
> Name des Druckers definieren
> *String* **setprintername** ⇒
>
> Name des Druckers ausgeben
> *String* **printername** ⇒ *Teilstring*
>
> Serielle Schnittstelle einstellen
> *Kanal Geschwindigkeit Parität* **setsccbatch** ⇒
>
> Einstellung der seriellen Schnittstelle ausgeben
> *Kanal* **sccbatch** ⇒ *Geschwindigkeit Parität*

Bild 13-2: Einige druckerspezifische Befehle

13.2 Spezielle Befehle für Laserdrucker

Als einziger Befehl speziell für Laserdrucker soll hier die Aktivierung des Einzelblatteinzuges behandelt werden. Weitere Befehle finden Sie in dem Handbuch ihres Druckers.

Die Aktivierung des Einzelblatteinzuges erfolgt nicht direkt durch einen speziellen Befehl, sondern durch das Setzen der Variablen »manualfeed« auf den Wert »true«. Hat die Variable den Wert »false«, wird der Papiereinzug auf den Papierschacht umgelenkt. Ein Verlassen der »serverloop« ist nicht notwendig.

> Einzelblatteinzug abfragen
> **manualfeed** ⇒ *Boolean*

Bild 13-3: Die Variable »manualfeed«

Beispiel:
```
statusdict begin        % Hier befindet sich die Variable.
/manualfeed true def    % Einzelblatteinzug aktivieren.
end                     % Ende der »statusdict«.
..........              % Nun folgt der Auftrag.
```

13.3 Spezielle Befehle für Belichter

Die Ausgabe auf einem Belichter ermöglicht die nur durch die Breite des Films begrenzte Wahl der Abmessungen der Seite. Bei älteren PostScript-Versionen ist die Seitenhöhe eingeschränkt. Die aktuelle Version (ab Version 49.) erlaubt Seitenhöhendefinitionen, die praktisch nur durch das Aufnahmevermögen der Filmkassette begrenzt sind.

Die Lage einer Ausgabeseite auf dem Film läßt sich mit den Befehlen »setdefaultpageparams« und »setpageparams« verändern. Beide Befehle benötigen jeweils vier Argumente, und zwar die Breite und die Höhe der auszugebenden Seite, den Abstand vom linken Filmrand sowie die Lage des Koordinatensystems. Die ersten drei Argumente werden in Picapoints erwartet.

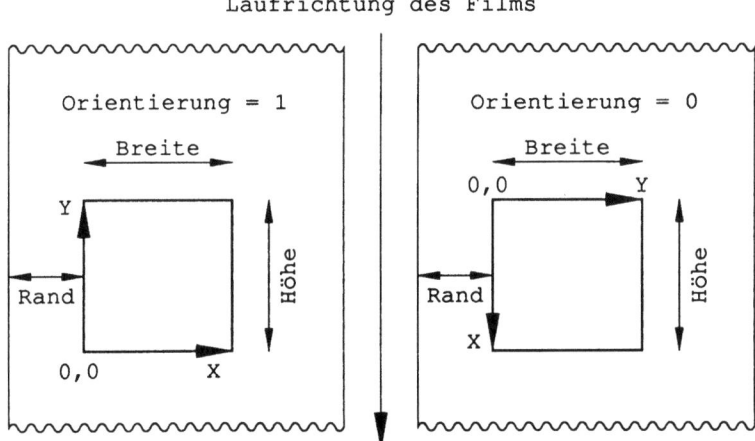

Bild 13-4: *Parameter für die Seitendefinition*

Die Lage des Koordinatensystems kann entweder aufrecht stehend oder liegend gewählt werden. Der vierte Parameter entscheidet dies durch die Werte 0 (=aufrecht) oder 1 (=liegend) (siehe Bild 13-4).

Durch den Befehl »setpageparams« kann die Position der Seite für den aktuellen Auftrag, in dem dieser Befehl steht, geändert werden. Wird dieser Befehl nicht verwendet, werden die Standardeinstellungen des Druckers für diese Seite übernommen. Die Anwendung des Befehls »setpageparams« kann und soll ohne Verlassen der »serverloop« erfolgen. Eine Änderung der Standardeinstellung der Seitenposition erfolgt durch den Befehl »setdefaultpageparams« außerhalb der »serverloop«.

Beispiel:
```
/mm {25.4 div 72 mul} def
200 mm 250 mm 100 mm 0 setpageparams
```

Die Einstellungen der Seite lassen sich natürlich auch abfragen. Hierfür existieren die Befehle »pageparams« bzw. »defaultpageparams« für die Standardeinstellung. Beide Befehle lassen vier Einträge, nämlich Breite, Höhe, Abstand und Orientierung auf dem Stack zurück.

Da die Randeinstellung nach der Justage des Films normalerweise nicht geändert wird, ist es wünschenswert, das Seitenformat ohne Veränderung des linken Randes variieren zu können. Dies erlaubt der Befehl »setpage«, der bis auf die Randeinstellung dem Befehl »setpageparams« entspricht.

Seitenparameter setzen

    Breite Höhe Rand Orientierung **setpageparams** $\Rightarrow$

Standard-Seitenparameter setzen

    Breite Höhe Rand Orientierung **setdefaultpageparams** $\Rightarrow$

Seitenparameter abfragen

    pageparams $\Rightarrow$ *Breite Höhe Rand Orientierung*

Standard-Seitenparameter abfragen

    defaultpageparams $\Rightarrow$ *Breite Höhe Rand Orientierung*

Seitenparameter ohne Rand ändern

    Breite Höhe Orientierung **setpage** $\Rightarrow$

Bild 13-5: Befehle für die Seiteneinstellung

Für die am häufigsten vorkommenden Seitengrößen sind in der Dictionary »userdict« einige Standardeinstellungen unter den Namen »a3«, »a4« und »a5« verfügbar. Sie setzen die Seitengröße auf das korrespondierende Seitenformat in aufrechtstehender Orientierung (Lage = 1). Eine horizontale Ausrichtung der Seite erlauben die Befehle »A3«, »A4« und »A5« (Lage = 0).

13.3 Spezielle Befehle für Belichter

```
DIN-A3 Seitenformat aufrecht stehend
                    a3  ⇒

DIN-A4 Seitenformat aufrecht stehend
                    a4  ⇒

DIN-A5 Seitenformat aufrecht stehend
                    a5  ⇒

DIN-A3 Seitenformat liegend
                    A3  ⇒

DIN-A4 Seitenformat liegend
                    A4  ⇒

DIN-A5 Seitenformat liegend
                    A5  ⇒
```

Bild 13-6: Vereinfachte Befehle für die Seiteneinstellung

Zwei weitere wichtige Befehlsgruppen dienen der Einstellung der spiegelverkehrten und der negativen Filmbelichtung. Die Standardeinstellung der spiegelverkehrten Belichtung wird durch den Befehl »setdefaultmirrorprint« gesetzt und durch den Befehl »defaultmirrorprint« abgefragt. Das Argument bzw. die Antwort ist ein logischer Wert. Ist der Wert »true«, wird spiegelbildlich, ansonsten normal belichtet.

In gleicher Weise wird die negative Belichtung durch einen logischen Wert und den Befehl »setdefaultnegativeprint« gesetzt bzw. durch »defaultnegativeprint« abgefragt. Die Seite wird negativ belichtet, wenn das Argument den Wert »true« hat.

Beide Zustände können auch für einen einzelnen Auftrag verändert werden. Hierzu werden in der »statusdict« die Variablen »mirrorprint« bzw. »negativeprint« auf den gewünschten Wert, d. h. »true« oder »false«, gesetzt.

Standardeinstellung spiegelverkehrte Belichtung setzen
   Boolean **setdefaultmirrorprint** ⇒

Standardeinstellung spiegelverkehrte Belichtung abfragen
   defaultmirrorprint ⇒ *Boolean*

Einstellung spiegelverkehrte Belichtung abfragen
   mirrorprint ⇒ *Boolean*

Bild 13-7: Spiegelverkehrte Belichtung

Standardeinstellung negative Belichtung setzen
   Boolean **setdefaultnegativeprint** ⇒

Standardeinstellung negative Belichtung abfragen
   defaultnegativeprint ⇒ *Boolean*

Einstellung negative Belichtung abfragen
   negativeprint ⇒ *Boolean*

Bild 13-8: Negative Belichtung

Beispiel:

```
%Der folgende Auftrag soll spiegelverkehrt belichtet werden.
statusdict begin
/mirrorprint true def
end
```

14 Speicherverwaltung und Programmausführung

Neben den in den vorangegangenen Kapiteln behandelten Befehlen gibt es noch eine Reihe weiterer Befehle, die hier ihrer Bedeutung entsprechend mehr oder weniger ausführlich erläutert werden.

14.1 Der Befehl »bind« und die Funktion »//«

Ein relativ wichtiger und häufig eingesetzter Befehl ist »bind«, der als Argument eine Prozedur erwartet und diese nach der Bearbeitung auch wieder auf dem Stack ablegt. Die Aufgabe des Befehls »bind« besteht darin, sich alle Bestandteile der Prozedur anzusehen und zu prüfen, ob in der Prozedur der Name eines internen Befehles steht. Trifft das zu, wird der Name des Befehles durch den Befehl selbst ersetzt. Das hat zum einen den Vorteil, daß spätere Neudefinitionen von Befehlsnamen keinen Einfluß auf diese Prozedur haben. Zum anderen ist die Bearbeitung der Prozedur schneller, da bei den Befehlen nicht erst die Bedeutung gesucht werden muß.

Wenn innerhalb einer Prozedur weitere Prozeduren stehen, werden auch diese durch den Befehl »bind« behandelt. Ein typisches Beispiel sieht wie folgt aus:

```
/mm { 25.4 div 72 mul } bind def
```

In der Prozedur werden mittels des Befehls »bind« die Befehle »div« und »mul« durch die entsprechenden Funktionen ersetzt.

In neueren PostScript-Versionen wurde ein Befehl eingeführt, der an jeder beliebigen Stelle einen Namen sofort durch seine Bedeutung ersetzt. Der wesentliche Unterschied zu dem Befehl »bind« besteht darin, daß jede der Namen grundsätzlich durch seinen Wert ersetzt wird, auch wenn dieser keine interne Funktion ist. Der zweite Unterschied ist der, daß dieser Befehl im eigentlichen Sinne kein PostScript-Befehl ist, sondern ähnlich wie der Schrägstrich vor dem Namen wirkt. Diese spezielle neue Funktion wird durch die Angabe von zwei Schrägstrichen vor dem Namen aktiviert. Der anschließende Name wird an dieser Stelle sofort durch seine Bedeutung ersetzt.

Beispiel:
```
/Eins 1 def
/Zwei (2) def
/Plus { add } def
//Eins                        % = 1
//Plus                        % = { add }
/a {Eins //Eins //Plus } def  % = { Eins 1 { add } }
/b {//Eins Eins Plus } def    % = { 1 Eins Plus }
a                             % = 1 1 { add }
b                             % = 2
```

Besonders beachten muß man den Unterschied der Prozedur unter dem Namen »Plus« in den Prozeduren »a« und »b«. Da in der Prozedur »a« der Name »Plus« sofort durch die Prozedur ersetzt wird, bleibt beim Aufruf der Prozedur »a« die Prozedur »{ add }« auf dem Stack stehen. Im Falle der Prozedur »b« wird der Wert des Namens »Plus« zum Zeitpunkt des Aufrufs der Prozedur »b« gesucht. Da dieser Wert ausführbar ist, wird die Addition an dieser Stelle ausgeführt.

Funktionen innerhalb einer Prozedur ersetzen

Prozedur **bind** ⇒ *Prozedur*

Bild 14-1: Der Befehl »bind«

14.2 Die Speicherverwaltung

Für die Ablage der verschiedenen PostScript-Objekte steht ein begrenzter Speicherplatz zur Verfügung. Jedes neu angelegte, komplexe Objekt reduziert diesen Platz um einen bestimmten Betrag. Im Falle von Strings wird für jedes Zeichen ein Byte benötigt. Arrays reservieren sich für jeden Eintrag acht Bytes, während Dictionaries pro Eintrag zwanzig Bytes verbrauchen.

Der Speicherplatz wird nicht nur bei den Befehlen »array«, »string« und »dict« verbraucht, sondern auch durch die geklammerten Objekte, die eingelesen werden, z.B. »(huhu)«, »[1 2]« oder »{1 2 add}«.

Das Problem des verbrauchten Speicherplatzes liegt darin begründet, daß einmal angeforderter Speicherplatz auch dann nicht reaktiviert werden kann, wenn dieser Platz nicht mehr benötigt wird. Das Programm verbraucht den Platz, ohne ihn explizit zurückgeben zu können.

14.2 Die Speicherverwaltung

Um dieses Problem zu umgehen, wurden zwei Befehle eingeführt, die eine primitive Form der Speicherverwaltung ermöglichen. Der erste der beiden Befehle lautet »save«. Er rettet den Zustand in den Dictionaries und Arrays zum Zeitpunkt seines Aufrufes. Als Ergebnis des Befehls wird eine spezielle Markierung auf dem Stack abgelegt. Diese Markierung dient der eindeutigen Identifizierung des geretteten Zustandes. Eine Identifizierung ist notwendig, da mehrere Speicherzustände nacheinander gerettet werden können, ohne daß der vorherige Zustand wiederhergestellt worden wäre.

Die Wiederherstellung eines geretten Zustandes erfolgt durch den Befehl »restore«, dessen Argument die Markierung eines zuvor verwendeten Befehls »save« ist. Alle Arrays und Dictinaries werden wieder in den Zustand gebracht, den sie vor Aufruf des entsprechenden Befehls »save« hatten. Der Inhalt der Strings wird von dem Befehl »restore« nicht restauriert. Da dies auch von ADOBE als Fehler betrachtet wird, sollte man diese Eigenschaft nicht ausnutzen, da der Fehler wahrscheinlich irgendwann behoben sein wird.

Der Inhalt der verschiedenen Stacks wird von dem Befehl »restore« nicht verändert. Damit dadurch keine Probleme entstehen können, erwartet der Befehl »restore«, daß alle komplexen Einträge in den Stacks älteren Datums sind als die Save-Markierung. Solche komplexen Einträge sind Strings, Dictionaries, Arrays, Namen, Datenströme und Save-Markierungen. Ist trotzdem ein jüngerer komplexer Eintrag auf einem der Stacks zu finden, wird das Programm mit der Fehlermeldung »invalidrestore« abgebrochen.

Neben den normalen Objekten ist auch der graphische Status von der Sequenz »save«-»restore« betroffen. Der Befehl »save« bewirkt, ähnlich wie der Befehl »gsave«, die Rettung des graphischen Zustandes. Der Unterschied zwischen den beiden liegt darin begründet, daß der Befehl »save« den *Graphicstatestack* blockiert, so daß nachfolgende Sequenzen des Befehls »grestore« diesen Stack nicht weiter als bis zu dem mit dem Befehl »save« geretteten Stadium restaurieren können. Alle darunter liegenden Einträge sind bis zum Aufruf des Befehls »restore« eingefroren.

Zu jedem Zeitpunkt läßt sich der Zustand des Speichers durch den Befehl »vmstatus« abfragen. Als Antwort liefert dieser Befehl drei Zahlen auf dem Stack ab. Die erste gibt an, wieviele Instanzen durch den Befehl »save« gerettet worden sind. Die zweite Zahl gibt an, wieviele Bytes des Speichers bis zu diesem Zeitpunkt verbraucht worden sind. Die dritte Zahl sagt aus, wieviel Speicherplatz insgesamt zur Verfügung steht, inklusive dem schon verbrauchten.

Speicherzustand retten	save ⇒ *Savemarkierung*
Speicherzustand restaurieren	*Savemarkierung* restore ⇒
Speicherzustand anzeigen	vmstatus ⇒ *Savelevel Verbrauch Gesamt*

Bild 14-2: Befehle für die Speicherverwaltung

14.3 Die Befehle »exec« und »execstack«

Mit dem Befehl »exec« läßt sich jeder beliebige Eintrag auf dem Stack ausführen. Die Aktionen, die durch die Ausführung des Eintrages eingeleitet werden, sind von dem Typ des Stackeintrages abhängig.

Bei allen Einträgen, die nicht vom Typ »file«, »array«, »name« oder »string« sind, wird das Argument unverändert wieder auf dem Stack zurückgelegt. Entspricht der Eintrag einem der vier Typen, ist die Verarbeitung zusätzlich davon abhängig, ob das Attribut *ausführbar* aktiv ist. Dieses Attribut wird bei der Definition von Prozeduren automatisch vergeben; Prozeduren sind nichts anderes als ausführbare Arrays (siehe Kapitel 6.1). Bei Namen entscheidet der vorangestellte Schrägstrich über die Ausführbarkeit. Ist der Schrägstrich vorhanden, ist der Name nicht ausführbar. In jedem Fall kann das Attribut *ausführbar* nachträglich durch den Befehl »cvx« gesetzt und durch den Befehl »cvlit« wieder zurückgenommen werden.

Falls ein Eintrag vom Typ »name«, »file«, »array« oder »string« bei dem Aufruf des Befehls »exec« auf dem Stack steht und der Eintrag nicht das Attribut *ausführbar* besitzt, wird es unverändert wieder zurückgelegt.

War das Argument ein ausführbarer Name, wird die Bedeutung dieses Namens in dem *dictstack* gesucht und als Ergebnis des Befehls »exec« auf dem Stack gespeichert.

Ein ausführbares Array wird von dem Befehl »exec« direkt ausgeführt. Es ist schließlich eine Prozedur.

14.3 Die Befehle »exec« und »execstack«

War das Argument eine ausführbare Datei, wird diese Datei direkt im Anschluß an den Befehl »exec« interpretiert. Wird später das Ende der Datei erkannt, setzt das Programm hinter dem Befehl »exec« fort.

Im Falle eines auführbaren Strings wird dieser String als Eingabestrom für den Interpreter genommen, d. h. der String wird als PostScript-Programm bearbeitet. Wenn die Interpretation des Strings beendet ist, wird die Ausführung hinter dem Befehl »exec« wieder aufgenommen.

Beliebiges Objekt ausführen
    beliebig **exec** ⇒ *siehe Text*

Array, String, Name oder File das Attribut *ausführbar* zuweisen
    Array/String/Name/File **cvx** ⇒ *Array/String/Name/File*

Array, String, Name oder File das Attribut *nicht ausführbar* zuweisen
    Array/String/Name/File **cvlit** ⇒ *Array/String/Name/File*

Bild 14-3: Der Befehle »exec«, »cvx« und »cvlit«

```
% Ein Beispiel für die Ausführung eines Strings.
/String (100 100 moveto) def    % Einen String definieren.
String cvx exec                  % Diesen String ausführen und
String show                      % anschließend ausgeben.

% Nun ein Beispiel für die Bearbeitung einer Datei.
/Datei (Programm-Datei) (r) file def  % Hier befindet sich das
Datei cvx exec                   % Programm, das ausgeführt wird.
```

Für die Kontrolle der Ausführung von Prozeduren, Strings und Dateien wird der *execstack* verwendet. Für die Ausführung eines Objektes wird dieses Objekt auf dem *execstack* abgelegt. Die Ausführung erfolgt nun automatisch, da immer der oberste Eintrag des *execstacks* bearbeitet wird. Nach der vollständigen Bearbeitung des Eintrages wird dieser vom *execstack* genommen und die Ausführung setzt bei dem darunter befindlichen Eintrag fort.

Die Ablage von Objekten auf den *execstack* erfolgt entweder durch den Befehl »exec« oder wenn durch die Angabe eines Namens dessen zugeordneter Wert ausführbar sein sollte. Des weiteren können bestimmte Befehle wie beispielsweise »if« die Ausführung, d. h. die Aufstockung des *execstacks* veranlassen.

Der Inhalt des *execstacks* läßt sich durch den Befehl »execstack« in ein Array, das als Argument zu diesem Befehl erwartet wird, ablegen. Das Array muß natürlich mindestens so groß sein, daß es alle Einträge aufnehmen kann. War das Array zu groß, so ist das als Ergebnis auf dem Stack abgelegte Array verkürzt. Die Anzahl der Einträge auf dem *execstack* liefert der Befehl »countexecstack« auf den *normalen* Stack zurück.

Inhalt des *execstacks* in ein Array ablegen

Array **execstack** ⇒ *Array*

Größe des *execstacks* abfragen

countexecstack ⇒ *Integer*

Bild 14-4: Befehle für den execstack

14.4 Die Befehle »stop« und »stopped«

Der Befehl »stop« dient dem kontrollierten Abbruch einer PostScript-Befehlssequenz. Das nachfolgende PostScript-Programm wird solange übersprungen, bis der Befehl »stopped« entdeckt wird.

Der Befehl »stopped« erwartet als Argument eine Prozedur, die durch diesen Befehl zur Ausführung gebracht wird. Falls die Bearbeitung dieser Prozedur durch den Befehl »stop« abgebrochen wird, legt der Befehl »stopped« als Kennzeichen hierfür die logische Variable »true« auf dem Stack ab. Im anderen Fall, d. h. wenn die Prozedur normal beendet wurde, wird der Wert »false« auf den Stack geschrieben.

Jedes an den Drucker gesandte Programm wird innerhalb einer Prozedur, die durch den Befehl »stopped« aufgerufen wurde, bearbeitet. Falls das empfangene Programm fehlerhaft ist, wird neben anderen Aktionen auch der Befehl »stop« aufgerufen, um das Programm abzubrechen. Der Befehl »stopped« bildet mit seiner Prozedur das Kernstück der »serverloop« (siehe auch Kapitel 13 und Kapitel 15).

Natürlich kann ein PostScript-Programm auch selbst die Befehle »stopped« und »stop« verwenden. Wird innerhalb eines Programmes der Befehl »stop« ohne den Befehl »stopped« aufgerufen, führt das zum Abbruch des Programmes, da der entsprechende Befehl »stopped« erst in der »serverloop« gefunden wird. Eine sinnvolle Anwendung hierfür findet sich beispielsweise in der Ausgabe der

14.4 Die Befehle »stop« und »stopped«

ersten Seiten eines längeren Textes. Die letzten Seiten können übersprungen werden, indem man nach der letzten auszugebenden Seite einfach den Befehl »stop« einfügt.

Kontrollierter Programmabbruch

          stop $\Rightarrow$

Programm ausführen und Abbruch auffangen

          Prozedur **stopped** $\Rightarrow$ *Boolean*

Bild 14-5: Die Befehle »stop« und »stopped«

Eine Anwendung des Befehls »stopped« ist die Kontrolle von Fehlern innerhalb eines Programmes. Als Beispiel soll der Befehl »charpath« dienen, der in Kapitel 8.4 eingeführt wurde. Dieser Befehl führt leicht zu einem Programmabbruch, wenn der aktuelle Pfad zu groß geworden ist. Der Anwender kann diesen Fehler umgehen, indem er den String in zwei oder noch mehr Teile aufspaltet und nacheinander durch den Befehl »charpath« schickt und zeichnet. Falls nun immer noch ein Fehler auftritt, muß der String noch weiter unterteilt werden.

Eine solche Vorgehensweise ist natürlich nicht akzeptabel, zumal das Verhalten auch noch von der Auflösung des Ausgabegerätes abhängt. Besser ist es, im Fehlerfall den String automatisch in zwei Hälften zu teilen und den Befehl »charpath« nochmals auf beide Hälften anzuwenden. Ist der String nun immer noch zu groß, wird der String erneut halbiert und auszugeben versucht. Dies wiederholt sich solange, bis der gesamte String ausgegeben ist.

```
/Charpath {            % Eine Outline sicher ausgeben!!
  gsave                % Gesamten graphischen Zustand retten.
  dup                  % Eingangsparamater merken.
  mark exch            % Stackposition merken.
  { true charpath      % Outline erzeugen.
    currentpoint       % Aktuellen Punkt merken,
    stroke             % Outline zeichnen
    moveto             % und zum letzten Punkt zurück.
  }
  stopped              % Führt die Prozedur aus und hinterläßt
                       % einen logischen Wert auf dem Stack.
  {                    % Der Fehlerfall.
    grestore           % Aktuellen Pfad löschen.
    cleartomark        % Vom Fehler erzeugte Stackeinträge löschen.
    dup dup length     % Länge des Strings besorgen
```

```
    dup 2 idiv dup      % und durch 2 dividieren.
    4 1 roll
    dup 3 1 roll
    sub                 % Reihenfolge für »getinterval« herstellen.
    getinterval         % 2. Hälfte besorgen.
    3 1 roll            % Parameter für die erste Hälfte
    0 exch              % in die richtige Reihenfolge bringen
    getinterval         % und die erste Hälfte besorgen.
    Charpath            % Erste Hälfte ausgeben.
    Charpath            % Zweite Hälfte ausgeben.
  }                     % Ende des Fehlerfalles.

  {                     % Ohne Fehler beendet.
    currentpoint        % Aktuelle Position merken,
    grestore            % den graphischen Status zurücksetzen
    moveto              % und zurück an die letzte Position.
    pop pop             % Markierung und gemerkten String löschen.
  }
  ifelse                % Auswertung des Befehls »stopped«.
} def

/Times-Roman findfont 10 scalefont setfont
30 100 moveto
0.1 setlinewidth
(Diese Zeile soll in einer Outlineschrift ausgegeben werden.
 Und diese Zeile ebenfalls!!
 Damit sich die Outline auch lohnt.) Charpath
showpage
```

Da das Verhalten der Prozedur, die im »false«-Fall aufgerufen wird, etwas komplexer ist, soll hier ein Stackdiagramm den Ablauf verdeutlichen.

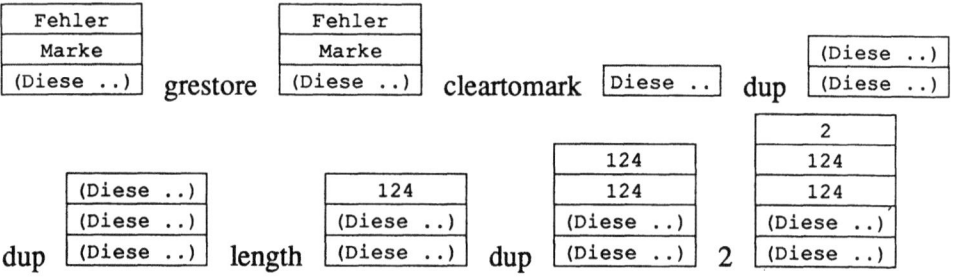

14.4 Die Befehle »stop« und »stopped«

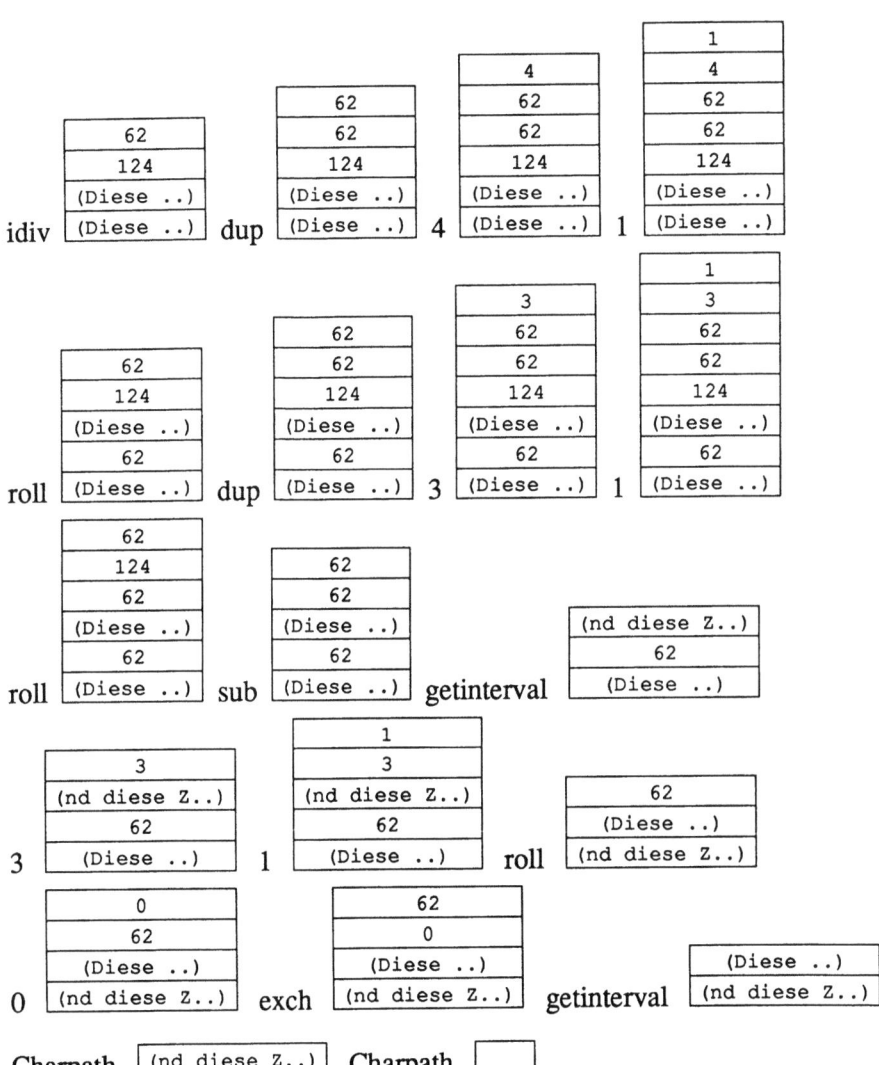

14.5 Zusammenfassung der PostScript-Typen

An dieser Stelle sollen nochmals alle Typen zusammengefaßt werden, die in PostScript verwendet werden. Die angegebenen Typennamen sind auch gleichzeitig die möglichen Ergebnisse des Befehls »type«, mit dem man fragen kann, von welchem Typ der oberste Eintrag auf dem Stack ist.

```
arraytype       booleantype     dicttype        filetype
fonttype        integertype     marktype        nametype
nulltype        operatortype    realtype        savetype
stringtype
```

Die einzigen Typen, der bisher noch nicht behandelt wurden, sind die Typen »fonttype« und »nulltype«. Der erste Typ ist nicht der Typ der Fontdictionary; diese ist vom Typ »dicttype«. Vielmehr wird dieser Typ von der Fontverwaltung für die »FID« verwendet.

Ein Objekt vom Typ »nulltype« wird von dem Befehl »null« erzeugt. Solche Objekte werden verwendet, um Einträge in Arrays als leer zu kennzeichnen.

Die Namen der oben angeführten Typen, die der Befehl »type« auf dem Stack ablegt, haben das Attribut *ausführbar*.

Typ des Stackeintrages abfragen
    Beliebig **type** $\Rightarrow$ *Siehe Text*

Ein Objekt vom Typ »nulltype« anlegen
    null $\Rightarrow$ *Null*

Bild 14-6: Die Befehle »type« und »null«

In neueren Versionen von PostScript wurde als weiterer Typ das »packedarray« eingeführt. Es ist eine spezielles Ablageform des Arrays, die Speicherplatz sparen soll. Gepackte Arrays sind schreibgeschützt und im direkten Zugriff über den Befehl »get« erheblich langsamer als normale Arrays. Wird das gepackte Array aber sequentiell zugegriffen, wie dies bei der Verarbeitung von Prozeduren (ausführbare Arrays) der Fall ist, gibt es keine Geschwindigkeitsunterschiede.

Die Erzeugung von gepackten Arrays erfolgt normalerweise automatisch beim Einlesen von Prozeduren. Die Entscheidung, ob eingelesene Prozeduren gepackt werden sollen, oder ob nicht, wird durch das logische Argument des Befehls

14.5 Zusammenfassung der PostScript-Typen

»setpacking« getroffen. Der aktuell eingestellte Zustand kann mit dem Befehl »currentpacking« abgefragt werden.

Ein weiterer Befehl, der »packedarray« heißt, erlaubt die Erzeugung eines gepackten Arrays, das mit Einträgen aus dem Stack gefüllt wird. Als Argument muß zusätzlich zu den Einträgen für das Array eine Zahl mitgegeben werden, die angibt, wieviele Einträge das Array bekommt.

Prozeduren gepackt ablegen
        true **setpacking** $\Rightarrow$

Prozeduren ungepackt ablegen
        false **setpacking** $\Rightarrow$

Abfragen, ob Prozeduren gepackt ablegt werden
        currentpacking $\Rightarrow$ *Boolean*

Ein gepacktes Array aus dem Stack aufbauen
        Obj1 .. Objn n **packedarray** $\Rightarrow$ *Packedarray*

Bild 14-7: Befehle zum Packen

15 Der graphische Status

Wie bereits in Kapitel 4 behandelt, läßt sich durch die Befehle »gsave« und »grestore« der graphische Zustand verwalten. Zum Befehl »grestore« gibt es noch eine Variante, die den graphischen Zustand bis zum untersten verfügbaren Eintrag auf dem *graphicstatestack* zurücksetzt. Der unterste Eintrag ist derjenige, der zuletzt mit dem Befehl »save« eingefroren wurde. Der Name des Befehls ist »grestoreall«.

Graphischen Status zurücksetzen

                              grestoreall $\Rightarrow$

Bild 15-1: Graphischen Status zurücksetzen

Im Folgenden soll betrachtet werden, was alles zum graphischen Status zu zählen ist. Dies geschieht anhand der Befehle, die den graphischen Zustand verändern. Da es zu allen setzenden Befehlen auch die entsprechenden abfragenden gibt, sollen diese hier mit aufgeführt werden.

Als zentraler Bestandteil des graphischen Zustandes ist der aktuelle Pfad zu nennen, zu dem auch der aktuelle Punkt zählt. Letzterer definiert nur den Endpunkt des aktuellen Pfades. Aufgebaut wird der aktuelle Pfad mit bekannten Befehlen wie »moveto«, »lineto«, »arc«, usw. Der aktuelle Pfad läßt sich aber auch mit dem Befehl »pathforall« abfragen.

Vier Prozeduren werden als Argumente von dem Befehl »pathforall« erwartet. Nach dem Aufruf dieses Befehls wird der gesamte aktuelle Pfad elementweise abgearbeitet, wobei vier verschiedene Operationen in dem Pfad vorkommen können. Jeder der Operationen ist eine der vier Prozeduren zugeordnet. Die erste Prozedur ist für die Operation »moveto« zuständig. Die zweite behandelt die Operation »lineto«, die dritte »curveto« und die vierte die Operation »closepath«. Für jedes Element im Pfad wird nun die entsprechende Prozedur aufgerufen. Damit diese Prozedur etwas Sinnvolles unternehmen kann, werden die Koordinaten dieser Operationen vor der Ausführung der Prozedur auf dem Stack abgelegt.

15 Der graphische Status

Der Kreisbogen zählt nicht zu den Grundelementen, da er intern durch eine oder mehrere Bezierkurven abgebildet wird. Nach Verwendung des Befehls »charpath« ist der Befehl »pathforall« gesperrt, damit man sich nicht die Fontdaten zurückholen kann.

Aktuellen Pfad auswerten

   {move} {line} {curve} {close} **pathforall** ⇒

Bild 15-2: Der Befehl »pathforall«

Das momentan aktive Clipping läßt sich nur indirekt erfragen. Hierzu dient der Befehl »clippath«, der den Clippingpfad als aktuellen Pfad übernimmt. Diesen kann man nun beispielsweise füllen.

Eine Reihe von Attributen sind mit dem Zeichnen von Linien verbunden. Bereits behandelt wurden die Liniestärke und die Strichelung. Die entsprechenden Befehle zum Abfragen der aktuell eingestellten Werte lauten »currentlinewidth« und »currentdash«.

Aktuellen Clippingpfad als aktuellen Pfad installieren

   clippath ⇒

Aktuelle Linienstärke abfragen

   currentlinewidth ⇒ *Zahl*

Aktuelle Strichelung abfragen

   currentdash ⇒ *Offset Array*

Bild 15-3: Die Befehle »clippath«, »currentlinewidth« und »currentdash«

Daneben gibt es noch einen Befehl, der die Art beschreibt, in der Linien aneinanderstoßen, und einen Befehl, der beschreibt, wie sie enden. Die Linienstöße werden durch den Befehl »setlinejoin« und die Linienenden durch den Befehl »setlinecap« gesetzt. Beide erwarten eine Zahl als Argument, die 0, 1 oder 2 sein kann. Ist diese Zahl 0, so werden die Außenkanten der Linien verlängert bzw. das Linienende abgeschnitten. Ist sie 1, wird die Stoßstelle oder das Linienende abgerundet. Schließlich kann durch die Zahl 2 dafür gesorgt werden, daß die Linienstöße abgeschnitten werden. Im Falle des Befehls »setlinecap« bewirkt die Zahl 2 die Verlängerung der Linie um die Hälfte der Linienstärke.

Die aktuell eingestellten Werte lassen sich durch die Befehle »currentlinejoin« bzw. »currentlinecap« ermitteln.

Linienstöße bestimmen
$\qquad$ 0 / 1 / 2 **setlinejoin** ⇒

Linienenden bestimmen
$\qquad$ 0 / 1 / 2 **setlinecap** ⇒

Eingestellten Wert der Linienstöße abfragen
$\qquad$ **currentlinejoin** ⇒ 0 / 1 / 2

Aktuellen Wert der Linienenden abfragen
$\qquad$ **currentlinecap** ⇒ 0 / 1 / 2

Bild 15-4: Einstellen und Abfragen der Linienstöße und Linienenden

Bild 15-5: Wirkung der Parameter »0«, »1« und »2« auf Linienstöße

Bild 15-6: Wirkung der Parameter »0«, »1« und »2« auf Linienenden

Bei sehr spitzen Winkeln zwischen zwei aneinanderstoßenden Linien muß die Länge der Spitze, die durch den Befehl »stroke« entsteht, eingeschränkt werden. Hierzu dient der Befehl »setmiterlimit«, wobei das Argument das Verhältnis der Länge der Spitze zur Linienstärke angibt. Die Standardeinstellung ist der Wert 10. Er führt dazu, daß bei einem Winkel von weniger als 11° die Spitze nicht weiter wächst. Sie wird hier abgeschnitten.

15 Der graphische Status

> Länge der Spitzen der Linienstöße bestimmen
> *Zahl* **setmiterlimit** ⇒
>
> Eingestellte Länge der Spitzen der Linienstöße abfragen
> **currentmiterlimit** ⇒ *Zahl*

Bild 15-7: Einstellen und Abfragen der Länge der Spitzen der Linienstöße

Bei der Verarbeitung des aktuellen Pfades durch Befehle wie »fill« oder »clip« werden die Kurvenstücke durch kurze Geradenstücke ersetzt. Das ist unter anderem notwendig, um auf einfache Weise die »Non-Zero-Winding-Rule« auszuwerten und um Schnitte zwischen zwei Flächen zu berechnen. Die aus Geradenstücken zusammengesetzten Kurven können aber nur eine Annäherung sein, wobei als Qualitätskriterium die größte Abweichung der Geraden von der Kurve genommen wird. Dieser Wert wird *Flatness* genannt, und kann vom PostScript-Programm durch den Befehl »setflat« gesetzt werden. Das Argument ist die gewünschte Abweichung von der Ideallinie. Dieser Befehl ist leider sehr geräteabhängig, da die Abweichung in Gerätekoordinaten, also in Pixeln angegeben werden muß.

Der einstellte Wert für die *Flatness* kann mit dem Befehl »currentflat« abgefragt werden. In den Fällen, in denen der Pfad in abgeflachter Form beispielsweise durch den Befehl »pathforall« bearbeitet werden soll, kann man den aktuellen Pfad durch den Befehl »flattenpath« abflachen. Der aktuelle Pfad beinhaltet nach diesem Befehl keine Kurven mehr.

> Fehler bei der Abflachung beeinflussen
> *Zahl* **setflat** ⇒
>
> Abflachungsfehler abfragen
> **currentflat** ⇒ *Zahl*
>
> Aktuellen Pfad abflachen
> **flattenpath** ⇒

Bild 15-8: Abflachung einstellen und abfragen

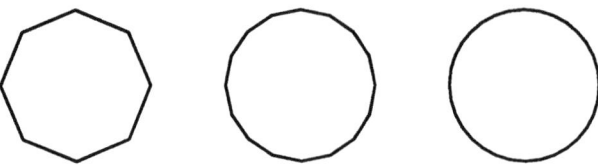

Bild 15-9: Wirkung der Abflachung um die Werte »40«, »10« und »5«

Zum graphischen Zustand gehört auch das aktuelle Font, das von dem Befehl »setfont« aktiviert wurde. Das eingestellte Font wird mit dem Befehl »currentfont« abgefragt. Ebenso ist auch die aktuelle Transformation Bestandteil des graphischen Zustandes. Sie wird durch den Befehl »currentmatrix« in ein als Argument erwartetes Array kopiert.

Der aktuelle Grauwert, der Bestandteil der aktuellen Farbe ist, wird durch den Befehl »currentgray« geholt. Die Befehle zum Setzen (»setrgbcolor« und »sethsbcolor«) und Abfragen (»currentrgbcolor« und »currenthsbcolor«) der aktuellen Farbe sollen hier übersprungen werden, da sie nur eine untergeordnete Rolle spielen. Ebenso soll der Eintrag übersprungen werden, der das aktuelle Ausgabegerät beschreibt, da dieser Eintrag für den Anwender ohne Belang ist.

Ein wichtiger Zustand ist hingegen das eingestellte Screening und die eingestellte Transferkurve. Sie werden mit den Befehlen »currentscreen« bzw. »currenttransfer« abgefragt.

Aktuelles Font abfragen
                currentfont ⇒ *Font*

Aktuelle Transformation abfragen
              Array **currentmatrix** ⇒ *Array*

Aktuelle Grauwert abfragen
                currentgray ⇒ *0 .. 1*

Aktuelles Screening abfragen
                currentscreen ⇒ *Frequenz Winkel Prozedur*

Aktuelle Transferfunktion abfragen
                currenttransfer ⇒ *Prozedur*

Bild 15-10: Die verbliebenen Befehle zum Abfragen der graphischen Zustände

16 Fehlerbehandlung

Bei der Bearbeitung von PostScript-Programmen ist es natürlich möglich, daß der Drucker Fehler in diesem Programm entdeckt. Solche Fehler können auf vielfältige Weise entstehen. Die häufigste Fehlerursache sind Programmierfehler in selbstgeschriebenen PostScript-Programmes.

Wenn, wie in den meisten Fällen, das PostScript-Programm selbst von einem »Desktop-Publishing«-Programm erzeugt wurde, treten syntaktische Fehler in dem PostScript-Programm nur sehr selten auf. Fehler in solchen Programmen haben meist eine von zwei Ursachen. Die erste Fehlerquelle ist die Verfälschung der Daten durch die Übertragungstrecke vom Computer zum Drucker. Eine zweite Fehlerquelle ist darin zu suchen, daß das Programm vielleicht nicht geräteunabhängig ist.

Entdeckt der Drucker trotz aller Sorgfalt einen Fehler in dem PostScript-Programm, wird als erstes der Stack wieder in den Zustand gebracht, den er vor dem fehlerhaften Objekt hatte. Anschließend wird das fehlerhafte Objekt selbst auf dem Stack abgelegt, damit sich nachfolgende Instanzen damit befassen können.

Im nächsten Schritt wird in einer speziellen Dictionary namens »errordict« nach einer Routine gesucht, die dem symbolischen Namen des Fehlers entspricht. War beispielsweise der Überlauf des Operandenstacks die Fehlerursache, wird eine Routine mit dem Namen »stackoverflow« gesucht. Eine Liste mit den Namen aller möglichen Fehler folgt auf den nächsten Seiten.

Diese Fehlerroutine wird dann ausgeführt. Es obliegt vollständig dieser Routine, mit der Fehlersituation fertig zu werden. In der Grundeinstellung des Druckers werden in den Fehlerroutinen die folgenden Schritte eingeleitet:

1. Eine Directory namens »$error« wird geöffnet, um in ihr die in den nächsten Punkten beschriebenen Variablen zu setzen.

2. Unter dem Namen »newerror« wird der logische Wert »true« abgelegt als Kennzeichen dafür, daß ein neuer Fehler entdeckt wurde. In einem späteren Schritt (siehe »handleerror« im Folgenden) wird der Wert des

Namens »newerror« auf »false« gesetzt.

3. Die Variable »errorname« erhält den Namen der Fehlerursache.

4. Das Objekt, das den Fehler verursacht hat, wird unter dem Namen »command« abgelegt.

5. Unter dem Namen »ostack« wird ein Array angelegt, das mit dem Inhalt des Stack gefüllt ist.

6. Der Inhalt des *execstacks* ist unter dem Namen »estack« zu finden.

7. Der aktuelle Zustand des *dictstacks* wird unter dem Namen »dstack« abgelegt.

8. Der Befehl »stop« wird ausgeführt.

Die Ausführung setzt aufgrund des Befehls »stop« hinter dem zuerst gefundenen Befehl »stopped« fort. Falls in dem Programm dieser Zustand nicht durch einen Befehl »stopped« abgefangen wird, bricht das Programm ab, und die *serverloop* erhält wieder die Kontrolle, da hier in jedem Fall der Befehl »stopped« auf Programmfehler lauert.

Die *serverloop* aktiviert in dem Fall, daß der Befehl »stopped« den Wert »true« hinterläßt, die Prozedur »handleerror« aus der Dictionary »errordict«. Diese Prozedur veranlaßt nun die Ausgabe einer Fehlermeldung.

Die Behandlung von Fehlern bei der Bearbeitung eines PostScript-Programmes ist dem Benutzer frei zugänglich. Zum einen kann man den Eintrag »handleerror« in der Dictionary »errordict« durch eine eigene Prozedur ersetzen, die beispielsweise eine Fehlermeldung auf dem Drucker ausdruckt.

Weitergehend kann das Verhalten im Fehlerfall verändert werden, wenn der Eintrag unter dem Fehlernamen in der »errordict« ersetzt wird. Man kann hier unter anderem entscheiden, ob abgebrochen werden soll oder ob nicht.

16.1 Fehler und ihre möglichen Ursachen

In diesem Kapitel finden Sie eine Liste aller Fehlermeldungen. Zu jedem Fehler wird eine Beschreibung möglicher Fehlerursachen angegeben.

Fehler:
VMerror

Bedeutung: Speicherplatz erschöpft
Mögliche Ursache: Dieser Fehler tritt auf, wenn viele neue Objekte vom Typ Namen, String, Array oder Dictionary angelegt wurden, ohne zwischendurch die Befehle »save« und »restore« aufzurufen. Nur durch das geschicke Einstreuen dieser beiden Befehle läßt sich der Fehler umgehen.

Fehler:
dictfull

Bedeutung: Dictionary überfüllt
Mögliche Ursache: Durch die Befehle »def«, »put« oder »store« soll ein Eintrag in einer Dictionary vorgenommen werden, die nicht groß genug ist. Bei Dictionaries, die normalerweise groß genug sein sollten, kann ein solcher Fehler durch falsch geschriebene Namen entstehen.

Fehler:
dictstackoverflow

Bedeutung: Der *dictstack* ist überfüllt.
Mögliche Ursache: Der Befehl »begin« wurde zu häufig ohne ein entsprechendes »end« aufgerufen.

Fehler:
dictstackunderflow

Bedeutung: Der *dictstack* ist leer.
Mögliche Ursache: Es wurde ein Befehl »end« ohne einen entsprechenden Befehl »begin« entdeckt.

Fehler:
execstackoverflow

Bedeutung: Der *execstack* ist überfüllt.
Mögliche Ursache: Dieser Fehler kann durch sehr stark rekursive, daß heißt sich selbst aufrufende Programme, entstehen. Es liegt meist eine ungewollte Rekursion vor.

Fehler:
invalidaccess

Bedeutung: Unberechtigter Zugriff.
Mögliche Ursache: Dieser Zugriff auf eine Dictionary, ein Array, ein String oder einen File ist nicht erlaubt.

Fehler:
invalidexit

Bedeutung: Ein »exit« außerhalb einer Schleife.
Mögliche Ursache: Es wurde ein Befehl »exit« entdeckt, der nicht innerhalb einer Schleife steht.

Fehler:
invalidfileaccess

Bedeutung: Ungültiges Zugriffskriterium.
Mögliche Ursache: Die in dem Befehl »file« angegebene Zugriffsart zu der zu öffnenden Datei ist nicht erlaubt.

Fehler:
invalidfont

Bedeutung: Ungültiges Font.
Mögliche Ursache: Die als Font anzusehende Dictionary entspricht nicht den Grundsätzen eines Fonts.

Fehler:
invalidrestore

Bedeutung: Fehlerhaftes »restore«.
Mögliche Ursache: Der Fehler »invalidrestore« hat seine Ursache meist darin, daß sich in einem der Stacks ein komplexes Objekt befindet, das zeitlich nach dem entsprechenden Befehl »save« aufgebaut wurde.

Fehler:
ioerror

Bedeutung: Fehler in der Ein- oder Ausgabe.
Mögliche Ursache: Es wurde ein Fehler in einem der geöffneten Kanäle entdeckt. Eine mögliche Fehlerursache ist ein Paritätsfehler in der seriellen Übertragungsstrecke. Auch die Ausgabe auf einen schon geschlossenen bzw. zum Lesen geöffneten Datenstrom führt zu dieser Fehlermeldung.

Fehler:
limitcheck

Bedeutung: Grenze illegal überschritten.
Mögliche Ursache: Einer der implementationsabhängigen Grenzwerte wurde überschritten. Meist ist dies der aktuelle Pfad, der zu groß geworden ist. Eine Liste mit den Grenzwerten für Ihren Drucker finden Sie in dem Handbuch zu diesem Drucker.

Fehler:
nocurrentpoint

Bedeutung: Keine aktueller Punkt vorhanden.
Mögliche Ursache: Es wurde ein Befehl aufgerufen, der einen aktuellen Punkt benötigt, obwohl keiner gesetzt wurde. Die mögliche Ursache kann sein, daß zu Beginn des Jobs kein aktueller Punkt aktiv ist. Weiterhin muß beachtet werden, daß die Befehle »stroke«, »fill« und »newpath« den aktuellen Punkt löschen.

16.1 Fehler und ihre möglichen Ursachen

Fehler:
rangecheck

Bedeutung: Ein Argument ist außerhalb seiner Grenzen.
Mögliche Ursache: Ein Wert liegt außerhalb der erwarteten Grenzen. Dieser Fehler tritt beispielsweise dann auf, wenn bei einem Zugriff in ein Array der Index außerhalb der Größe dieses Arrays liegt.

Fehler:
stackoverflow

Bedeutung: Der Stack ist überfüllt.
Mögliche Ursache: Der Stack hat seine gültige Grenze überschritten. Wahrscheinlich wird innerhalb einer Schleife der Stack nicht aufgeräumt.

Fehler:
stackunderflow

Bedeutung: Der Stack ist leer.
Mögliche Ursache: Der letzte Befehl benötigte mehr Argumente als auf dem Stack zur Verfügung standen. Möglicherweise hat aber auch ein früherer Befehl mehr Einträge entnommen, als von ihm erwartet wurde.

Fehler:
syntaxerror

Bedeutung: Das Programm ist falsch.
Mögliche Ursache: Es sind in dem Programm einsame Klammern (»{« »(« »<« »}« »)« »>«) ohne ihren Pendanten vorhanden.

Fehler:
timeout

Bedeutung: Zu lange gewartet.
Mögliche Ursache: Eine Zeitgrenze wurde überschritten.

Fehler:
typecheck

Bedeutung: Ungültiger Typ des Argumentes.
Mögliche Ursache: Mindesten eines der Argumente, die der Befehl vom Stack geholt hat, ist vom falschen Typ. Vielleicht stimmt auch nur die Reihenfolge nicht.

Fehler:
undefined

Bedeutung: Undefinierter Fehler.
Mögliche Ursache: Der gesuchte Name wurde in keiner Dictionary entdeckt. Vielleicht wurde der Name falsch geschrieben.

Fehler:
undefinedfilename

Bedeutung: Unbekannter Dateiname.
Mögliche Ursache: Ursache für diesen Fehler ist der fehlgeschlagene Versuch, eine Datei zu öffnen, da es keine Datei unter diesem Namen gibt. Auch das Öffnen der Spezialdateien für den Einlesekanal (»%stdin«) führt zu diesem Fehler, wenn vorher der Einlesekanal schon ein Dateiende (»EOF«) empfangen hat.

Fehler:
undefinedresult

Bedeutung: Undefinierbares Ergebnis.
Mögliche Ursache: Das Ergebnis dieser Operation ist nicht errechenbar. War der Befehl eine Division, hat das zweite Argument den Wert 0 gehabt; das ist natürlich nicht erlaubt. Falls der Fehler von Befehlen wie »show« oder »stroke« erzeugt wurde, liegt aller Voraussicht nach eine ungültige Transformation vor. Eine solche ungültige Transformation erzeugt beispielsweise der Befehl »1 0 scale«.

Fehler:
unmatchedmark

Bedeutung: Markierungsbefehl ohne Markierung.
Mögliche Ursache: Ein Befehl, der eine Markierung auf dem Stack erwartet, hat keine solche gefunden. Ein solcher Befehl ist auch der Befehl »]«!

Fehler:
unregistered

Bedeutung: Unbekannter Befehl.
Mögliche Ursache: Dieser Fehler signalisiert einen Fehler im Kern des Druckers. Ein solcher Fehler darf nie auftreten.

17 Kommentar-Konventionen

Manche Bearbeitungsphasen im Entstehungsprozess eines PostScript-Programmes benötigen Informationen über das Programm, ohne es verstehen zu können. Zu diesen Bearbeitungsphasen zählen beispielsweise Spooler oder Desktop-Publishing-Programme, die PostScript-Dateien integrieren können.

Damit die Informationen den normalen Ablauf des PostScript-Programmes im Drucker nicht stören, sind sie zeilenweise aufgebaut, wobei die Zeile mit den Zeichen »%%« und einem Schlüsselwort beginnt. Das doppelte Kommentarzeichen am Zeilenanfang dient in der Vorverarbeitungsphase als Indiz dafür, daß hier relevante Informationen stehen können. Im Drucker sind diese Zeilen jedoch nur Kommentar und werden ignoriert. Aus diesem Grund wird die Regel für den Aufbau der Informationen als Kommentar-Konvention bezeichnet.

Normalerweise unterteilt sich ein PostScript-Programm in drei Teile: der Einleitung mit den Definitionen für dieses Dokument (*Header*), der Seitenbeschreibung (*Body*) und den Abschluß (*Trailer*). Das PostScript-Programm, das sich an die Kommentar-Konvention hält, beginnt mit einem speziellen Kommentar, der einer der folgenden Zeilen entspricht:

```
1)   %!PSAdobe-1.0
2)   %!PSAdobe-2.0
3)   %!PSAdobe-2.0 EPSF
4)   %!PSAdobe-2.0 Query
5)   %!PSAdobe-2.0 ExitServer
```

Die Kommentar-Konventionen der Version 1.0 unterscheidet von der Version 2.0 nur durch die Möglichkeit, das hinter der Versionsnummer eine Spezifikation des PostScript-Programmes stehen kann. Die drei möglichen Spezifikationen sind in den Zeilen 3) - 5) gezeigt.

Der Name »EPSF« steht für »Encapsulated PostScript File«. Ein Programm mit der Spezifikation »EPSF« ist geeignet, in andere Dokumente integriert zu werden. Damit das problemlos möglich ist, muß das PostScript-Programm einigen Befehlen entsagen, die zu unkontrollierten Effekten führen. Die wichtigsten dieser Befehle sind im folgenden aufgeführt:

```
initmatrix    setmatrix     copypage   grestoreall   erasepage
initclip      initgraphics  quit       exitserver
```

Die Angabe des Schlüsselwortes »Query« sagt dem System, das die PostScript-Datei an den Drucker sendet, daß es sich um eine Anfrage an den Drucker handelt und daß mit einer Antwort gerechnet werden muß.

Das dritte Schlüsselwort »exitserver« sagt nur aus, daß die PostScript-Datei aller Voraussicht nach eine permanente Veränderung in dem Drucker hervorrufen wird.

Nachdem in der ersten Zeile spezifiziert wurde, welcher Art dieses Programm ist, folgen einige Kopfzeilen, die das Programm als Gesamtheit betreffen.

```
%%Title: Titel des Dokumentes.
%%Creator: Name des Programmschreibers.
%%CreationDate: Herstellungsdatum.
%%For: Empfänger des Ausdruckes.
%%Pages: Anzahl der produzierten Seiten.
%%BoundingBox: Koordinaten linke untere und obere rechte Ecke.
%%DocumentFonts: Namen der verwendeten Fonts.
%%EndComments
```

Nun folgen PostScript-Definitionen, die für das gesamte Dokument Gültigkeit besitzen. Sie werden beendet durch eine spezielle Zeile, die gleichzeitig den Beginn des Seitenbeschreibungen signalisiert.

```
%%EndProlog
%%Page: Seitenname Seitennummer (z.B. XII 12).
%%PageFonts: Name der Fonts dieser Seite.
%%Trailer
```

Der letzte Kommentar leitet den Abspann ein, in dem die Kopfzeilen stehen, deren Definition im Vorspann mit dem speziellen Schlüsselwort »(atend)« gekennzeichnet worden sind.

Falls Sie Dokumente erstellen möchten, die den Kommentar-konventionen genügen, sollten Sie darauf achten, daß auch hier die Schreibweise der Kommentare exakt eingehalten werden muß. Zwischen dem »:« und den Argumenten darf nur ein einzelnes Leerzeichen stehen und nach dem letzten Argument muß sofort das Zeilenende folgen.

Es gibt Programme, die sich in manchen Fällen weigern, ein Programm als »EPSF«-Programm zu akzeptieren, obwohl es von anderen Programmen schon verstanden wurde. Hier ist die Reihenfolge der Kommentare wahrscheinlich der

17 Kommentar-Konventionen

Grund für die Annahmeverweigerung. Eine solche Designschwäche eines DTP-Programmes läßt sich manchmal durch das Umgruppieren der Kommentare umgehen.

Am Ende dieses kurzen Abrisses über die Kommentar-Konventionen ein kleines Beispiel für ein kommentiertes Programm.

```
%!PSAdobe-2.0
%%Creator: W. Soeker
%%Title: Beispiel fuer Kommentare.
%%CreationDate: 13. August 1989
%%Pages: (atend)
%%DocumentsFonts: (atend)
%%BoundingBox: 0 0 433 544
%%EndComments
Nun folgen allgemeine Definitionen wie beispielsweise
/mm {25.4 div 72 mul} def
%%Endprolog
%%Page: i 1
Die erste Seite
%%Page: ii 2
und die zweite Seite. Das genuegt wohl.
%%Trailer
Hier steht eventuell noch ein Programmnachspann, aber in jedem Fall
des Kopfkommentar, der mit »(atend)« gekennzeichnet wurde.
%%DocumentFonts: Helvetica Symbol
%%Pages: 2
```

A ASCII-Tabellen

In diesem Anhang finden Sie die ASCII-Tabellen zu den Schriften »Times-Roman«, »Symbol« und »ZapfDingbats«. Im Gegensatz zu den beiden letztgenannten steht die Schrift »Times-Roman« exemplarisch für alle eingebauten Textfonts. Außerdem sind noch Tabellen mit den Namen der Zeichen für Textfonts und dem Font »ZapfDingbats« in diesem Kapitel zu finden.

Die Ordnungszahl der Zeichen in der ASCII-Tabelle ist oktal angegeben. Um den ASCII-Kode eines Zeichens zu bestimmen, muß zu der Zahl, die in der Reihe links angegeben ist, die Zahl der Spalte addiert werden. Der Buchstabe »B« steht beispielsweise in der Reihe mit der Zahl »100« und in der Spalte mit der Zahl »2«. Der ASCII-Kode ist also 100 + 2 = 102.

Die grau gekennzeichneten Flächen in den Tabellen sind normalerweise nicht belegt. Hier können zusätzliche Zeichen eingetragen werden (siehe Kapitel 8). Die Namen der Zeichen sind aus diesem Grund im Anschluß an die ASCII-Tabellen aufgeführt.

A ASCII-Tabellen

	0	1	2	3	4	5	6	7
000								
010								
020								
030								
040		!	"	#	$	%	&	'
050	(	)	*	+	,	-	.	/
060	0	1	2	3	4	5	6	7
070	8	9	:	;	<	=	>	?
100	@	A	B	C	D	E	F	G
110	H	I	J	K	L	M	N	O
120	P	Q	R	S	T	U	V	W
130	X	Y	Z	[	\	]	^	_
140	`	a	b	c	d	e	f	g
150	h	i	j	k	l	m	n	o
160	p	q	r	s	t	u	v	w
170	x	y	z	{	|	}	~	
200								
210								
220								
230								
240		¡	¢	£	⁄	¥	ƒ	§
250	¤	'	"	«	‹	›	fi	fl
260		–	†	‡	·		¶	•
270	‚	„	"	»	…	‰		¿
300		`	´	^	˜	¯	˘	˙
310	¨		°	˛		˝	˛	ˇ
320	—							
330								
340		Æ		ª				
350	Ł	Ø	Œ	º				
360		æ				ı		
370	ł	ø	œ	ß				

Bild A-1: ASCII-Tabelle für normale Textfonts, z. B. »Times-Roman«

	0	1	2	3	4	5	6	7
000								
010								
020								
030								
040		!	∀	#	∃	%	&	∋
050	(	)	*	+	,	−	.	/
060	0	1	2	3	4	5	6	7
070	8	9	:	;	<	=	>	?
100	≅	Α	Β	Χ	Δ	Ε	Φ	Γ
110	Η	Ι	ϑ	Κ	Λ	Μ	Ν	Ο
120	Π	Θ	Ρ	Σ	Τ	Υ	ς	Ω
130	Ξ	Ψ	Ζ	[	∴	]	⊥	_
140		α	β	χ	δ	ε	φ	γ
150	η	ι	ϕ	κ	λ	μ	ν	ο
160	π	θ	ρ	σ	τ	υ	ϖ	ω
170	ξ	ψ	ζ	{	|	}	∼	
200								
210								
220								
230								
240		ϒ	′	≤	⁄	∞	ƒ	♣
250	♦	♥	♠	↔	←	↑	→	↓
260	°	±	″	≥	×	∝	∂	•
270	÷	≠	≡	≈	…	|	—	↵
300	ℵ	ℑ	ℜ	℘	⊗	⊕	∅	∩
310	∪	⊃	⊇	⊄	⊂	⊆	∈	∉
320	∠	∇	®	©	™	∏	√	·
330	¬	∧	∨	⇔	⇐	⇑	⇒	⇓
340	◊	⟨	®	©	™	∑	⎛	⎜
350	⎝	⎡	⎢	⎣	⎧	⎨	⎩	⎟
360		⟩	∫	⌠	⎮	⌡	⎞	⎟
370	⎠	⎤	⎥	⎦	⎫	⎬	⎭	

Bild A-2: ASCII-Tabelle für das Font »Symbol«

A ASCII-Tabellen

	0	1	2	3	4	5	6	7
000								
010								
020								
030								
040		✂	✂	✂	✂	☎	✆	✇
050	✈	✉	☛	☞	✌	✍	✎	✏
060	✐	✑	✒	✓	✔	✕	✖	✗
070	✘	✙	✚	✛	✜	†	✞	✟
100	✠	✡	✢	✣	✤	✥	✦	✧
110	★	☆	✪	✫	✬	✭	✮	✯
120	✰	✱	✲	✳	✴	✵	✶	✷
130	✸	✹	✺	✻	✼	✽	✾	✿
140	❀	❁	❂	❃	❄	❅	❆	❇
150	❈	❉	❊	❋	●	○	■	□
160	❐	❑	❒	▲	▼	◆	❖	❘
170	❘	❙	❚	'	'	"	"	
200								
210								
220								
230								
240		❡	❢	❣	❤	❥	❦	❧
250	♣	♦	♥	♠	①	②	③	④
260	⑤	⑥	⑦	⑧	⑨	⑩	❶	❷
270	❸	❹	❺	❻	❼	❽	❾	❿
300	①	②	③	④	⑤	⑥	⑦	⑧
310	⑨	⑩	❶	❷	❸	❹	❺	❻
320	❼	❽	❾	❿	→	→	↔	↕
330	➘	➙	➚	➛	➜	➝	➞	➟
340	➠	➡	➢	➣	➤	➥	➦	➧
350	➨	➩	➪	➫	➬	➭	➮	➯
360		➱	➲	➳	➴	➵	➶	➷
370	➸	➹	➺	➻	➼	➽	➾	

Bild A-3: ASCII-Tabelle für das Font »ZapfDingbats«

A ASCII-Tabellen

Die folgende zweiseitige Tabelle beinhaltet alle Zeichen der Textfonts. In einer Zeile stehen jeweils das Zeichen, der Name des Zeichens und der ASCII-Kode, soweit das Zeichen im »Encoding« eingetragen ist. Der ASCII-Kode ist oktal angegeben. Die Sortierung der Zeichen wurde anhand der Zeichennamen vorgenommen.

A	A	101	Ô	Ocircumflex	—	@	at	100
Æ	AE	341	Ö	Odieresis	—	ã	atilde	—
Á	Aacute	—	Ò	Ograve	—	b	b	142
Â	Acircumflex	—	Ø	Oslash	351	\	backslash	134
Ä	Adieresis	—	Õ	Otilde	—	|	bar	174
À	Agrave	—	P	P	120	{	braceleft	173
Å	Aring	—	Q	Q	121	}	braceright	175
Ã	Atilde	—	R	R	122	[	bracketleft	133
B	B	102	S	S	123	]	bracketright	135
C	C	103	Š	Scaron	—	˘	breve	306
Ç	Ccedilla	—	T	T	124	•	bullet	267
D	D	104	U	U	125	c	c	143
E	E	105	Ú	Uacute	—	ˇ	caron	317
É	Eacute	—	Û	Ucircumflex	—	ç	ccedilla	—
Ê	Ecircumflex	—	Ü	Udieresis	—	˛	cedilla	313
Ë	Edieresis	—	Ù	Ugrave	—	¢	cent	242
È	Egrave	—	V	V	126	ˆ	circumflex	303
F	F	106	W	W	127	:	colon	72
G	G	107	X	X	130	,	comma	54
H	H	110	Y	Y	131	©	copyright	—
I	I	111	Ÿ	Ydieresis	—	¤	currency	250
Í	Iacute	—	Z	Z	132	d	d	144
Î	Icircumflex	—	Ž	Zcaron	—	†	dagger	262
Ï	Idieresis	—	a	a	141	‡	daggerdbl	263
Ì	Igrave	—	á	aacute	—	¨	dieresis	310
J	J	112	â	acircumflex	—	$	dollar	44
K	K	113	´	acute	302	˙	dotaccent	307
L	L	114	ä	adieresis	—	ı	dotlessi	365
Ł	Lslash	350	æ	ae	361	e	e	145
M	M	115	à	agrave	—	é	eacute	—
N	N	116	&	ampersand	46	ê	ecircumflex	—
Ñ	Ntilde	—	å	aring	—	ë	edieresis	—
O	O	117	^	asciicircum	136	è	egrave	—
Œ	OE	352	~	asciitilde	176	8	eight	70
Ó	Oacute	—	*	asterisk	52	…	ellipsis	274

A ASCII-Tabellen

—	emdash	320	o	o	157	/	slash	57
–	endash	261	ó	oacute	—		space	40
=	equal	75	ô	ocircumflex	—	£	sterling	243
!	exclam	41	ö	odieresis	—	t	t	164
¡	exclamdown	241	œ	oe	372	3	three	63
f	f	146	˛	ogonek	316	~	tilde	304
fi	fi	256	ò	ograve	—	™	trademark	—
5	five	65	1	one	61	2	two	62
fl	fl	257	ª	ordfeminine	343	u	u	165
ƒ	florin	246	º	ordmasculine	353	ú	uacute	—
4	four	64	ø	oslash	371	û	ucircumflex	—
/	fraction	244	õ	otilde	—	ü	udieresis	—
g	g	147	p	p	160	ù	ugrave	—
ß	germandbls	373	¶	paragraph	266	_	underscore	137
`	grave	301	(	parenleft	50	v	v	166
>	greater	76	)	parenright	51	w	w	167
«	guillemotleft	253	%	percent	45	x	x	170
»	guillemotright	273	.	period	56	y	y	171
‹	guilsinglleft	254	·	periodcentered	264	ÿ	ydieresis	—
›	guilsinglright	255	‰	perthousand	275	¥	yen	245
h	h	150	+	plus	53	z	z	172
˝	hungarumlaut	315	q	q	161	ž	zcaron	—
-	hyphen	55	?	question	77	0	zero	60
i	i	151	¿	questiondown	277			
í	iacute	—	"	quotedbl	42			
î	icircumflex	—	„	quotedblbase	271			
ï	idieresis	—	"	quotedblleft	252			
ì	igrave	—	"	quotedblright	272			
j	j	152	'	quoteleft	140			
k	k	153	'	quoteright	47			
l	l	154	‚	quotesinglbase	270			
<	less	74	'	quotesingle	251			
¬	logicalnot	—	r	r	162			
ł	lslash	370	®	registered	—			
m	m	155	°	ring	312			
¯	macron	305	s	s	163			
−	minus	—	š	scaron	—			
n	n	156	§	section	247			
9	nine	71	;	semicolon	73			
ñ	ntilde	—	7	seven	67			
#	numbersign	43	6	six	66			

In der folgenden Tabelle sind alle Zeichen des Fonts »ZapfDingbats« aufgelistet.

✂	a1	41	❽	a137	275	➠	a171	340
✪	a10	101	❾	a138	276	➡	a172	341
❞	a100	176	❿	a139	277	➢	a173	342
❡	a101	241	✍	a14	55	➣	a174	344
❢	a102	242	①	a140	300	➤	a175	345
❣	a103	243	②	a141	301	➥	a176	346
♥	a104	244	③	a142	302	➦	a177	347
✐	a105	60	④	a143	303	➧	a178	350
♦	a106	245	⑤	a144	304	➩	a179	351
♣	a107	246	⑥	a145	305	☛	a18	62
♠	a108	247	⑦	a146	306	➬	a180	353
♣	a109	253	⑧	a147	307	➭	a181	355
☛	a11	52	⑨	a148	310	➮	a182	357
♥	a110	252	⑩	a149	311	➯	a183	362
♦	a111	251	✎	a15	56	➱	a184	363
♣	a112	250	❶	a150	312	➲	a185	365
✉	a117	51	❷	a151	313	➳	a186	370
✈	a118	50	❸	a152	314	➴	a187	372
☯	a119	47	❹	a153	315	➵	a188	373
☞	a12	53	❺	a154	316	➶	a189	374
①	a120	254	❻	a155	317	✓	a19	63
②	a121	255	❼	a156	320	➸	a190	375
③	a122	256	❽	a157	321	⇒	a191	376
④	a123	257	❾	a158	322	➚	a192	332
⑤	a124	260	❿	a159	323	➽	a193	352
⑥	a125	261	✏	a16	57	➹	a194	366
⑦	a126	262	➜	a160	324	➷	a195	371
⑧	a127	263	→	a161	325	➘	a196	330
⑨	a128	264	➤	a162	343	➶	a197	364
⑩	a129	265	↔	a163	326	➴	a198	367
✃	a13	54	↕	a164	327	➙	a199	354
❶	a130	266	→	a165	331	✄	a2	42
❷	a131	267	➛	a166	333	✔	a20	64
❸	a132	270	➔	a167	334	➢	a200	356
❹	a133	271	→	a168	335	➩	a201	361
❺	a134	272	→	a169	336	✂	a202	43
❻	a135	273	↪	a17	61	❏	a203	160
❼	a136	274	➡	a170	337	❐	a204	162

A ASCII-Tabellen

‹	a205	—		✤	a57	136	{	a95	—
⟨	a206	—		✿	a58	137	}	a96	—
✕	a21	65		❁	a59	140	'	a97	173
✖	a22	66		†	a6	75	'	a98	174
✗	a23	67		●	a60	141	"	a99	175
✘	a24	70		◯	a61	142		space	40
✚	a25	71		✲	a62	143			
✛	a26	72		✳	a63	144			
✜	a27	73		✴	a64	145			
✢	a28	74		✵	a65	146			
✣	a29	102		✶	a66	147			
✂	a3	44		✷	a67	150			
✤	a30	103		✸	a68	151			
✥	a31	104		✹	a69	152			
✦	a32	105		✞	a7	76			
✧	a33	106		✺	a70	153			
✩	a34	107		●	a71	154			
★	a35	110		○	a72	155			
☆	a36	111		■	a73	156			
✪	a37	112		❑	a74	157			
✫	a38	113		❒	a75	161			
✬	a39	114		▲	a76	163			
✈	a4	45		▼	a77	164			
✭	a40	115		◆	a78	165			
✮	a41	116		❖	a79	166			
✯	a42	117		✝	a8	77			
✰	a43	120		❭	a81	167			
✱	a44	121		|	a82	170			
✲	a45	122		|	a83	171			
✳	a46	123		▮	a84	172			
✴	a47	124		⟩	a85	—			
✵	a48	125		⟩	a86	—			
✶	a49	126		⟨	a87	—			
✆	a5	46		⟩	a88	—			
✷	a50	127		⟨	a89	—			
✸	a51	130		✠	a9	100			
✹	a52	131		⟩	a90	—			
✺	a53	132		⟨	a91	—			
✻	a54	133		⟩	a92	—			
✼	a55	134		⟨	a93	—			
✽	a56	135		⟩	a94	—			

B Zahlensysteme

Neben den normalerweise verwendeten Zahlensystemen auf Basis der Zahl 10 (Dezimal-System), werden im Zusammenhang mit Computern häufig noch andere Zahlensysteme verwendet, deren Basis entweder 2, 8 oder 16 ist. Man bezeichnet diese Systeme als Binär-, Oktal-, bzw. Hexadezimalsysteme.

Um den Grund für die Verwendung dieser Zahlensystem zu verstehen, muß man wissen, daß alle Informationen im Rechner in Zellen abgelegt sind, deren Zustand entweder ein- oder ausgeschaltet ist. Diese Zustände werden durch die Zahlen 1 und 0 repräsentiert. Die Zellen haben den Namen »Bit«. Aus organisatorischen Gründen werden 8 Bits zu einer Einheit zusammengefaßt, die »Byte« genannt wird.

Byte							
7	6	5	4	3	2	1	0

Bild B-1: Aufbau eines Bytes

Der Wert des Bytes ergibt sich aus den Zuständen seiner Bits, wobei die Position des Bits seine Wertigkeit bestimmt. Die rechte Position hat den niedrigsten und die linke Position den höchsten Wert. Die Wertigkeit der Bits ist durch eine Nummer in Bild B-1 angegeben. Welchen Wert die jeweilige Position besitzt ist in Bild B-2 ersichtlich. Der Wert des gesamten Bytes errechnet sich nun aus der Summe der Werte der Bits, die den Zustand 1 haben.

Byte							
128	64	32	16	8	4	2	1

Bild B-2: Wert der Bits

Wie gezeigt, können die einzelnen Bitpositionen nur zwei mögliche Zustände einnehmen. Man kann alle acht Positionen nebeneinander als Ziffernfolge aus 0 und 1 schreiben. Eine Zahl in einer solchen Schreibweise wird als Binärzahl bezeichnet, da der Wert der einzelnen Positionen aus der Basis 2 errechnet wird. Im folgenden sind einige mögliche Bitkombinationen gezeigt:

B Zahlensysteme

```
Zustand des Bytes      Binärzahl      Dezimalzahl
0 0 0 0 0 0 0 0               0                0
0 0 0 0 0 0 0 1               1                1
0 0 0 0 1 0 0 1            1001                9
1 0 0 0 0 0 0 0        10000000              128
1 0 0 1 0 1 1 1        10010111              151
1 1 1 1 1 1 1 1        11111111              255
```

Der Vorteil des Binärsystems ist, daß sofort ersichtlich ist, welche Bitposition den Wert 1 und welche den Wert 0 hat. Der Nachteil liegt in der sehr langen Zahl und in der etwas umständlichen Berechnung des Wertes der Zahl (dezimal). Aus diesem Grund werden zwei weitere Zahlensysteme verwendet, das oktale und das hexadezimale Zahlensystem.

Bei oktalen Zahlen werden drei Bits zu einer Zahl zusammengefaßt. Ein Byte besteht demnach aus bis zu drei oktalen Zahlen, wobei die oberste nur zwei Bits enthält. Eine oktale Zahl kann einen Wert zwischen 0 und 7 annehmen.

```
0 0 0 - 0            1 0 0 - 4
0 0 1 - 1            1 0 1 - 5
0 1 0 - 2            1 1 0 - 6
0 1 1 - 3            1 1 1 - 7
```

In dem folgenden Beispiel sind die Zahlen als Oktalzahlen ausgedrückt. Um die Zuordnung deutlich zu machen, werden die zusammengehörigen Bits optisch etwas abgesetzt.

```
Zustand des Bytes      Binärzahl      Oktalzahl
0 0  0 0 0  0 0 0             0               0
0 0  0 0 0  0 0 1             1               1
0 0  0 0 1  0 0 1          1001              11
1 0  0 0 0  0 0 0      10000000             100
1 0  0 1 0  1 1 1      10010111             227
1 1  1 1 1  1 1 1      11111111             255
```

Die Hexadezimalzahlen bestehen aus zwei Ziffern, wobei jeweils vier Bits zu einer sogenannten Hexadezimalzahl zusammengefaßt werden. Da vier Bits einen Wertebereich von 0 bis 15 haben, aber nur eine Ziffer für die Angabe reichen muß, werden die Zahlen 10 bis 15 durch die Buchstaben A bis F repräsentiert. In der folgenden Tabelle sind alle möglichen Zustände einer Hexadezimalen Ziffer aufgeführt:

```
0 0 0 0 - 0          1 0 0 0 - 8
0 0 0 1 - 1          1 0 0 1 - 9
0 0 1 0 - 2          1 0 1 0 - A
0 0 1 1 - 3          1 0 1 1 - B
0 1 0 0 - 4          1 1 0 0 - C
0 1 0 1 - 5          1 1 0 1 - D
0 1 1 0 - 6          1 1 1 0 - E
0 1 1 1 - 7          1 1 1 1 - F
```

Auch zu den Hexadezimalzahlen einige Beispiele:

```
Zustand des Bytes        Binärzahl      Hexadezimalzahl
0 0 0 0  0 0 0 0                 0                    0
0 0 0 0  0 0 0 1                 1                    1
0 0 0 0  1 0 0 1              1001                    9
1 0 0 0  0 0 0 0          10000000                   80
1 0 0 1  0 1 1 1          10010111                   97
1 1 1 1  1 1 1 1          11111111                   FF
```

C Lösungen zu den Aufgaben

Aufgabe 2-1:

Versuchen Sie bitte die folgenden Berechnungen in einem PostScript-Programm auszudrücken. Es gilt hier natürlich die Regel »Punktrechnung geht vor Strichrechnung« und »Klammerrechnung geht vor Punktrechnung«.

1) $2 + 3$

2) $4 + 5 \cdot 6$

3) $7 \cdot (3 + 4 \cdot 5) + 6$

Lösung zu Aufgabe 2-1:

Die Lösung der drei Aufgaben wurde ausnahmsweise schon im Text erläutert. Aus diesem Grund werden hier nur die Lösungen ohne Erläuterungen angegeben.

```
2 3 add                   % Lösung zu Aufgabe 1).
4 5 6 mul add             % Lösung zu Aufgabe 2).
7 3 4 5 mul add mul 6 add % Lösung zu Aufgabe 3).
```

Aufgabe 2-2:

An den zwei folgenden, etwas komplizierteren Aufgaben können Sie die Verarbeitungsregeln ausprobieren.

1) $(1 + 2) \cdot (3 - 4) \cdot (5 + 6)$

2) $\dfrac{(1 + 2) \cdot (3 - 9)}{(5 - 6) \cdot (7 + 8)}$

Lösung zu Aufgabe 2-2-1:

```
1 2 add        % Das Ergebnis der ersten Klammer
3 4 sub mul    % wird mit dem der zweiten Klammer multipliziert
5 6 add mul    % und das wiederum mit dem Ergebnis der dritten.
```

Lösung zu Aufgabe 2-2-2:

```
1 2 add        % Das Ergebnis der ersten Klammer
3 9 sub mul    % wird mit dem der zweiten Klammer multipliziert.
5 6 sub        % Das Ergebnis der dritten Klammer
7 8 mul mul    % wird mit dem der vierten Klammer multipliziert.
div            % Das Ergebnis der ersten Multiplikation wird durch
               % das Ergebnis der zweiten dividiert.
```

1 [1] 2 [2/1] add [3] 3 [3/3] 9 [9/3/3] sub [-6/3] mul [-18]

5 [5/-18] 6 [6/5/-18] sub [-1/-18] 7 [7/-1/-18] 8 [8/7/-1/-18] add [15/-1/-18] mul [-15/-18] div [1.2]

Aufgabe 2-3:

Wir wollen ein Programm schreiben, das ein Blatt mit unserem Namen kennzeichnet. Dieses Programm muß die folgenden Punkte beinhalten:

- Ein Font auswählen.
- Den aktuellen Punkt setzen.
- Den String definieren und ausgeben.
- Die Seite ausgeben.

Lösung zu Aufgabe 2-3:

```
/Helvetica findfont 10 scalefont setfont   % Ein Font auswählen.
40 40 moveto                               % Den aktuellen Punkt setzen.
(Peter Demomann) show                      % Den String definieren und ausgeben.
showpage                                   % Die Seite ausgeben.
```

C Lösungen zu den Aufgaben

Aufgabe 2-4:

In dem auf Seite 19 abgebildeten Formular, das von Ihnen programmiert werden soll, sind die Schriften /Times-Roman, /Times-Bold und /Helvetica eingesetzt. Die Positionierung und der Schriftgrad der Texte sollen anhand der Markierungen geschätzt werden.

Lösung zu Aufgabe 2-4:

```
/X1 440 def           % X-Position des Textblockes.
/Times-Bold findfont  % Font für »Berg KG«.
 28 scalefont setfont
X1 790 moveto         % Position fur »Berg KG«.
(Berg KG) show
/Times-Bold findfont  % Font für zweite Zeile.
 14 scalefont setfont
X1 770 moveto         % Position zweite Zeile.
(Industrie-Leasing) show

2 setlinewidth        % Linienstärke langer Strich.
0 760 moveto          % Startposition langer Strich.
546 0 rlineto         % Endposition langer Strich.
stroke                % Langen Strich zeichnen.

% Die Zeilen zwei und drei ausgeben.
/Times-Roman findfont 12 scalefont setfont
X1 742 moveto
(Taunusallee 23-57) show
X1 726 moveto
(1000 Berlin 23) show

0.5 setlinewidth      % Linienstärke kurze Linie.
0 562 moveto          % Startposition kurze Linie.
25 0 rlineto          % Endposition kurze Linie.
stroke                % Kurze Linie zeichnen.

% Nun die Absenderzeile für den Fensterumschlag.
72 706 moveto
/Helvetica findfont 8 scalefont setfont
(Berg KG  -  Postfach 23 12 52  -  1000 Berlin 23) show

showpage              % Die Seite ausgeben.
```

Aufgabe 3-1:

Schreiben Sie bitte eine Funktion »cm«, die die Angabe von Entfernungen in Zentimeter erlaubt (1 Inch entspricht 2,54 cm).

Lösung zu Aufgabe 3-1:

1 Inch entspricht 2,54 Zentimeter und 1 Inch entspricht 72 pt. Daraus folgt der Dreisatz:

2,54 cm = 72 pt
 n cm = x pt

Durch Umstellung erhält man

$x = n \cdot 72 / 2{,}54$

In einem PostScript-Programm sieht die Formel wie folgt aus:

```
/cm { 72 mul 2.54 div } def    % Der Wert von »n« steht auf dem Stack.
```

Aufgabe 3-2:

Welche Daten befinden sich nach der Bearbeitung der nachfolgenden Zeilen jeweils auf dem Stack?

```
1)   4 { 1 2 add 3 sub } repeat

2)   2 { } repeat

3)   2 3 { 2 mul } repeat
```

C Lösungen zu den Aufgaben

Lösung zu Aufgabe 3-2-1:

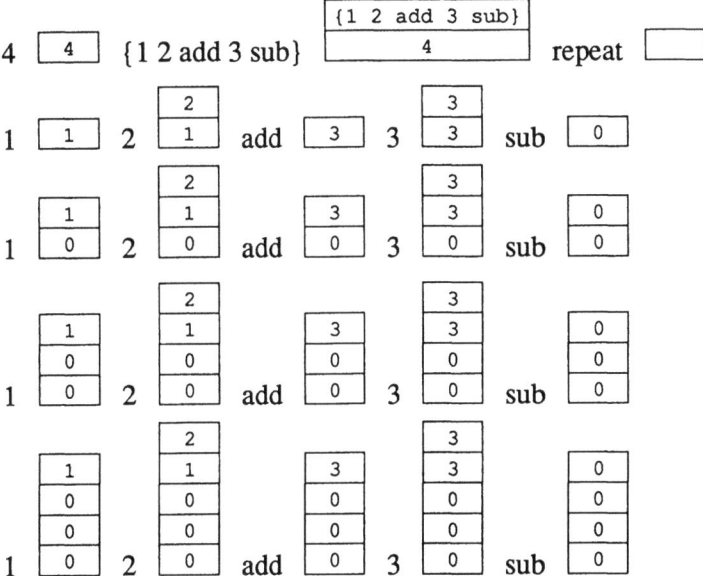

Lösung zu Aufgabe 3-2-2:

Die Ausführung einer leeren Prozedur hat keinerlei Auswirkungen. Das gilt im gleichen Maße, wenn eine leere Prozedur zweimal ausgeführt wird

Lösung zu Aufgabe 3-2-3:

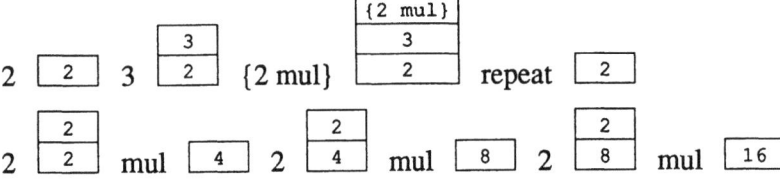

Aufgabe 3-3:

Geben Sie bitte zu jeder folgenden Zeile den Inhalt des Stacks an:

1) 1 2 3 4 { mul } for

2) 1 1 5 { dup -1 roll } for

3) 0 0.1 0.4 2.3 { add } for

4) 100 20 -5 0 { add } for

Lösung zu Aufgabe 3-3-1:

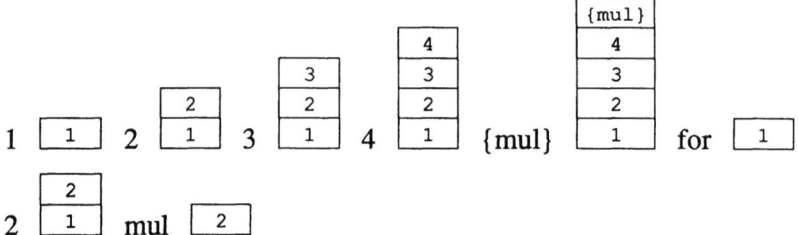

Die Prozedur zum Befehl »for« wird nur einmal ausgeführt, da die Laufvariable nach dem ersten Durchlauf (2 + 3) schon größer als der Endwert (4) ist.

Lösung zu Aufgabe 3-3-2:

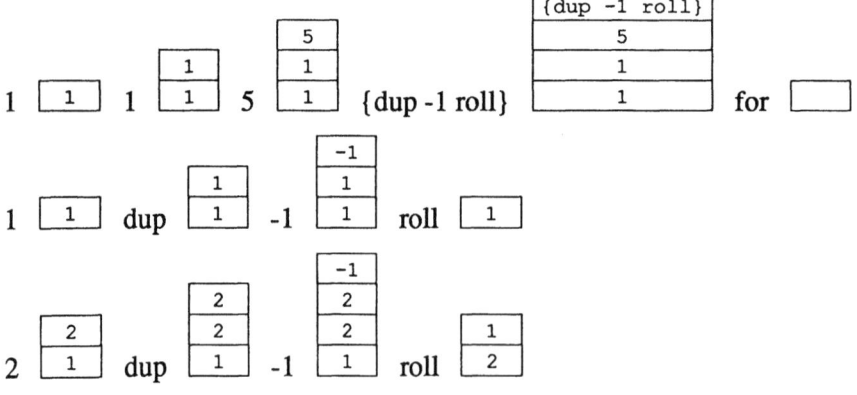

C Lösungen zu den Aufgaben

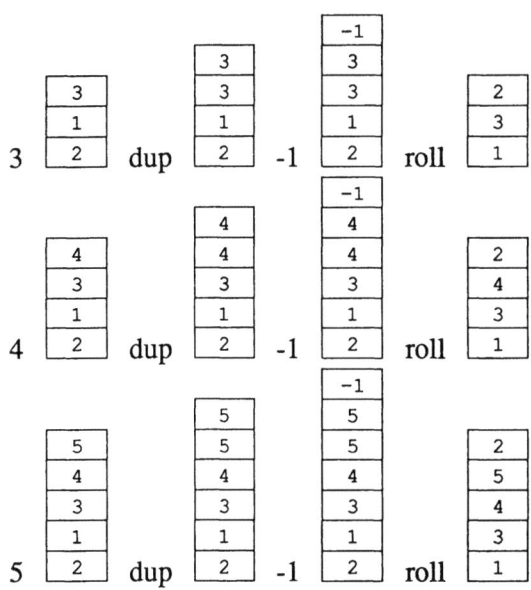

Lösung zu Aufgabe 3-3-3:

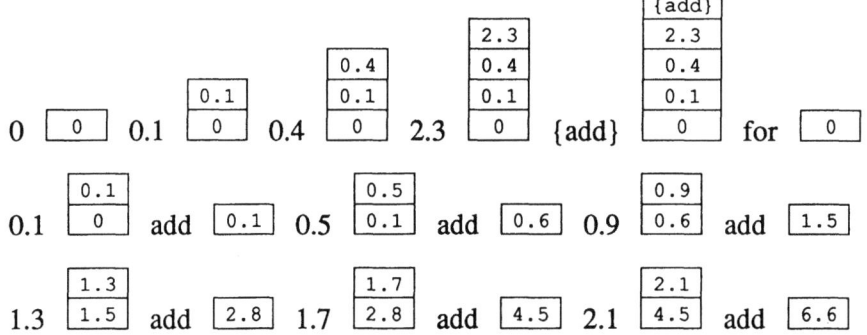

Lösung zu Aufgabe 3-3-4:

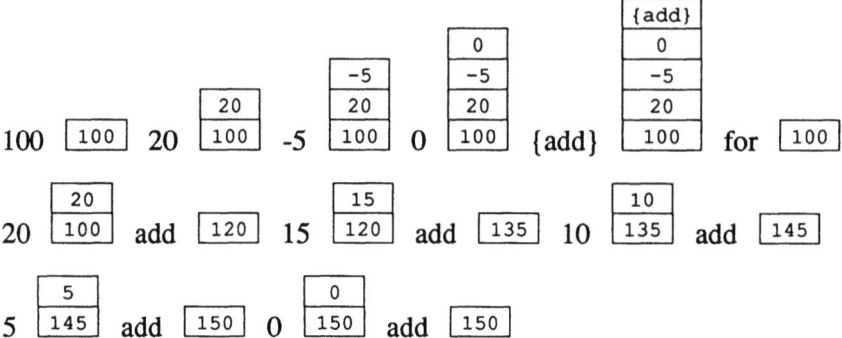

Aufgabe 3-4:

Erstellen Sie bitte das auf Seite 36 abgebildete Gitter unter Verwendung des Operators »for«.

Lösung zu Aufgabe 3-4:

```
0.5 setlinewidth
100 100 translate

0 1 20 {
    20 mul dup 0 moveto 0 400 rlineto stroke
} for
0 1 20 {
    20 mul dup 0 exch moveto 400 0 rlineto stroke
} for
```

Aufgabe 4-1:

Konstruieren Sie die auf Seite 44 abgebildeten Kästchen mit den Befehlen »moveto«, »rmoveto«, »lineto«, »rlineto«, »closepath«, »fill«, »stroke«, »setlinewidth« und »setgray« worden.

C Lösungen zu den Aufgaben 233

Lösung zu Aufgabe 4-1:

```
/Box {
    100 0 rlineto
    0 100 rlineto
    -100 0 rlineto
    closepath
} def

100 100 moveto Box stroke
300 100 moveto Box fill
100 300 moveto Box gsave 0.6 setgray fill grestore stroke
300 300 moveto Box gsave 0.8 setgray fill grestore
0.4 setgray 10 setlinewidth stroke
100 500 moveto Box 0 setgray fill
150 550 moveto Box 0.2 setgray fill
200 600 moveto Box 0.4 setgray fill
250 650 moveto Box 0.6 setgray fill
300 700 moveto Box 0.8 setgray fill
```

Aufgabe 5-1:

Der auf Seite 51 abgebildete Ring ist aus einem **einzigen** aktuellen Pfad entstanden. Erstellen Sie bitte ein Programm für diese Figur. Das Programm darf nur einmal den Befehl »fill« und nur einmal den Befehl »stroke« enthalten.

Lösung zu Aufgabe 5-1:

Um den Ring mit einem einzigen Befehl »stroke« zu umrahmen, muß er aus einem einzigen Pfad gebildet werden. Das gleiche gilt natürlich für den Befehl »fill«. Damit die richtigen Bereiche gefüllt werden, besteht die eine Hälfte des Pfades auf einem normalen Kreis und die andere Hälfte aus einem gegenläufigen.

Leider erweist sich die Definition des zweiten Kreises als etwas schwieriger. Hier muß die Eigenschaft berücksichtigt werden, daß der Kreisbefehl eine Linie vom aktuellen Punkt, der sich ja auf dem ersten Kreis befindet, zu dem Startpunkt des Kreises zieht. Diese Linie stört zwar das Füllen nicht, aber der Befehl »stroke« wertet ihn natürlich auch aus.

Das Problem läßt sich am einfachsten dadurch lösen, daß man nach der Definition des ersten Kreises einfach den aktuellen Punkt durch den Befehl »moveto« bzw. »rmoveto« auf den Startpunkt des zweiten Kreises setzt.

```
300 300 100 0 360 arc      % 1. Kreis
-20 0 rmoveto              % Zum zweiten Kreis bewegen.
300 300 80 360 0 arcn      % 2. Kreis
gsave
0.5 setgray
fill
grestore
0 setgray
2 setlinewidth
stroke
```

Aufgabe 5-2:

Das auf Seite 54 abgebildete Ei ist aus zwei Bezierkurven zusammengesetzt. Versuchen Sie bitte, ein ähnlich aussehendes Ei durch ein kleines PostScript-Programm zu zeichnen. Natürlich sollen auch hier die Befehle »stroke« und »fill« nur einmal verwendet werden.

Lösung zu Aufgabe 5-2:

```
300 200 moveto
150 200 225 500 300 500 curveto
375 500 450 200 300 200 curveto
closepath
gsave
0.7 setgray fill
grestore
2 setlinewidth
stroke
```

Aufgabe 5-3:

Schreiben Sie bitte ein Programm, mit dem das auf Seite 56 abgebildete, abgerundete Viereck durch einen einzigen Befehl »stroke« gezeichnet wird.

C Lösungen zu den Aufgaben

Lösung zu Aufgabe 5-3:

```
/take_four {              % Zum Löschen der Tangentialpunkte.
    pop pop pop pop } def
/Arcto {                  % arcto ohne Tangentialpunkte.
    arcto take_four } def
100 400 moveto            % Startpunkt des Pfades.
100 600 500 600 20 Arcto  % 1. Teilstück.
500 600 500 100 20 Arcto  % 2. Teilstück.
500 100 100 100 20 Arcto  % 3. Teilstück.
100 100 100 600 20 Arcto  % 4. Teilstück.
closepath                 % Pfad schließen und
stroke                    % ausgeben.
```

Aufgabe 6-1:

Erstellen Sie die auf Seite 61 abgebildeten Linien unter Verwendung des Befehls »setdash«.

Lösung zu Aufgabe 6-1:

```
/lx 100 def               % Linker Linienrand.
/dist 400 def             % Länge der Linien.
/rx lx dist add def       % Rechter Linienrand.
5 setlinewidth
rx 100 moveto rx 450 lineto % Die rechte Senkrechte und
lx 100 moveto lx 450 lineto % die linke Senkrechte
stroke                      % zeichnen.

% Nun die gestrichelten Linien, beginnend mit der obersten.
%
lx 400 moveto             % Startpunkt und
dist 0 rlineto            % Endpunkt der Linie definieren,
[30] 0 setdash            % Strichelung festlegen und
stroke                    % die Linie zeichnen.

% Die folgenden Linien auf die gleiche Art erzeugt.
%
lx 350 moveto dist 0 rlineto [30] 15 setdash stroke
lx 300 moveto dist 0 rlineto [20 mm 10 mm] 10 mm setdash stroke
lx 250 moveto dist 0 rlineto [15 30 7.5] 2.5 setdash stroke
lx 200 moveto dist 0 rlineto [30 15] 42 setdash stroke
lx 150 moveto dist 0 rlineto [] 0 setdash stroke
```

C Lösungen zu den Aufgaben

Aufgabe 6-2:

Das nachfolgende PostScript-Programm führt in einigen Dictionaries zu Veränderungen. Tragen Sie bitte die Veränderungen der Dictionaries in das darunter gezeichnete Diagramm ein.

```
/A 10 def
/B (Hallo) def
/C A 5 mul def
5 dict begin
/A A 1 add def
/B 11 def
end
/D A 2 div def
```

Lösung zu Aufgabe 6-2:

Die Veränderungen, die das Programm hervorruft, werden wir Zeile für Zeile anhand eines Stackdiagramms und dem Dictionary-Diagramm verfolgen. Beginnen wir mit der ersten Zeile.

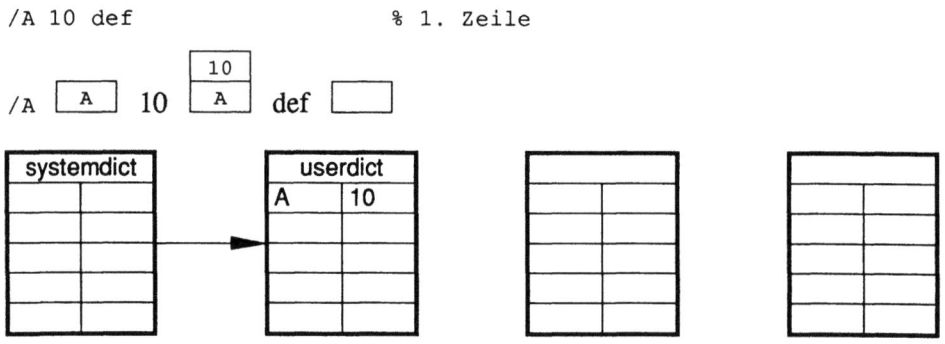

C Lösungen zu den Aufgaben

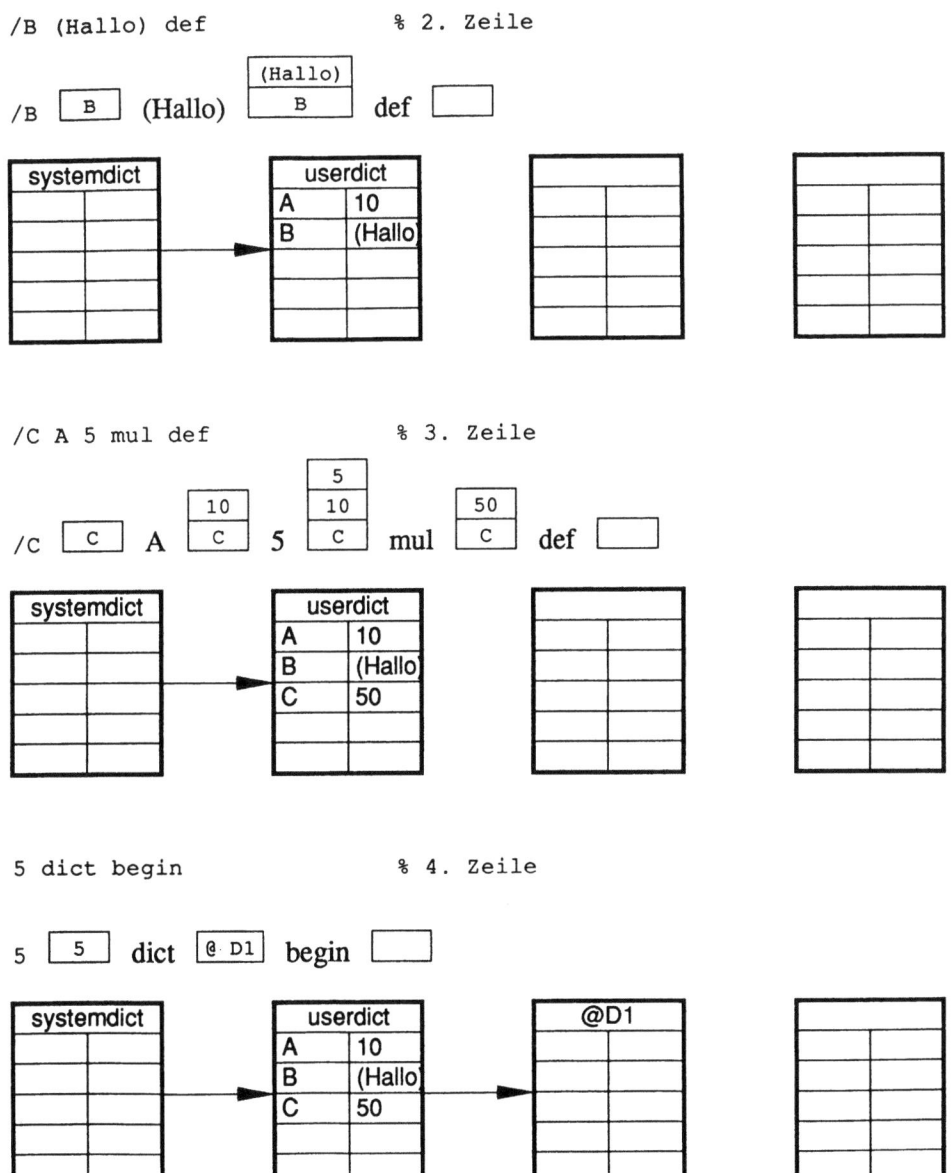

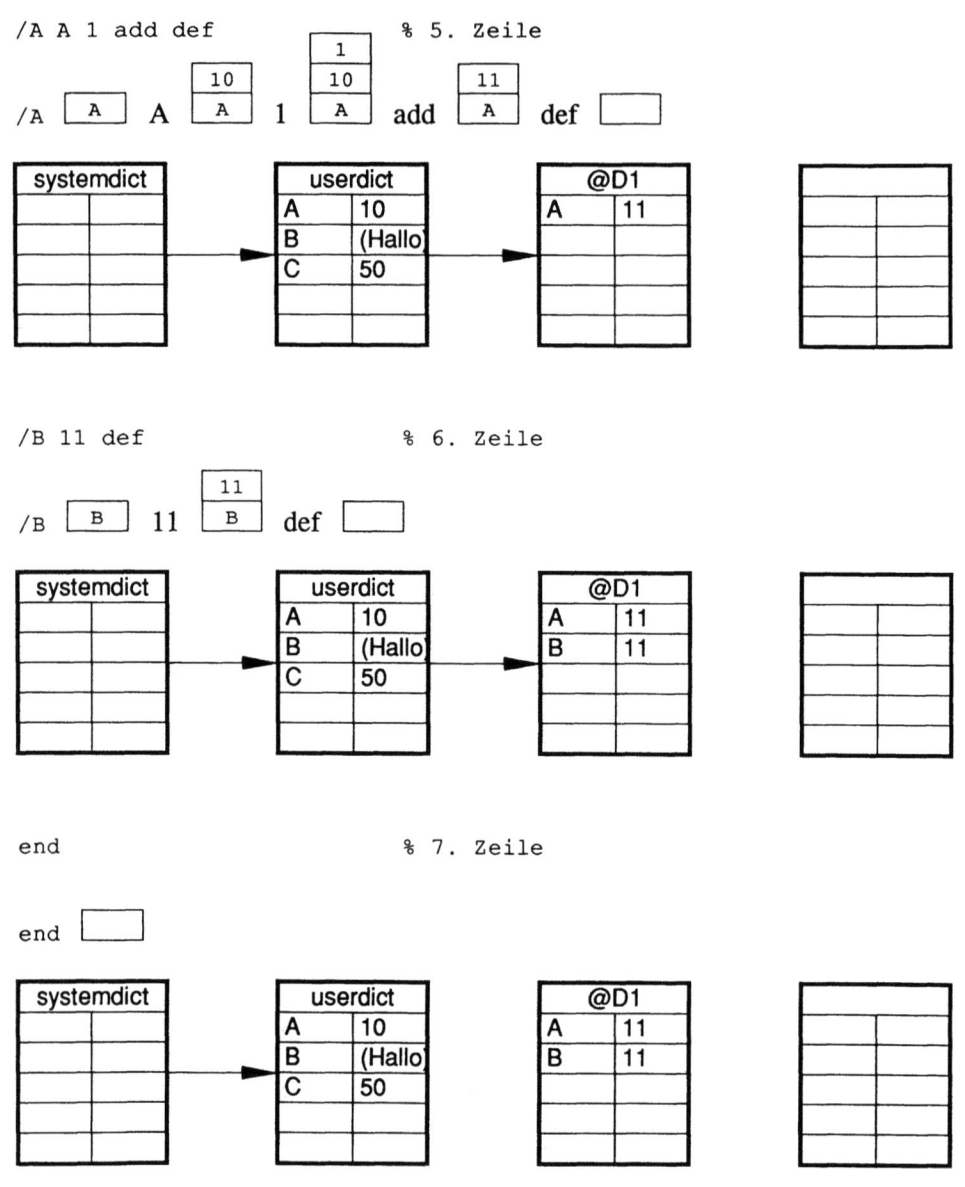

C Lösungen zu den Aufgaben 239

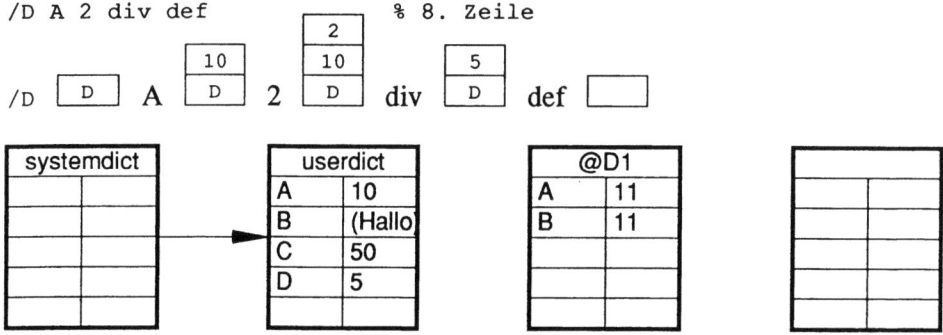

Aufgabe 6-3:

Tragen Sie bitte auch für dieses PostScript-Programm die Veränderungen der Dictionaries in das darunter gezeichnete Diagramm ein.

```
/A 5 dict def
/B 25 def
A begin
/B B def
/B B B mul def
/C 5 dict dup begin
/C B 1 add def
/D A def
/E D /B get def
D /B (Hallo) put
end def
end
```

Lösung zu Aufgabe 6-3:

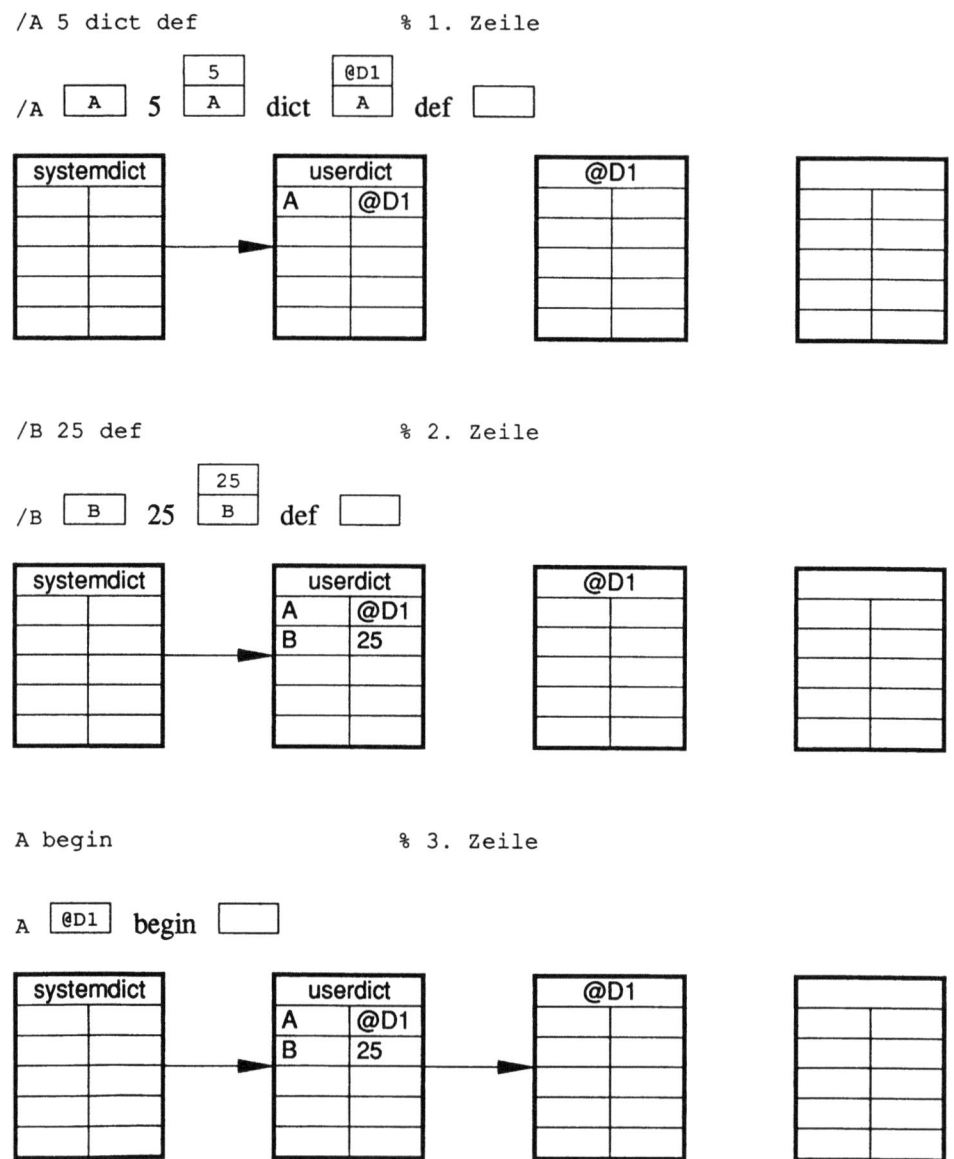

C Lösungen zu den Aufgaben 241

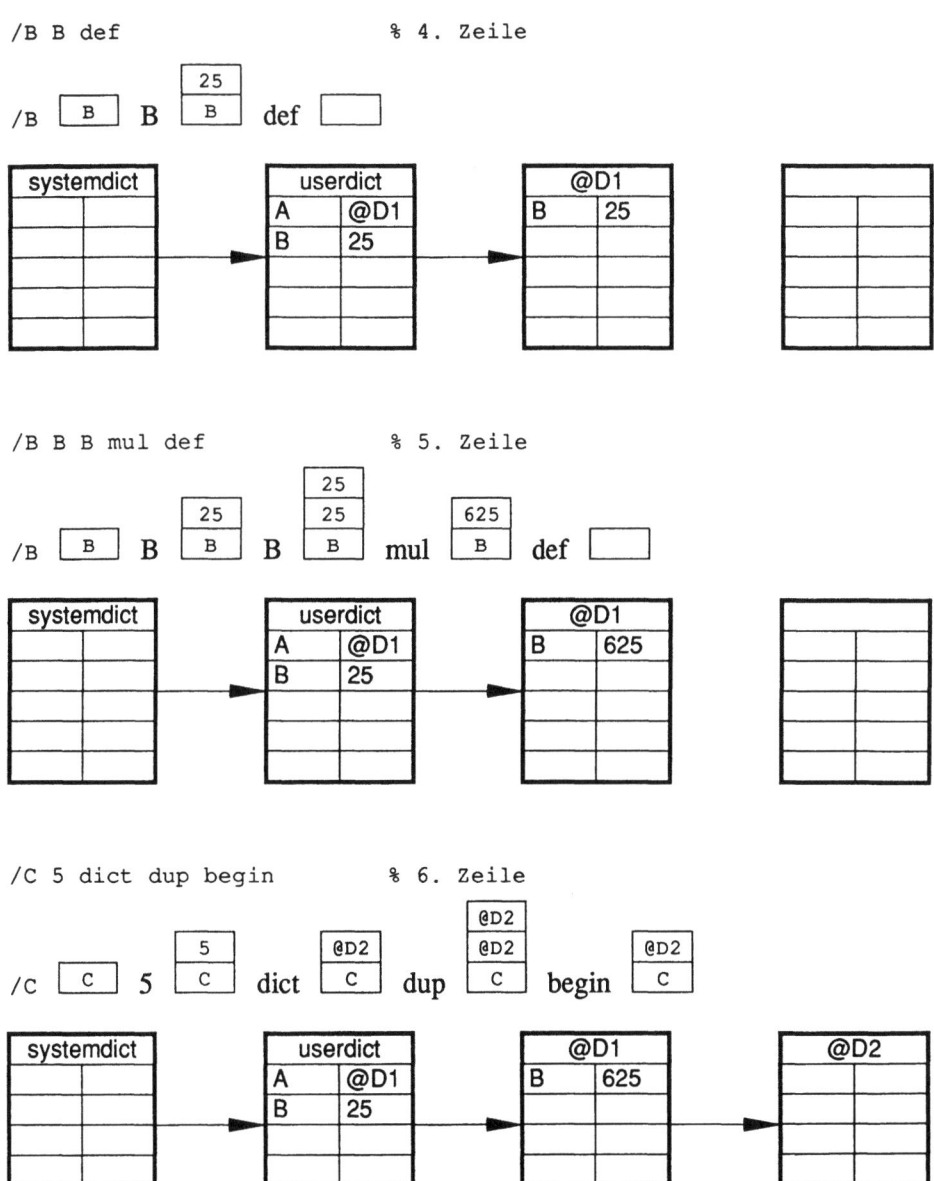

C Lösungen zu den Aufgaben

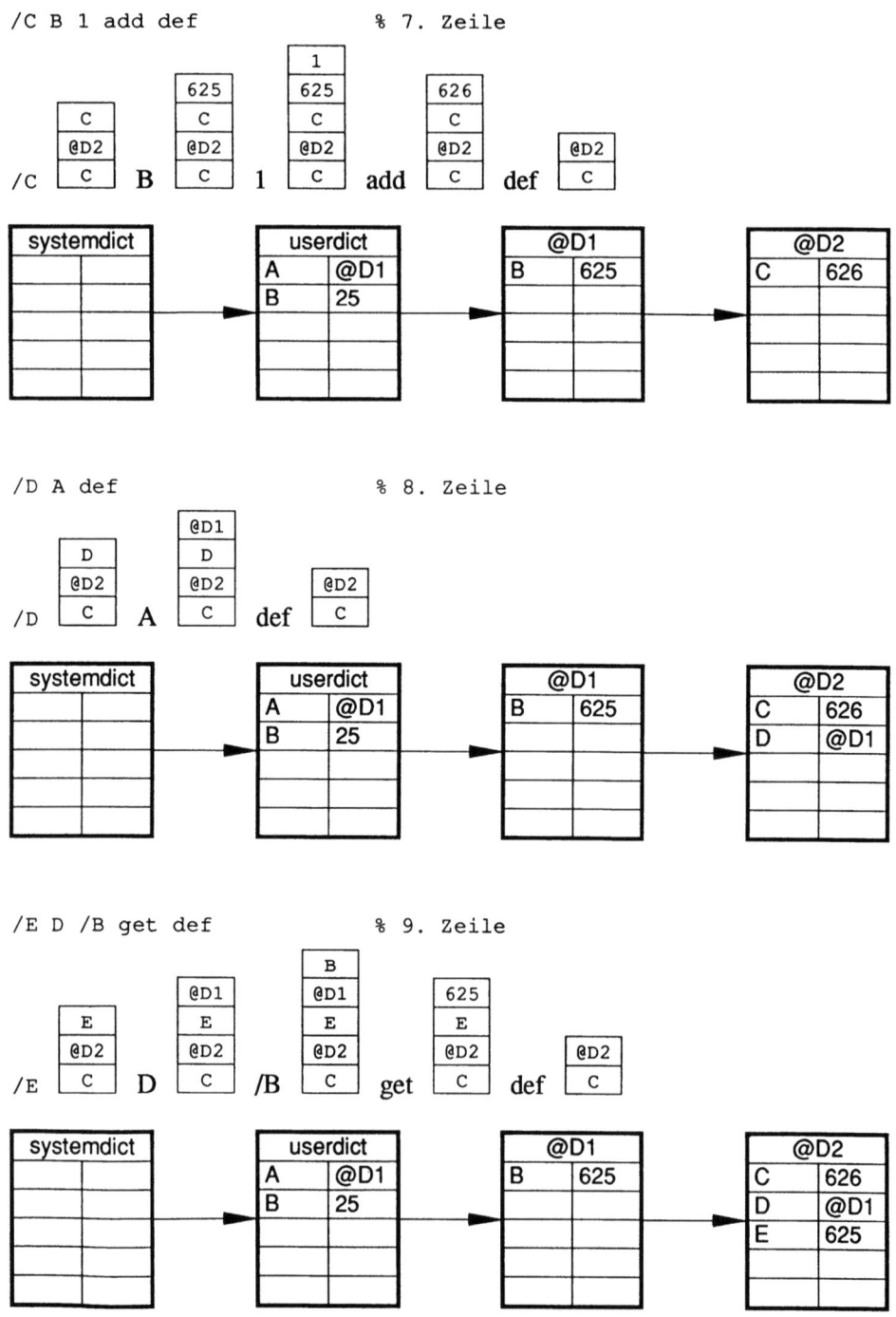

C Lösungen zu den Aufgaben 243

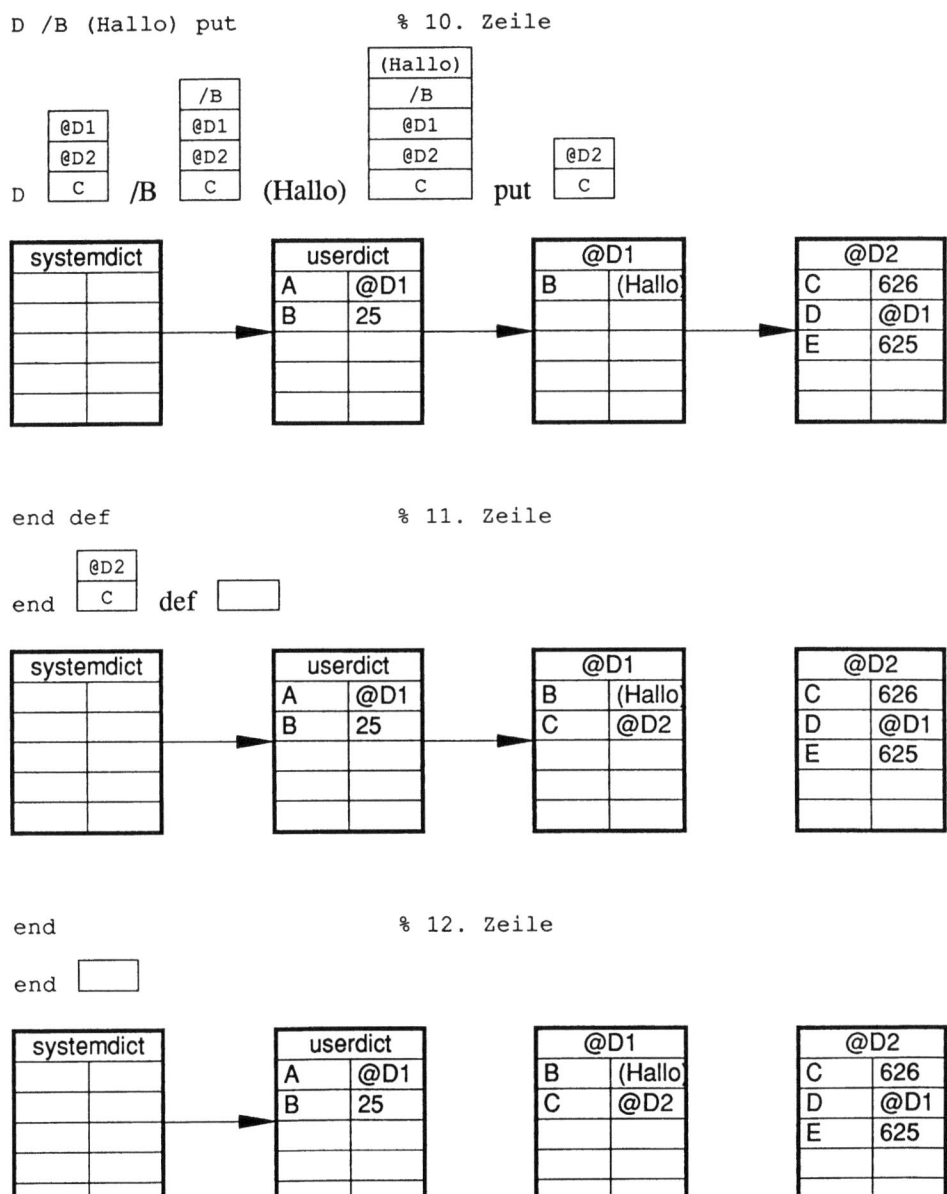

Aufgabe 6-4:

Versuchen Sie bitte herauszufinden, was die folgenden Programmzeilen bewirken:

```
1) (2. Besonderes) 3 10 getinterval

2) /str 20 string def
   /Kapitelnummer 3 def
   ( Spezielles) 0 Kapitelnummer str cvs putinterval

3) /A 5 array def
   A 0 [(a) (b) (c)] putinterval
   A 2 [(d) (e) (f)] putinterval
```

Lösung zu Aufgabe 6-4-1:

Aus dem String »(2. Besonderes)« werden ab dem vierten Zeichen, einem »B«, dieses und die folgenden neun Zeichen herausgelöst. Das Ergebnis lautet also »(Besonderes)«.

Lösung zu Aufgabe 6-4-2:

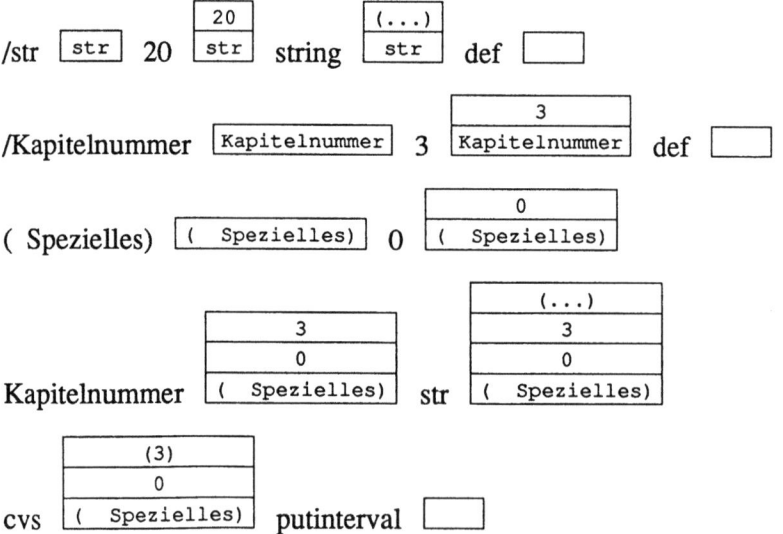

Der Befehl »putinterval« hat den veränderten Zielstring vom Stack genommen. Er hat nun die Form »(3 Spezielles)«.

C Lösungen zu den Aufgaben 245

Lösung zu Aufgabe 6-4-3:

Das Array, das unter dem Namen »A« abgelegt wurde, hat in der zweiten Zeile den Inhalt »[(a) (b) (c) null null]« und in der dritten Zeile den Inhalt »[(a) (b) (d) (e) (f)]«.

Aufgabe 7-1:

Das folgende kleine PostScript-Programm besteht aus zwei Teilen. Im ersten Teil werden einige Variablen gesetzt und im zweiten Teil werden diese für verschiedene Abfragen verwendet. Geben Sie bitte für jede Zeile des zweiten Teils an, welcher logische Wert durch die Abfrage erzeugt wird.

```
% Beginn des ersten Teils:
/a 10 def
/b 30 def
a a { 1 add } repeat
/c exch def
/A (Dies ist ein String) def
/B (Noch ein String) def
/d B length def
/C d string def
0 1 d 1 sub {dup B exch get C 3 1 roll put} for
% Ende des ersten Teils.

% Nun beginnen die Abfragen:
a b gt                  % 1. Abfrage
b c ge                  % 2. Abfrage
a d le                  % 3. Abfrage
A C gt                  % 4. Abfrage
C B gt d c gt and       % 5. Abfrage
C B lt d c lt or        % 6. Abfrage
C B ge d c ge xor       % 7. Abfrage
```

Lösung zu Aufgabe 7-1:

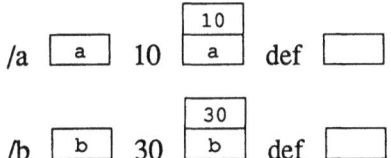

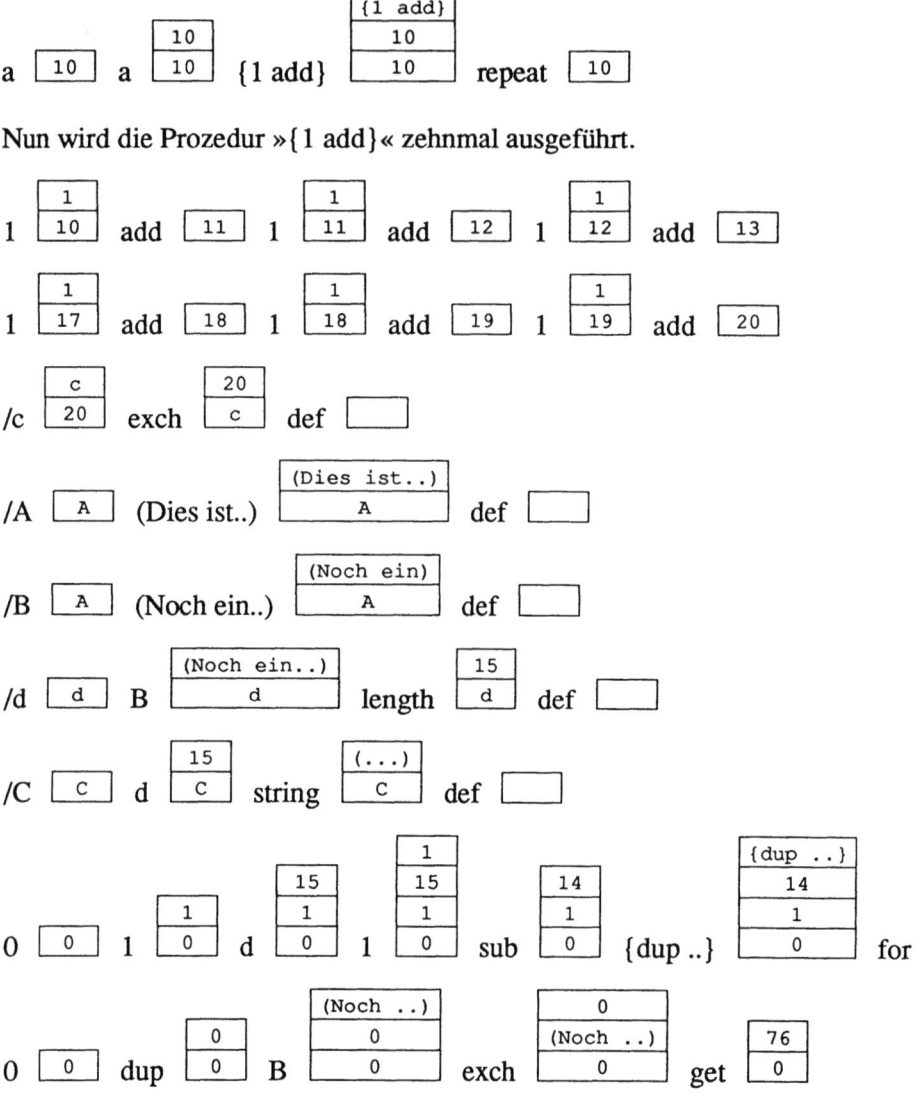

Nun wird die Prozedur »{1 add}« zehnmal ausgeführt.

C Lösungen zu den Aufgaben

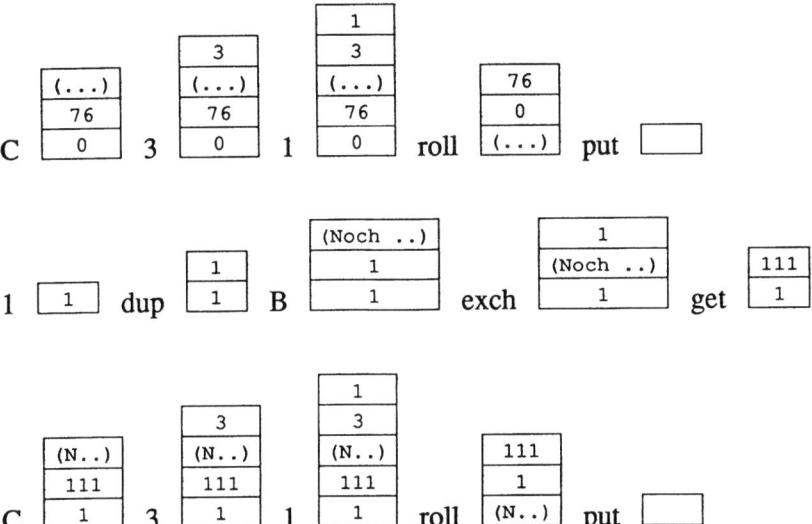

Die »for«-Schleife läuft über alle Zeichen des Strings, der unter dem Namen »B« abgelegt ist, holt jeweils das nächste Zeichen und legt es in dem String unter dem Namen »C« ab. Der Inhalt der beiden Strings ist also nach Abschluß des Befehls »for« identisch.

Nun zum zweiten Teil. Der Übersicht halber wird nach den Vergleichsoperationen der logische Wert in den folgenden Zeilen nicht mehr angezeigt.

a ⎡10⎤ b ⎡30⎤
          ⎣10⎦ gt ⎡false⎤

b ⎡30⎤ c ⎡20⎤
          ⎣30⎦ ge ⎡true⎤

a ⎡10⎤ d ⎡15⎤
          ⎣10⎦ le ⎡true⎤

A ⎡(Dies ist..)⎤ C ⎡(Noch ein..)⎤
                     ⎣(Dies ist..)⎦ gt ⎡false⎤

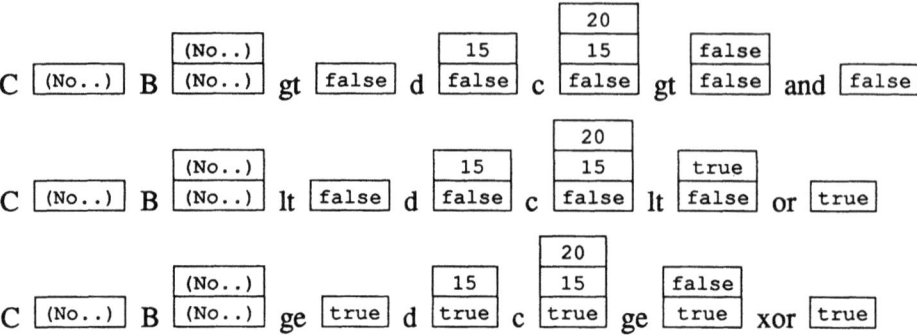

Aufgabe 7-2:

Die Hintergrundschrift auf Seite 89 soll mit dem Befehl »loop« erzeugt werden. Zwei Abfragen müssen in der Prozedur durchgeführt werden. Zum einen muß am Zeilenende auf den Beginn der nächsten Zeile positioniert werden. Zum anderen ist es notwendig, beim Unterschreiten des unteren Randes die Schleife durch den Befehl »exit« zu verlassen.

Lösung zu Aufgabe 7-2:

```
/Times-Roman findfont 16 scalefont setfont
/lx 100 def              % Linker Rand,
/rx 500 def              % rechter Rand,
/ly 600 def              % oberer Rand,
/ry 100 def              % und unterer Rand.
/str (PostScript ) def
/NL {                    % Nächste Zeile (siehe S. 86).
    lx currentpoint exch pop 17 sub moveto
    } def

lx ly moveto
0.5 setgray
{
    str stringwidth pop    % Laufweite des Textes zum aktuellen
    currentpoint pop add   % X-Wert addieren und mit dem rechten
    rx gt                  % Rand vergleichen; ist er größer,
    { NL } if              % springen wir auf die nächste Zeile.

    currentpoint exch pop  % Die aktuelle Y-Position mit dem
    ry lt                  % unteren Rand vergleichen und die Schleife
    { exit } if            % abbrechen, falls sie kleiner ist.

    str show               % Text ausgeben.
```

C Lösungen zu den Aufgaben

```
    } loop              % Läuft solange, bis der Befehl
                        % »exit« ausgeführt wird.
% Nun den fetten Text.
/Times-Roman findfont 60 scalefont setfont
0 setgray
rx lx add 2 div         % Die Mitte zwischen »rx« und »lx«.
str stringwidth pop 2 div % Hiervon die halbe Laufweite des Textes
sub 500 moveto          % abziehen und an diesen Punkt gehen.
str show                % Text ausgeben.

showpage                % Das war's.
```

Aufgabe 8-1:

Erweitern Sie bitte das Beispiel für die Ausgabe aller Fontnamen dahingehend, daß die Zeilen in dem jeweiligen Font ausgegeben werden.

Lösung zu Aufgabe 8-1:

```
/Linker-Rand 100 def
/Oberer-Rand 600 def

/NL {                   % Diese Funktion soll den aktuellen Punkt auf
                        % den Beginn der nächsten Zeile bringen.
   Linker-Rand          % Die X-Position ist fest.
   currentpoint         % Die aktuelle Position besorgen
   exch pop             % und den aktuellen X-Wert löschen.
   12 sub               % Vom aktuellen Y-Wert 12 pt abziehen.
   moveto               % An die neue Position gehen.
   } def

/str 40 string def      % Einen leeren String unter dem Namen
                        % »str« ablegen.

Linker-Rand Oberer-Rand moveto   % Ausgangsposition

FontDirectory           % Hier stehen alle Fonts.
{                       % Beginn der »forall«-Prozedur.
                        % Auf dem Stack stehen Fontname und Font.
%%%%%%%%%%%%%%%%%%%%%%%%%%%%%%%%%%%%%%%%%%%%%%%%%%%%%%%%%%%
% Da das Font an dieser Stelle in der gleichen Weise oben auf dem %
% Stack steht wie nach dem Aufruf des Befehls »findfont«, kann    %
% man den Eintrag natürlich in der gleichen Weise anwenden!       %
%%%%%%%%%%%%%%%%%%%%%%%%%%%%%%%%%%%%%%%%%%%%%%%%%%%%%%%%%%%
     dup 10 scalefont setfont  % Das war's!
%%%%%%%%%%%%%%%%%%%%%%%%%%%%%%%%%%%%%%%%%%%%%%%%%%%%%%%%%%%
```

```
%   Ende der Erweiterung für diese Aufgabe.                              %
%%%%%%%%%%%%%%%%%%%%%%%%%%%%%%%%%%%%%%%%%%%%%%%%%%%%%%%%%%%%%%%%%%%%%%%%%%
    (Das Font ) show      % Fülltext.
    exch                  % Fontname nach oben holen,
    str cvs show          % in einen String konvertieren und ausgeben.
    ( gehoert zur Familie ) show
    /FontInfo get         % Aus dem Font diesen Eintrag holen
    /FamilyName get       % und aus diesem wiederum den Familiennamen.
    show                  % Den Familiennamen ausgeben.
    (.) show              % Fülltext.
    NL                    % Auf die nächste Zeile gehen.
}                         % Ende der »forall«-Prozedur.
forall                    % Alle Einträge der FontDirectory bearbeiten.
showpage                  % Die bearbeitete Seite ausgeben.
```

Aufgabe 8-2:

Den mit dem Befehl »charpath« erzeugten Pfad kann man natürlich gleichzeitig zum Füllen und zum Zeichnen der Umrißlinie verwenden. Selbstverständlich darf der Befehl »charpath« nur einmal verwendet werden!

Lösung zu Aufgabe 8-2:

```
/Times-Bold findfont 40 scalefont setfont
100 100 moveto                % Startpunkt des Textes.
(Mit Rand) true charpath      % Aktuellen Pfad besorgen
gsave                         % und merken.
0.6 setgray fill              % Den Text grau füllen.
grestore                      % Aktuellen Pfad restaurieren
0.5 setlinewidth stroke       % und umreißen.
showpage                      % Ergebnis ausdrucken.
```

Aufgabe 8-3:

Wenn ein größerer Text in einem Outlinefont ausgegeben werden soll, ist es zweckmäßig, statt des Befehls »charpath« ein Outlinefont zu verwenden. Hierzu muß in dem Font, das vom *PaintType* 0 sein muß, dieser in 2 geändert und der Eintrag »StrokeWidth« gesetzt werden. Eine Beschreibung von »StrokeWidth« finden Sie in Kapitel 8.1.

Ihre Aufgabe ist es nun, eine Prozedur zu schreiben, die zwei Argumente übergeben bekommt, wobei das erste der Name der Originalfonts und das zweite der Name des Outlinefonts ist. Die Anwendung könnte beispielsweise folgendermaßen aussehen:

```
/Times-Bold /Times-Outline outlinefont
% »outlinefont« ist der Name der Routine,
% die Sie geschrieben haben.

/Times-Outline findfont 10 scalefont setfont
100 100 moveto
(Dies ist eine Ausgabe mit dem Font Times-Outline) show
showpage
```

Lösung zu Aufgabe 8-3:

```
/outlinefont {
   /outline-font exch def     % Namen merken.
   /basis-font exch def       % dito.
   /fontdict                  % Dem neuen Namen eine Dictionary
   basis-font findfont maxlength  % der Größe des Basisfonts
   1 add dict def             % plus eins fuer den Eintrag
                              % »StrokeWidth« zuweisen.

   basis-font findfont {      % Alle Einträge des Basisfonts außer
      exch dup /FID eq        % »FID« in das neue Font kopieren.
      { pop pop }
      { exch fontdict 3 1 roll put }
      ifelse
   } forall                   % Für alle Einträge des Basisfonts.

   fontdict /PaintType 2 put  % Typ auf Umranden setzen.
   fontdict /StrokeWidth 40 put  % Linienstärke der Umrandung setzen.
   outline-font fontdict      % Die neue Fontdictionary unter dem
   definefont pop             % mitgegebenen Namen bekanntmachen.
} def
```

Aufgabe 8-4:

Erweitern Sie bitte das Userfont dahingehend, das als weiteres Zeichen ein Ring wie in Aufgabe 5-1 unter dem ASCII-Kode des Buchstabens »D« abgelegt wird.

Lösung zu Aufgabe 8-4:

Die notwendigen Erweiterungen sind durch die Verwendung des Fonts »Courier-Italic« gekennzeichnet.

```
/Einfaches-Font 8 dict def      % Diese Dictionary wird ein Font.
Einfaches-Font begin            % Auf den dictstack legen.
/Encoding 256 array def         % Neues Encoding anlegen.
%----------------------- Marke 1 -------------------------------
0 1 255 {                       % Index läuft von 0 bis 255.
    Encoding exch /nichts put   % Alle Einträge initialisieren.
} for
Encoding 65 /Viereck put        % Prozedur für das Zeichen »A«.
Encoding 66 /Dreieck put        % Prozedur für das Zeichen »B«.
Encoding 67 /Kreis put          % Prozedur für das Zeichen »C«.
Encoding 68 /Ring put           % Prozedur für das Zeichen »D«.
/Zeichen-Prozeduren 5 dict def  % Hier werden die Prozeduren für
Zeichen-Prozeduren begin        % die Zeichen abgelegt.
    /nichts {} def              % Für undefinierte Zeichen.
    /Viereck {                  % Erzeuge ein Viereck.
        100 100 moveto
        900 100 lineto
        900 900 lineto
        100 900 lineto
        fill
    }def
    /Dreieck {                  % Erzeuge ein Dreieck.
        100 100 moveto
        900 100 lineto
        500 900 lineto
        fill
    } def
    /Kreis {                    % Erzeuge einen Kreis.
        500 500 400 0 360 arc
        fill
    } def
    /Ring {
        500 500 400 0 360 arc
        500 500 300 360 0 arcn
        fill
    } def
end
/FontType 3 def                 % Es ist ein Userfont
```

C Lösungen zu den Aufgaben 253

```
/FontName /Einfaches-Font def      % mit Namen »Einfaches-Font«.
/FontMatrix                        % Koordinatensystem dieses Fonts.
    [0.001 0 0 0.001 0 0] def      % 1000 pt in X- und Y-Richtung.
/FontBBox [0 0 1000 1000] def      % Maximaler Platz für ein Zeichen.
/BuildChar {                       % Das Font und das Zeichen stehen
                                   % beim Aufruf auf dem Stack.
    exch begin                     % Das Font aktivieren.
    1000 0                         % Konstante Dickte für alle Zeichen.
    0 0 1000 1000                  % Platzdefinition für den Fontcache.
    setcachedevice                 % Dickte und Platz auswerten.
    Encoding exch get              % Namen des Zeichens besorgen.
    Zeichen-Prozeduren exch get    % Prozedur diesen Names holen
    end exec                       % und ausführen.
    } def                          % Ende der Prozedur »BuildChar«.
end                                % Abschluß zu »Einfaches-Font begin«.
/Einfaches-Font Einfaches-Font     % Name und Font auf den Stack und
    definefont pop                 % in »FontDirectory« eintragen.
```

Aufgabe 9-1:

Entwickeln Sie bitte ein Programm zur Erzeugung der auf Seite 132 abgebildeten Graphik.

Lösung zu Aufgabe 9-1:

```
/x 300 def           % Mitte der Graphik und der Kreise.
/yk 500 def          % Y-Wert des Kreises.
/ya 200 def          % Y-Wert der Buchstaben.

% Zuerst zeichnen wir das Pleul, da es an seinen Enden von dem Kreis
% bzw. von dem Kolben übermalt wird.
x 30 add yk moveto
x ya 60 add lineto
10 setlinewidth
0.2 setgray
stroke

% Nun folgt das Antriebsrad.
0 setgray
0.5 setlinewidth
newpath
% Der große Kreis.
x yk 70 0 360 arc gsave 0.8 setgray fill grestore stroke
newpath
% Der kleine Kreis in der Mitte des großen.
x yk 3 0 360 arc fill
```

```
% Der kleine weiße Kreise am oberen Ende des Pleuls.
x 30 add yk 5 0 360 arc gsave 1 setgray fill grestore stroke

% Und nun der Kolben.
x 20 add ya 40 add moveto
-40 0 rlineto 0 40 rlineto 40 0 rlineto closepath
gsave 0.7 setgray fill grestore stroke
% Einen weißen Kreis in der Mitte des Kolbens.
x ya 60 add 5 0 360 arc gsave 1 setgray fill grestore stroke
% Band
0 ya 3 sub moveto 570 0 rlineto 6 setlinewidth stroke

% Das verwendete Zeichen »a« stammt aus dem folgenden Font:
/Times-Roman findfont 86 scalefont setfont

% Zuerst die schmalen Zeichen nach links schreiben.
x 60 sub -60 40 {          % Die Laufvariable ist der X-Wert.
    gsave
    ya moveto
    0.5 1.5 scale          % Schmal und hoch
    hfont
    (a) stringwidth pop 2 div neg 0 rmoveto  % Mittezentriert
    (a) show
    grestore
} for

% Es folgt die Ausgabe des normalen Zeichens.
hfont x ya moveto
(a) stringwidth pop 2 div neg 0 rmoveto (a) show

% Und nun die dicken Zeichen nach rechts schreiben.
x 60 add 60 550 {          % Die Laufvariable ist der X-Wert.
    gsave
    ya moveto
    1.5 0.5 scale          % Dick und niedrig
    hfont
    (a) stringwidth pop 2 div neg 0 rmoveto
    (a) show
    grestore
} for

showpage
```

Aufgabe 9-2:

Lassen Sie mit den Befehlen »rotate« und »translate« einen Text um einen Mittelpunkt rotieren.

Lösung zu Aufgabe 9-2:

```
/Times-Bold findfont 30 scalefont setfont
0.5 setlinewidth           % Linienstärke für die Textumrandung.
300 300 translate          % Um diesen Punkt soll gedreht werden.
0 30 360 {                 % Von 0° bis 360° in 30°-Schritten.
    gsave
    rotate                 % Um Laufvariable rotieren
    30 0 moveto            % und etwas nach rechts bewegen.
    (P) true charpath      % 1. Teil des Textes.
    -3 0 rmoveto           % Ein wenig unterschneiden.
    (ostScript) true charpath % 2. Teil des Textes.
    gsave
    0.6 setgray fill
    grestore
    stroke
    grestore               % Zustand zu Anfang der »for«-Schleife
                           % wiederherstellen, insbesondere die
                           % Wirkung der Rotation aufheben.

} for                      % Schrittweise Rotation ausführen.
showpage
```

Aufgabe 9-3:

Korrigieren Sie Ihre Lösung zur Aufgabe 3-4 dergestalt, daß alle Linien exakt die gleiche Linienstärke besitzen.

Lösung zu Aufgabe 9-3:

```
0.5 setlinewidth
100 100 translate

% Die kleine Routine »pixelgenau« sorgt dafür, daß alle
% Linien exakt bei einem Pixel beginnen.
% Eine genaue Beschreibung der Abläufe innerhalb der Prozedur
% finden Sie im Text vor der Aufgabe.
```

```
/pixelgenau {
   transform round exch round exch itransform
   } def
0 1 20 {
   20 mul dup 0 moveto pixelgenau 0 400 rlineto stroke
   } for
0 1 20 {
   20 mul dup 0 exch pixelgenau moveto 400 0 rlineto stroke
   } for
```

Aufgabe 10-1:

Welche Linienstärke hat die Umrandung des Clippingpfades in dem Beispiel auf der Seite 146?

Lösung zu Aufgabe 10-1:

Die Umrandung des Clippingpfades besitzt die Linienstärke 5, da dieser Pfad die ideale Mittellinie für den Befehl »stroke« bildet. Die Hälfte der Linienstärke liegt innerhalb, die andere Hälfte außerhalb des geclippten Bereiches.

Aufgabe 10-2:

Die Aufgabe 7-2 soll so modifiziert werden, daß sie dem auf Seite 148 angegebenen Muster entspricht. Beachten Sie bitte den Versatz der einzelnen Zeilen.

Lösung zu Aufgabe 10-2:

```
/Times-Roman findfont 14 scalefont setfont
/lx 100 def               % Linker Rand,
/rx 500 def               % rechter Rand,
/ly 600 def               % oberer Rand
/ry 100 def               % und unterer Rand.
/str (PostScript ) def

% Der Versatz wurde in diesem Beispiel auf sehr einfache Weise erzeugt;
% als Startpunkt für die Textzeile wird als X-Wert der Wert des
% aktuellen Y-Wertes genommen. Dieser ist ja in jeder Zeile versetzt.
/NL {                     % Nächste Zeile (siehe S. 86).
   currentpoint exch pop  % Aktuellen Y-Wert besorgen.
   dup neg exch           % Als X-Wert den negativen Y-Wert nehmen
   15 sub moveto          % und zur nächsten Zeile bewegen.
   } def
```

C Lösungen zu den Aufgaben 257

```
% Die Grenzen des Textfeldes festlegen.
rx ry moveto lx ry lineto lx ly lineto rx ly lineto closepath
clip 0.5 setlinewidth stroke
0 ly 11 sub moveto         % Der Startpunkt wurde so gewählt,
                           % das in jedem Fall zuallererst die
                           % Prozedur »NL« aufgerufen wird.
0.7 setgray
{
    str stringwidth pop    % Laufweite des Textes zum aktuellen
    currentpoint pop add   % X-Wert addieren und mit dem rechten
    rx gt                  % Rand vergleichen; ist er größer,
    { NL } if              % springen wir auf die nächste Zeile.

    currentpoint exch pop  % Die aktuelle Y-Position mit dem unteren
    ry lt                  % Rand vergleichen und die Schleife
    { exit } if            % abbrechen, falls erstere kleiner ist.

    str show               % Text ausgeben.
} loop                     % Läuft solange, bis der Befehl
                           % »exit« ausgeführt wird.

% Nun den fetten Text.
/Times-Roman findfont 60 scalefont setfont
0 setgray
rx lx add 2 div            % Die Mitte zwischen »rx« und »lx«.
str stringwidth pop 2 div  % Hiervon die halbe Laufweite des Textes
sub 500 moveto             % abziehen und an diesen Punkt gehen.
str show                   % Text ausgeben.

showpage                   % Das war's.
```

Aufgabe 10-3:

Auch an Zeichen kann man clippen.

Lösung zu Aufgabe 10-3:

```
/Times-Roman findfont 14 scalefont setfont
/lx 100 def                % Linker Rand,
/rx 500 def                % rechter Rand,
/ly 600 def                % oberer Rand,
/ry 100 def                % und unterer Rand.
/str (PostScript ) def

/NL {                      % Nächste Zeile (siehe S. 86).
    currentpoint exch pop  % Aktuellen Y-Wert besorgen.
    dup neg exch           % Als X-Wert den negativen Y-Wert nehmen
```

```
            15 sub moveto            % und zur nächsten Zeile bewegen.
        } def

% Der Teil der Aufgabe 10-2, der den Text erzeugt hat, wird hier
% zweimal benötigt. Einmal als hellgrauer Hintergrundtext und
% dann all in schwarzer Schrift innerhalb der großen Buchstabens.
% Aus diesem Grund wird texterzeugende Teil in einer Routine
% zusammengefaßt.
/Text {
    /Times-Roman findfont 14 scalefont setfont
    0 ly 11 sub moveto            % Wurde so gewählt, das in jedem Fall
                                  % zuallererst die Prozedur »NL«
                                  % aufgerufen wird.

    {
        str stringwidth pop       % Laufweite des Textes zum aktuellen
        currentpoint pop add      % X-Wert addieren und mit dem rechten
        rx gt                     % Rand vergleichen; ist er größer,
        { NL } if                 % springen wir auf die nächste Zeile.

        currentpoint exch pop     % Die aktuelle Y-Position mit dem
        ry lt                     % unteren Rand vergleichen und die Schleife
        { exit } if               % abbrechen, falls sie kleiner ist.

        str show                  % Text ausgeben.
    } loop                        % Läuft solange, bis der Befehl
                                  % »exit« ausgeführt wird.
} def                             % Ende der Prozedur »Text«.

% Die Grenzen des Textfeldes festlegen.
rx ry moveto lx ry lineto lx ly lineto rx ly lineto closepath
clip 0.5 setlinewidth stroke

0.7 setgray
Text                              % Die Schrift erzeugen.

/Times-Roman findfont 500 scalefont setfont
lx rx add 2 div                   % In die Mitte des Blattes positionieren.
(P) stringwidth pop               % Die Laufweite des Buchstabens ermitteln.
2 div sub                         % Die Hälfte davon abziehen.
50 ry add moveto                  % In Y-Richtung 50 pt vom unteren Rand
(P) true charpath                 % Die Umrißlinie des Zeichens besorgen
clip                              % und zum Abschneiden verwenden.
newpath                           % Den alten Pfad löschen.

0 setgray
Text                              % Die Schrift erzeugen.

showpage                          % Das war's.
```

C Lösungen zu den Aufgaben

Aufgabe 11-1:

Wieviele Graustufen sind erreichbar, wenn eine Rasterzelle mit einer Kantenlänge von sechs Pixeln aktiv ist?

Lösung zu Aufgabe 11-1:

Die Anzahl der Graustufen wird bestimmt durch die Anzahl der Pixel in der Rasterzelle. In der gegebenen Zelle können 0, 1, 2, 3, ..., 35, 36 Pixel aktiviert werden. Daraus ergeben sich 37 Graustufen.

Aufgabe 11-2:

Um den Verlauf der Grauwerte zu überprüfen, verwendet man sogenannte Graukeile. Manchmal werden sie auch als graphisches Stilmittel verwendet. Bei den auf der Seite 161 abgebildeten Graukeilen, wurden die Frequenzen 30, 60 und 90 verwendet.

Lösung zu Aufgabe 11-2:

```
/graustufen 20 def
/Keilbreite 400 def
/Keilhoehe 100 def
/Streifenbreite Keilbreite graustufen div def

% In dieser Definition des Graukeils werden absolute Koordinaten
% verwendet. Die eigentliche Positionierung erfolgt durch den
% Befehl »translate« vor dem Aufruf der Prozedur.
/Graukeil {
    0 1 graustufen {                % Die Laufvariable
        dup                         % wird für den Grauwert und
                                    % die Position benötigt.
        graustufen div setgray      % Läuft von 0/graustufen (=0)
                                    % bis graustufen/graustufen (=1).
        Streifenbreite mul 0 moveto % Startposition
        Streifenbreite 0 rlineto    % Nach rechts,
        0 100 rlineto               % nach oben,
        Streifenbreite neg 0 rlineto % nach links
        closepath                   % und nach unten
        fill                        % ergibt ein Kästchen.
    } for
} def                               % Ende von »Graukeil«.

% In der Variablen »oldscreen« merken wir uns die Standardprozedur,
% die momentan für die Rasterzelle aktiv ist.
```

```
/oldscreen currentscreen 3 1 roll pop pop def

100 100 translate              % Ursprung des ersten Graukeils.

30 45 /oldscreen load setscreen   % Der Wert von »oldscreen« muß
                               % indirekt geholt werden, da die
                               % damit verbundene Prozedur nur
                               % geholt, aber % nicht ausgeführt
                               % werden soll.
Graukeil

0 140 translate                % Den zweiten Keil höher ansetzen.
60 45 /oldscreen load setscreen
Graukeil

0 140 translate
90 45 /oldscreen load setscreen
Graukeil

showpage
```

Aufgabe 11-3:

Erweitern Sie die Aufgabe 11-2 um einige Linienraster.

Lösung zu Aufgabe 11-3:

```
/graustufen 20 def
/Keilbreite 400 def
/Keilhoehe 100 def
/Streifenbreite Keilbreite graustufen div def

/Graukeil {                           % Siehe Lösung zu Aufgabe 11-2.
    0 1 graustufen {                  % Die Laufvariable
        dup                           % wird für den Grauwert und
                                      % die Position benötigt.
        graustufen div setgray        % Läuft von 0/graustufen (=0)
                                      % bis graustufen/graustufen (=1).
        Streifenbreite mul 0 moveto   % Startposition
        Streifenbreite 0 rlineto      % Nach rechts,
        0 100 rlineto                 % nach oben,
        Streifenbreite neg 0 rlineto  % nach links
        closepath                     % und nach unten
        fill                          % ergibt ein Kästchen.
    } for
} def                                 % Ende von »Graukeil«.
```

% In der Variablen »oldscreen« merken wir uns die Standardprozedur,

```
% die momentan für die Rasterzelle aktiv ist.
/oldscreen currentscreen 3 1 roll pop pop def

30 45 /oldscreen load setscreen
Graukeil

30 0 {exch pop} setscreen
0 140 translate
Graukeil

30 45 {exch pop} setscreen
0 140 translate
Graukeil

30 90 {exch pop} setscreen
0 140 translate
Graukeil

showpage
```

Aufgabe 12-1:

Erweitern Sie das Beispiel auf Seite 172 dahingehend, daß bei Erreichung einer unteren Grenze auf einer Seite diese ausgegeben und eine neue Seite begonnen wird.

Lösung zu Aufgabe 12-1:

```
% Das folgende Programm soll den Text nach dem Schleifenoperator
% »loop« solange lesen und ausdrucken, bis entweder das Ende
% des Datenstromes erreicht wird oder das Zeichen »$« auftaucht.
% Das Zeilenende soll seiner Bedeutung entsprechend durch eine
% Positionierung auf die nächste Zeile ausgewertet werden.
% Zusätzlich wird bei Erreichen einer unteren Grenze die Seite
% ausgegeben und auf den Anfang der nächsten Positioniert.

/Eingabe (%stdin) (r) file def   % Aktueller Eingabestrom.
/Newline 10 def                  % Manche Systeme verwenden statt 10
                                 % den Wert 13 als Zeilenabschluß.
/Ende ($) 0 get def              % ASCII-Kode des Buchstabes »$«

/Links 100 def                   % Linker Rand.
/Untere-Grenze 80 def            % Bis hierhin und nicht weiter.
/Obere-Grenze 700 def            % Hier auf der Seite beginnen.

/Seitenanfang {                  % Initialisierung für die Seite.
```

```
        /Helvetica findfont 10 scalefont setfont
        Links Obere-Grenze moveto    % Hier beginnt die erste Zeile.
    } def

/Neue-Seite {                        % Diese Prozedur wird ausgeführt,
    showpage                         % wenn eine neue Seite begonnen
    Seitenanfang                     % werden soll.
} def

/NL {                                % Zum Beginn der nächsten Zeile
   Links currentpoint exch pop       % springen (siehe Seite 87).
   12 sub moveto
   currentpoint exch pop             % Ist der neue Y-Wert unterhalb
   Untere-Grenze lt                  % der unteren Grenze?
   { Neue-Seite } if                 % Ja, eine neue Seite beginnen.
} def

Seitenanfang
{                                    % Beginn der »loop«-Schleife.
    Eingabe read                     % Ein Zeichen lesen.
    {                                % Falls ein Zeichen vorhanden war
        dup Ende eq                  % mit »$« vergleichen.
        {                            % Es ist das Ende.
            pop                      % Das Zeichen »$« löschen.
            showpage                 % Seite ausgeben und
            exit                     % die Schleife verlassen.
        }
        if                           % Auswertung von »Ende eq«.
        dup Newline eq               % Zeilenende erreicht?
        { NL }                       % Falls ja, Zeilenvorschub.
        {                            % Ansonsten das Zeichen in einen
            ( ) dup 0 4 -1 roll      % leeren String ablegen
            put show                 % und ausgeben.
        }
        ifelse                       % Auswertung von »Ende eq«.
    }                                % Ende »Zeichen-vorhanden«-Fall.
    {                                % »Ende-des-Datenstroms«-Fall.
        showpage                     % Seite ausgeben
        exit                         % und Schleife verlassen.
    }                                %
    ifelse                           % Auswertung der logischen Variablen,
                                     % die der Befehl »read« absondert.
}                                    % Ende der Schleifenprozedur.
loop
Nun folgen die Zeilen, die ausgegeben werden sollen.
...
...
$
% Nun kommen wieder PostScript-Befehle.
```

Aufgabe 12-2:

In dem Beispiel auf Seite 175 wurden die einströmenden Daten mit dem Befehl »readline« eingelesen. Da dieser das Zeilenende nicht in dem String ablegt, muß in der Ausgabephase ein Zeilenende nachgeschoben werden. Durch Verwendung des Befehls »readstring« läßt sich ein günstigeres Verhalten erreichen. Ändern Sie das Beispiel bitte dahingehend ab!

Lösung zu Aufgabe 12-2:

```
/Eingabe (%stdin) (r) file def
/Ausgabe (TestDatei) (w) file def
/str 256 string def

{   Eingabe str readstring          % Bis zu 256 Zeichen einlesen.
    exch Ausgabe exch writestring   % Den eingelesenen String auf
                                    % jeden Fall ausgeben.
    not {exit} if                   % Auswertung der Ende-Bedingung.
} loop
Jetzt folgt der auszugebende Text.
```

D Literaturverzeichnis

1. PostScript Language, Tutorial and Cookbook, Adobe Systems Inc.
   Addison-Wesley, 1985, ISBN 0-201-10179-3

2. PostScript Language, Reference Manual, Adobe Systems Inc.
   Addison-Wesley, 1985, ISBN 0-201-10174-2

3. PostScript Language, Program Design, Adobe Systems Inc.
   Addison-Wesley, 1988, ISBN 0-201-14396-8

4. Understanding PostScript Programming, David A. Holzgang
   SYBEX, 1987, ISBN 0-89588-396-1

5. PostScript, Einführung und Leitfaden, Adobe Systems Inc.
   Addison-Wesley, 1987, ISBN 3-925118-70-5

6. PostScript, Handbuch, Adobe Systems Inc.
   Addison-Wesley, 1988, ISBN 3-925118-79-9

7. PostScript, Programmiertechniken, Adobe Systems Inc.
   Addison-Wesley, 1988, ISBN 3-89319-138-0

8. Real World PostScript, Edited by Stephen F. Roth
   Addison-Wesley, 1988, ISBN 0-201-06663-7

9. PostScript Programmer's Reference Guide, David Holzgang
   Scott, Foresman & Company, 1989, ISBN 0-673-38574-7

10. Digitale Speicherung von Schriften, Peter Karow
    URW-Verlag, 1986, ISBN 3-926515-00-7

11. Principles of Interactive Computer Graphics, W. Newman & R. Sproull
    McGraw-Hill, 1979, ISBN 0-07-046338-7

12. Programming Principles in Computer Graphics, Leendert Ammeraal
    John Wiley & Sons, 1986, ISBN 0-471-90989-0

13. Algorithms for Graphics and Image Processing, Theo Pavlidis
    Computer Science Press, 1982, ISBN 0-914894-65-X

14. Fundamentals of Interactive Computer Graphics, J. Foley & A. van Dam
    Addison Wesley, 1984, ISBN 0-201-14468-9

E Sachwortverzeichnis

A3 187
a3 187
A4 187
a4 187
A5 187
a5 187
abbrechen 29,194
abfragen 83
abgerundete Ecken 55
abs 8
Absolutwert 8
add 5
Addition 5
aktueller Pfad 17
aktueller Punkt 10
aload 63
and 85
arc 48
arcn 50
arcto 55
Array 57,62
array 57,63
astore 63
Ausführung 192
ausschneiden 145
austauschen 21

Baudrate 183
begin 66
Bezier-Kurve 52
Bildverarbeitung 150
bind 190

charpath 106
CharStrings 93

clear 22
cleartomark 64
clip 146
clippath 201
Clipping 145
closefile 171
closepath 41
concat 138
concatmatrix 140
copy 22,77
copypage 14
cos 8
Cosinus 8
count 22
countdictstack 69
countexecstack 194
counttomark 64
CTM 128
currentdash 201
currentdict 66
currentfile 153
currentflat 203
currentfont 204
currentgray 204
currenthsbcolor 204
currentlinecap 201
currentlinejoin 202
currentlinewidth 201
currentmatrix 140
currentmiterlimit 202
currentpacking 199
currentpoint 11
currentrgbcolor 204
currentscreen 159
currenttransfer 168

E Sachwortverzeichnis

curveto 52
cvi 8
cvlit 193
cvs 71
cvx 193

Dateien 170,179
Dateien ablegen 175
Dateien ausführen 176
Dateien löschen 178
def 24
defaultmatrix 140
defaultmirrorprint 188
defaultnegativeprint 188
defaultpageparams 186
definefont 101
deletefile 178
devicespace 128,141
dict 66
dictfull 207
Dictionaries 64
dictstack 64
dictstack 69
dictstackoverflow 207
dictstackunderflow 207
diskstatus 178
div 5
Division 5,8
Drehung 133
Druckereinstellungen 182
Druckername 182
dtransform 143
dup 22
duplizieren 20

Einzelblatteinzug 184
Ellipsen 131
Encoding 93
end 66
eoclip 146
eofill 47

eq 84
errordict 205
Even-Odd-Rule 47
exch 22
exec 111,193
execstack 194
execstackoverflow 207
executeonly 81
exit 29
exitserver 182

false 84
FamilyName 95
Fehler 195,205
file 171
filenameforall 180
fill 40
findfont 12
flattenpath 203
Fließkommazahlen 25
Font 11,90,144
Font kopieren 100
Font Outline 107,251
FontBBox 93
FontDirectory 91
FontDirectory 91
FontInfo 93,94
Fontliste 96
FontMatrix 92
FontName 92
FontType 92
for 33
forall 80
füllen 40
FullName 94

ge 84
Gerätekoordinaten 128,141
get 74
getinterval 79
Gitter 37,143

Grauwert 41
grestore 43
grestoreall 200
gsave 43
gt 84

handleerror 205

identmatrix 140
idiv 8
idtransform 143
if 87
ifelse 87
image 152
imagemask 157
Integer 8,25
Integerdivision 8
invalidaccess 207
invalidexit 208
invalidfileaccess 208
invalidfont 208
invalidrestore 208
invertmatrix 140
ioerror 208
isFixedPitch 95
ItalicAngle 95
itransform 143

known 69
Kommentare 15,211
Koordinatensystem 9,128
kopieren 20,76
Kreis 48,134
Kreisbogen 48

Länge 76
le 84
length 76
lesen 170,171
limitcheck 208
lineto 18

Linien 17
Linienenden 202
Linienraster 164,165
Linienstärke 17,201
Linienstärke 202
Liniestöße 202
load 69
löschen 20
logische Werte 83
loop 29
lt 84

makefont 144
manualfeed 184
mark 59
Marken 57,63
Maske 156
matrix 140
maxlength 76
Metrics 94
Millimeterprozedur 27
mirrorprint 188
mod 8
Modulo 8
moveto 11
mul 5
Multiplikation 5

Namen 25
ne 84
neg 8
Negation 8
negative Belichtung 188
negativeprint 188
newpath 49
NL 87
nocurrentpoint 208
Non-Zero-Winding-Rule 46
not 86
Notice 94
null 198

or 85
Outlinefont 107, 251

packedarray 199
packen 198
pagecount 184
pageparams 186
PaintType 92
pathforall 201
Pel 150
Pfad löschen 49
Pfad retten 42
Pfad schließen 41
Platte 170, 178
pop 22
printername 184
Prozeduren 26
put 73
putinterval 79

rangecheck 209
Raster 158
Rasterzelle 158
rcheck 82
rcurveto 52
read 172
readhexstring 153
readline 173
readonly 81
readstring 173
renamefile 178
repeat 29
Rest 8
restore 192
Ring 51
rlineto 18
rmoveto 11
roll 22
rotate 133, 140
rotieren 21, 133
round 8

run 176
runden 8
Rundungsfehler 141

save 192
scale 130, 140
scalefont 12
Scalieren 130
sccbatch 184
Schleifen 28
Schleifenabbruch 29
schreiben 170, 174
Schreibschutz 81
Schrift 11, 90, 144
search 72
Seitendefinition 185
serverloop 181
setcachedevice 111
setcharwidth 111
setdash 60
setdefaultmirrorprint 188
setdefaultnegativeprint ... 188
setdefaultpageparams 186
setflat 203
setfont 12
setgray 41
sethsbcolor 204
setlinecap 202
setlinejoin 202
setlinewidth 18
setmatrix 140
setmiterlimit 202
setpacking 199
setpage 186
setpageparams 186
setpassword 182
setprintername 184
setrgbcolor 204
setsccbatch 184
setscreen 159
settransfer 168

show	14	undefinedresult	210
showpage	14	UnderlinePosition	95
sin	8	UnderlineThickness	95
Sinus	8	UniqueID	93
Speicher	190	unmatchedmark	210
spiegelverkehrte Belichtung	188	unregistered	210
sqrt	8	Unterstreichung	95
Stack	4	userdict	66
stackoverflow	209	Userfonts	109
stackunderflow	209	userspace	128, 141
status	179		
stop	195	Variablen	23
stopped	195	Vergleich	83
store	69	vergrößern	130
Strichelung	59, 201	verkleinern	130
String	13, 70	verschieben	129
string	71	version	95
stringwidth	14	VMerror	207
stroke	18	vmstatus	192
StrokeWidth	92		
sub	5	Wahrheitstabelle	85
Subtraktion	5	wcheck	82
suchen	71	Weight	95
syntaxerror	209	Weltkoordinaten	128, 141
systemdict	66	where	69
		write	175
Textausgabe	13	writehexstring	175
timeout	209	writestring	175
Transferfunktion	166	Wurzel	8
transform	143		
Transformationen	128	xcheck	82
translate	129, 140	xor	85
true	84		
type	198	Zahlen	25
typecheck	209	Zeichenkette	13, 70
Typen	198	Zeilenvorschub	87
		Zugriffsrechte	81
Übertragungsrate	183		
Umlaute	99, 120	[	59
undefined	209	]	59
undefinedfilename	210		

MIX
Papier aus verantwortungsvollen Quellen
Paper from responsible sources
FSC® C105338

If you have any concerns about our products,
you can contact us on
ProductSafety@springernature.com

In case Publisher is established outside the EU,
the EU authorized representative is:
**Springer Nature Customer Service Center GmbH
Europaplatz 3, 69115 Heidelberg, Germany**

Printed by Libri Plureos GmbH
in Hamburg, Germany